인생 오후의 질문

인생 오후의 질문

초판 1쇄 발행 | 2026년 1월 5일

지 은 이 | 황정회
펴 낸 이 | 이한민
펴 낸 곳 | 아르카
총 판 | 비전북

등록번호 | 제307-2017-18호
등록일자 | 2017년 3월 22일
주 소 | 서울 성북구 숭인로2길 61 길음동부센트레빌 106-1805
전 화 | 010-9510-7383
이 메 일 | arca_pub@naver.com

홈페이지 | www.arca.kr
블 로 그 | arca_pub.blog.me
페이스북 | fb.me/ARCApulishing

책 값 | 뒤표지에 있습니다
ISBN | 979-11-89393-48-9 03230

아르카ARCA는 기독출판사이며 방주ARK의 라틴어입니다(창 6:15).
네가 만들 방주는 이러하니 … 새가 그 종류대로, 가축이 그 종류대로,
땅에 기는 모든 것이 그 종류대로 각기 둘씩 네게로 나아오리니 그 생명을 보존하게 하라 _창 6:15,20

심리학과 신앙의 눈으로 풀어낸
우리 중년 이야기

인생 오후의 질문

황정회 지음

아르카

추천사

중년은 가정과 사회에서 중추적인 역할을 감당하는 기둥 같은 존재입니다. 교회의 곳곳에서도 가장 헌신적으로 봉사하는 성도들의 대부분은 중년 세대입니다. 그들은 누구 못지않게 다음세대에 관심을 기울이고 있으며, 부모세대를 위해서는 자신의 삶을 내어주며 살고 있습니다. 하지만 우리가 그들의 마음속 이야기에는 충분히 귀를 기울이지 못했던 것 같습니다.

이제는 교회에서도 책임감과 의무감으로 점철된 중년의 삶에 주목하고, 그들의 마음을 읽어줄 무언가가 필요한 시대가 되었습니다. 척추가 건강해야 몸이 바로 세워지듯, 중년의 성도가 건강해야 사회와 교회가 두루 건강해질 것이기 때문입니다. 이런 때에 분당우리교회의 황정회 전도사님께서 인생의 오후를 사는 중년들의 고민과 질문을 헤아리고, 그 질문들에 대해 성실하고 따뜻한 답을 담아 이 책을 낸 것은 참으로 귀하고 감사한 일입니다. 이 책을 통해 중년의 성도들이 자신의 삶을 이해하고 인생 오후의 의미와 소망을 찾을 수 있을 것입니다. 이 시대의 모든 중년들이 읽으시면 위로와 힘을 넉넉히 얻을 책이기에 필독서로 추천합니다. **_이찬수, 분당우리교회 담임목사**

나이 쉰에 하늘의 뜻을 아는 사람이 과연 얼마나 될까요? 저자는 성경적 '지천명'이 무엇인지를 맛깔스럽게 이야기합니다. 중년을 '인생의 오후'라고 한 칼 융의 말을 '진짜 삶이 시작되는 문턱'이라고 바꾸어 놓습니다. 무엇보다 저자는 상실과 애도의 시간을 지나면서도 끝까지 하나님을 붙드는 삶이 어떻게 가능하며, 그것이 우리를 얼마나 단단하게 만드는지를 보여줍니다. 신학과 심리상담학을 공부했고, 오랫동안 목회적 돌봄을 해온 지혜가 돋보입니다. 저자는 현장의 다양한 경험을 자신의 삶이 묻어나는 시적 언어로 녹여냅니다. 저자가 나누는 귀한 선물은 '인생의 오후'를 '쇠퇴의 시작'이 아닌 성숙한 신앙으로 살아가고자 하는 모든 이들의 눈을 밝혀주는 격려가 될 것입니다.

_신국원, 총신대학교 신학과 명예교수

인생 오후는 하나님이 다시 우리를 일으키시는 자리입니다. 이 책은 그 자리에서, 한 사람의 인생을 품어온 상담가이자 사역자의 눈물과 기도가 빚어낸, '한 세대의 마음을 어루만지는 영적 에세이'입니다. 저자는 중년을 향해 이렇게 조용히 속삭입니다. "중년은 끝이 아니라 아직 들려주지 못한 당신만의 다음 소절이 시작되는 시간입니다." 이 고백은 책의 구석구석에서 생생하게 살아 숨을 쉽니다. 쌓여온 책임, 설명되지 않는 허전함, 말할 수 없는 외로움과 상실... 그 모든 것을 하나님 앞에서 다루어본 사람만이 쓸 수 있는 문장들이 한 장 한 장에 잔잔한 울림으로 번져갑니다. 특히 저자가 "중년은 삶의 한가운데서 다시 '나는 누구인가'라는 질문과 씨름하는 시간"이라고 말하는 대목은 우리 모두가 인생의 경계에서 경험하는 영적 갈증과 깊은 고독을 무엇보다 정직하게 드러냅니다. 그러나 저자는 결코 중년을 슬픔의 계절로 남겨두지 않습니다. 호기심이 다시 살아나는 순간, 삶의 조각들이 의미로 재배치되는 순간, 하나님이 상실의 밤 이후에 새벽을 여시는 순간을 섬세하게, 아름답게 그려냅니다. 마치 한 사람의 마음을 끝까지 놓지 않으시는 하나님의 손길을 바라보는 듯한 감동이 있습니다. 하나님을 신뢰하는 사람만이 전할 수 있는 부활의 언어, 회복의 언어입니다.

이 책은 지친 마음을 억지로 다독이지 않습니다. 대신 상실을 해석하고, 내면을 들여다보게 하고, 하나님이 멈춰 세우신 자리에서 다시 '의미'를 묻게 하는 은혜로 가득합니다. 한 장을 덮으면 묵혀두었던 마음의 한 조각이 조금은 풀리고 삶의 무게를 혼자 들고 있지 않아도 된다는 위로가 스며듭니다. 중년이라는 이름의 들판에 서 있는 누군가에게 이 책은 '다음 계절을 향해 걸어갈 힘'을 건네는 하나님의 선물입니다. 저는 이 책을 중년이 두려운 이들에게, 중년이 버거운 이들에게, 그리고 중년을 지나 하나님께 더 깊이 붙들리고 싶은 모든 분께 주저 없이 권하고 싶습니다. **_강명옥, 사랑의교회 전도사, 국제제자훈련원 부원장**

교구 사역의 든든한 파트너였던 황정회 전도사님께서 마침내 귀한 책 『인생 오후의 질문』을 출간하셨습니다. 기독교 상담학 박사로서 깊이 있는 학문적 통찰을 갖추신 전도사님은 분당우리교회 12년간의 교구 사역을 통해 성도님들의 삶의 무게와 고민을 누구보다 가까이서 지켜보신 분으로서 학문과 현장의 균형을 갖추셨습니다. 그런 전도사님과 나누었던 대화는 특히 제게 중년에 대한 이해의 지평을 넓히는 기회였습니다. 함께 나누었던 중년의 삶과 신앙에 대한 귀한 성찰이 이렇게 한 권의 책으로 묶여 나온 것을 진심으로 축하드립니다.

이 책은 단순히 인생의 절반을 돌아보는 중년의 회고록이 아닙니다.

힘겹게 올라온 인생의 산마루에 서서 이제 막 내리막길을 바라보며 서 있는 우리 중년들이 속으로 품은 "나는 누구인가? 남은 날들을 어떻게 살아야 하는가?"라는 실존적인 질문에 대해, 상담학 박사로서의 깊은 통찰과 현장 사역자로서의 따뜻한 공감을 담아, 심리학과 성경의 눈으로 명쾌한 답을 제시하고 있습니다.

저는 특별히 이 책에 담긴 중년에 대한 새로운 시각에 깊이 공감합니다. 흔히 중년 하면 '쇠퇴'와 '위기'를 떠올리지만, 저자는 심리학자 융의 말을 빌려 이 시기가 외적인 성공보다 내면의 평화와 존재가 중요해지는 '인생 오후의 문턱'이라고 말합니다. 저는 이 책이 쇠퇴가 아닌 성숙의 시간인 중년을 새롭게 인식하는 중요한 계기가 되리라고 확신합니다.

이 책은 또한 우리가 겪는 상실의 아픔과 관계의 복잡성에 대한 깊은 공감과 함께 실질적인 지혜를 나누고 있습니다. 자녀를 놓아주는 사랑, 배우자와 세월 따라 함께 걷기와 같은 내용이 그와 같은 것입니다. 특히 우리 시대 아버지들의 '영적인 그릿(Grit)'에 대한 통찰은 평범한 날들을 묵묵히 지켜온 중년의 성도들에게 가장 큰 위로와 용기가 될 것입니다.

중년은 인생의 노래가 끝난 것이 아니라 다음 소절로 넘어가는 시간입니다. 이 책을 통해 중년의 성도님들이 '당당하게 넉넉하게 자유롭게' 자기 삶의 방향을 재정비하고, 다시 한번 삶의 노래를 힘차게 부를 수 있기를 간절히 소망하며 이 책을 기쁜 마음으로 추천합니다.

_하진호 목사, 분당우리교회

Content

중년 프롤로그 1

지금은 중년이 되기 가장 좋은 때

언제부턴가 누가 나이를 물으면 잠시 머뭇거리게 된다. 정신없이 살다가, 갑작스레 질문을 받고서야 나이를 세어본다. 아, 어느새 내 나이가…!

젊다고 말하기에는 애매하고 늙었다고 인정하기에는 아직 서운한 나이, 사람들은 이 시기를 중년이라고 부른다. 중년은 삶의 한가운데 서 있는 시간이다. 몸은 예전 같지 않은데 마음은 여전히 할 말이 많고, 세월은 분명 흘렀는데 인생은 아직도 미완성처럼 느껴진다. 자녀는 우리를 떠날 준비를 하고, 부모는 낯설 만큼 작아져 가며, 배우자와는 오래 함께했지만 오히려 더 많은 이해와 노력이 필요한 시간이 된다. 그리고 어느 순간, 자신이 원하던 것과는 멀찍이 떨어진 자리에 덩그러니 서 있는 나 자신을 발견한다.

중년은 힘겹게 올라온 인생의 고갯마루에 서서, 이제 막 내리막길을 바라보며 서 있는 사람들이다. 이때 그들은 묻기 시작한다.

"나는 누구인가? 그동안 무엇을 하며 살아왔으며, 남은 날들을 어떻게 살아야 하는가?"

매 순간 흔들리며, 세월에 떠밀려 올라온 산마루에서 거칠게 몰아쉬는 중년의 한숨은 그래서 깊기만 하다.

미국의 심리학자 다니엘 레빈슨(Daniel Levinson)은 이 시간을 '인생의 가을'이라고 불렀다. 자연의 사계절마다 고유한 빛깔과 해야 할 일이 있듯, 인생도 계절마다 다른 과제가 주어진다는 뜻이다. 논어에서 말하는 오십의 나이, 지천명(知天命) 또한 그러하다. 하늘의 뜻을 안다는 이 말은 중년이라는 시간이 단순한 쇠퇴의 시기가 아니라 삶의 방향과 사명을 새롭게 자각하는 진중한 전환기임을 말해준다. 그래서 중년은 자신이 무엇을 이루어왔는지, 무엇을 진정으로 원하는지를 다시 묻고, 익숙한 삶의 방식을 내려놓고 새로운 방향을 모색하는 시간인 것이다.

그러나 인류가 중년을 이렇게 중요한 시기로 인식한 것은 그리 오래되지 않았다. 불과 백여 년 전까지만 해도 열악한 환경과 질병 속에서 중년까지 생존하는 것 자체가 쉽지 않았기 때문이다. 인류는 아이, 어른, 노인이라는 단순한 시간표 안에서 살아오다 생을 마쳤다. 산업혁명은 인간에게 풍요를 가져왔고, 과학과 의학의 발전은 인간의 수명을 연장시켰다. 그 결과 인간은 이전보다 훨씬 오래 살게 되었고, 중년이라는 독립된 삶의 시기를 비로소 누리게 되었다.

생물학자 데이비드 베인브리지(David Bainbridge)는 "중년이란 여타 동물에게는 없고 인간에게만 주어진 특별한 시기"라고 말한다. 단순히 늙어가는 구간이 아니라, 정서적, 육체적, 사회적으로 또 하나의 완성된 생애 국면이라는 뜻이다. 인간은 생식 활동이 끝난 뒤에도 수십 년을 더 살아갈 수 있는 '중년 유전자'를 지니고 있고, 이 유전자가 진화하여 오늘날의 지혜롭고 여유로운 중년을 만들었다고 한다. 그렇다면 중년은 쇠퇴의 시기가 아니라 진정한 자아 성취의 시간이 주어진, 인류에게 허락된 축복의 구간일지도 모른다.

이처럼 중년에 대한 연구가 쌓이면서 중년의 인생은 새롭게 조명되기 시작했다. 특히 뇌과학의 발전은 중년에 대한 오랜 오해를 뒤집어 놓았다. 한때 중년은 뇌 기능이 쇠퇴하는 시기로 여겨졌지만, 이제는 중년이 되어도 오히려 더 안정되고 성숙한 방식으로 뇌가 작동한다는 사실이 밝혀지고 있다. 중년의 뇌는 '빠르게' 생각하는 청년기의 뇌보다 '다르게' 생각하며 더 넓고 깊은 답을 내놓는다. 경험과 통찰과 노련함은 사회와 다음세대를 떠받치는 중요한 자산이 된다. 우리는 지금까지의 어떤 시대보다 중년이 되기에 가장 좋은 시대를 살고 있는지도 모른다.

이 책은 이런 중년의 삶을 말하고 싶어서 시작되었다. 필자는 그동안 기독교 상담가로서 많은 내담자들을 만났고, 사역자로서 숱한 성도들의 인생을 가까이에서 함께 했었다. 자기의 삶을 살기보다 누군가의 인생을 더 가득 품고 살아가는 중년들을 만나며, 그 삶의 무게를 조금이라도 거들어주고 싶었다. 쉽게 잠들지 못하는 밤, 무너진 시간을 견뎌온 세월, 그리고 아무에게도 쉽게 꺼내지 못한 중년의 외로움과 두려움을 담아주고 싶었다. 그래서 그들의 눈물과 기도, 포기와 다시 일어섬, 그리고 아직 끝나지 않은 소망의 이야기가 이 책에 밑줄처럼 남아 있다. 나 또한 인생의 고비를 지나왔고, 상실의 아픔을 경험하며 무너진 밤을 지나 다시 아침을 맞아본 사람이기에, 이 글은 누군가의 이야기인 동시에 나 자신의 고백이기도 하다.

어깨에 짊어진 삶의 무게를 감당하기 위해 열심히 살아온 중년들이 자기 삶을 다시 정비하고 새롭게 시작할 수 있으면 좋겠다. 살아온 세월만큼 쌓인 지혜와 경험은 그 어느 세대보다 귀하고 값지며 소중한 것이다. 뿌리고 심은 사랑의 수고와 애씀을 대견해하며 스스로를 칭찬할 수 있으면 좋겠다. 이 책이 인생의 후반을 새롭게 살아보겠다는 마음, 관계를 다시 세워보겠다는 용기, 상실 앞에서 다시 마음을 다독이는 계기가 되길 소망한다.

글을 쓰는 동안 인생에서 가장 큰 복은 '만남의 복'이라는 사실을 새삼 고백하게 되었다. 좋은 교회를 만나 인생의 방향이 달라졌고, 존경할 수 있는 영적 스승을 만나 삶의 기초가 다시 세워졌다. 마음을 열고 삶을 나누어 주던 성도들을 만나 조금이나마 철이 들었고, 전적인 지지와 사랑으로 곁을 지켜준 가족 덕분에 이 작은 글도 세상 앞에 내놓을 수 있었다.

이 책의 주인공이 되어 가장 큰 배움을 남겨준 수많은 성도님들 앞에 이 책을 바친다. 그들은 중년의 삶이 끝난 노래가 아님을 보여주었다. 조가 바뀌었고 속도가 느려졌을 뿐, 삶은 여전히 각자의 음정으로 다음 소절을 준비하고 있다는 것을 알려주었다. 그래서 이 책이 '다시 노래하고 싶은데 어디서부터 시작해야 할지 몰라 잠시 멈춰 서 있는 누군가'에게 작은 첫 박자가 될 수 있다면 그것으로 충분하다.

중년은 끝이 아니다. 노래가 끝난 것이 아니라 다음 소절로 넘어가는 시간이다. 그래서 지금은 삶의 노래를 다시 불러도 좋은 시간이다.

"나는 하나님의 집에 있는 푸른 감람나무 같음이여 하나님의 인자하심을 영원히 의지하리로다"_시 52:8

능선이 험할수록 산은 아름답다
능선에 눈발 뿌려 얼어붙을수록
산은 더욱 꼿꼿하게 아름답다
눈보라 치는 날들을 아름다움으로 바꾸어놓은
외설악의 저 산맥 보이는가
모질고 험한 삶을 살아온 당신은
그 삶의 능선을 얼마나 아름답게
바꾸어놓았는가

험한 바위 만날수록 파도는 아름답다
세찬 바람 등 몰아칠수록
파도는 더욱 힘차게 소멸한다
보이는가 파도치는 날들을 안개꽃의
터져 오르는 박수로 바꾸어놓은 겨울 동해바다
암초와 격랑이 많았던 당신의 삶을
당신은 얼마나 아름다운 파도로
바꾸어놓았는가

_도종환, '산맥과 파도'

중년 프롤로그 2

삶의 의미를 제대로 물어야 할 때

인생은 사계절처럼 흐른다

가을, 길가에 선 나무들이 물들고 낙엽이 뒹굴기 시작할 때, 왠지 마음이 허전하고 쓸쓸하다고 말하는 이들이 있다. 이들은 이른바 '중년'(中年, middle adulthood)이라고 부르는 사람들이다. 치열하게 살아온 젊은 날을 뒤로하고, 이제 조금씩 자기 시간을 가지면서 삶의 여유를 맛보기 시작한다. 이들이 느끼는 감정은 인생에서 한 번은 느껴봄직한 것임에도, 뭔가 낯설다는 반응이 대부분이다.

몇 해 전 가을, 교회 성도들과 야외로 나들이를 간 적이 있다. 단풍이 곱게 물든 호젓한 공원을 함께 걷던 중년의 성도가 내게 조용히 다가와 이렇게 말했다.

"전도사님, 요즘 왜 이리 마음이 허전한 걸까요? 전 지금 별로 부족한 게 없는데, 마음 한쪽이 텅 빈 것 같아요. 종종 가슴속으로 찬바람이 훅 불어와요."

그녀는 자녀 셋을 잘 키워 독립시켰고, 남편도 성실하고 든든한 가장이었기에 꽤 안정적이었다. 그런데도 마음 한구석에서 찬바람이 불어온다니, 그 느낌은 단순한 우울감이나 피곤함과 다른 것이었다. 이처럼, 중년은 상황과 관계없는 허전한 바람이 내면을 향해 말을 걸어오는 시기다.

다니엘 레빈슨은 '인생 계절론'에서 인생의 시기를 사계절에 비유하며, 자연에 사계절이 있듯이 인간의 삶에도 사계절이 있다고 말한다. 사계절의 특성이 인생의 각 단계와 유사하며, 자연의 사계절에서 변화와 안정이라는 과정이 점진적으로 순환하며 이루어진다는 점이 인생 주기와 닮았다는 것이다.

인간은 출생하여 청소년기가 되기까지 성장하며, 잠재적인 가능성을 품고서 역동적으로 변화하는 인생의 봄날을 살아간다. 청년기는 열정과 추진력으로 삶을 개척하고 성취를 향해 도전하는 인생의 여름이라고 할 수 있다. 그리고 인생 전반부에 뿌린 것을 열매로 거두며, 후반을 향해 삶의 방향을 전환하는 인생의 가을, 중년기를 지난다. 가을을 잘 지난 중년은 이전의 생애를 돌아보며 삶을 통합하고 마무리하는 인생의 겨울, 노년기를 평화롭게 맞이하게 된다. 이처럼 사계절이 각기 다른 빛깔과 온도를 가지듯이, 우리 삶도 시기마다 의미 있는 변화와 과제를 안고서 계절처럼 흘러가는 것이다.

고요한 사춘기는 언제 시작하는가?

중년은 언제 시작되는 걸까? 중년은 단지 연령상의 구분만으로 말할 수 없는 삶의 한 국면이다. 일반적으로는 40세에서 65세 사이를 중년기로 정의하지만, 이 시기의 본질은 생물학적 나이, 심리 · 정서적 나이, 사회적 나이의 교차점에서 드러난다.

흔히 30대 후반이나 40대 초반에는 삶의 속도에서 미세한 변화를 감지한다. 새치 몇 가닥, 얇아지는 피부의 탄력, 어느 날 책 속의 활자가 갑자기 흐려지는 '노안'과 같은 명확한 신호는 부인할 수 없는 시간의 흔적을 각인시킨다. 체력의 저하, 불안정한 수면, 소화 기능의 약화 등은 더 이상 일시적인 피로증세가 아니다. 생애 주기의 다음 장으로 진입한다는 걸 알리는 신체의 언어인 셈이다. 그럼에도 우리는 오랫동안 이 시기를 명확히 인식하지 못한 채 살아왔다. 왜일까? 이는 인간 발달 이론의 역사와 무관하지 않다.

발달심리학의 초기 연구에서는 성인기를 인생에서 상대적으로 변화가 적은 '정체기'로 간주했다. 그러나 지금은 고령화 사회로의 진입과 함께 평균수명의 연장이 중년의 중요성을 부각하고 있다. 이제는 성인기(成人期), 그중에서도 중년기(中年期)야말로 심리적 · 사회적 변화가 가장 역동적으로 나타나는 시기라는 점을 다양한 연구가 증명하고 있다.

중년은 젊지도 늙지도 않은 중간단계로, 청년기와 노년기 사이의 과도기에 해당한다. 그 어느 곳에도 끼지 못하는 주변인으로, 그 안에는 '제2의 사춘기'라고 불릴 만큼 사춘기와 유사한 내적 갈등이 자리한다. 정체성의 재정립, 감정의 기복, 신체적 변화는 이 시기의 개인이 겪는 전환의 본질을 구성한다.

중년은 '나는 누구인가?', '나는 지금까지 어떤 삶을 살아왔는가?', '앞으로는 어떻게 살아야 하는가?'와 같은 존재의 근본을 다시 묻는 실존적 질문 앞에 서게 된다. 또한 삶의 기반을 뒤흔드는 여러 가지 위기를 겪으며, 벼랑 끝에 선 것처럼 절박한 순간을 경험하기도 한다. 그러면서 이러한 위기가 하루아침에 생긴 것이 아니라 오랜 시간 동안 삶을 구성해온 여러 가지 요소들이 복합적으로 빚어낸 결과라는 걸 깨닫고서 인생을 반추하게 된다.

이처럼 중년은 다양한 변화를 경험하며 삶의 새로운 국면으로 접어든다. 가장 두드러지는 변화는 일터에서의 위치다. 이 시기의 많은 중년들은 숙련된 기술과 경험을 바탕으로 조직 내에서 리더의 역할을 수행하는 동시에, 급변하는 기술 환경과 세대 간의 역동 속에서 '자신이 점차 뒤처지는 것은 아닐까' 하는 불안감을 느끼게 된다. 시시각각 변하는 세상을 따라가면서 숨을 고르기도 전에 치고 올라오는 젊은 후배들로 인해 심리적으로 위축되기도 한다.

중년은 가정 안에서의 변화도 피할 수 없다. 자녀가 성장하여 독립을 준비하거나 일찌감치 독립했을 수도 있고, 부부는 오랜 시간 병행해온 '부모 역할'을 내려놓고 '배우자'로서의 관계를 다시 정립해야 한다. 그러면 어떤 관계는 더욱 돈독해지고 어떤 관계는 극심한 갈등에 봉착하기도 한다. 게다가 아직 독립하지 않은 자녀와 노쇠해 가는 부모를 동시에 부양해야 한다. 이른바 '샌드위치 세대'로서 이중의 돌봄을 감당해야 하는 것이다. 이러한 과중한 역할은 중년에게 심리적 스트레스를 안겨줄 뿐만 아니라 건강과 재정의 위기로 이어지기도 한다.

이러한 변화를 겪어가는 중년의 시간이 결국 젊음의 끝은 아니다. 삶의 중심이 새롭게 세워지는 재조정의 시기라고 볼 수 있다. 그러므로 중년기는 단지 견디는 시기가 아니다. 재조명하고 재설계하며, 성숙한 삶으로 접어드는 길을 찾는 시기다.

변화는 혼란을 동반하지만, 그 속에는 새로운 가능성의 씨앗이 숨어 있다. 그 가능성은 중년이라는 시간 안에서 가장 진지하고도 깊이 있게 꽃을 피우게 된다. 중년은 그런 시기다. 열심히 앞만 보고 달려오던 걸음을 멈추고 처음으로 자기 안을 깊이 들여다보게 되는 때다. 하나님은 그 고요한 틈을 통해 우리를 더 깊은 세계로 초대하신다.

사춘기의 방황이 '새로운 자아'를 찾기 위한 당돌한 충돌이었다면, 중년의 방황은 '자아를 다시 정비'하는 조용한 여정이다. 지금까지 살아온 시간을 돌아보고, 앞으로 어떻게 살아갈 것인지를 진지하게 묻기 시작한다.

흔들림 속에서 다시 서기

중년에는 때로 예상하지 못했던 사건들이 찾아오기도 한다. 건강의 위기, 자녀의 문제, 일터에서의 갈등, 혹은 갑작스러운 상실이 올 수 있다. 그런 일들을 통해, 하나님은 고요했던 삶의 수면 위에 돌을 던지신다. 삶을 뒤흔드는 결정적 사건을 통해, 밑바닥에 가라앉아 있던 진실을 수면 위로 드러내기 시작하시는 것이다.

대기업에서 인정받으며 임원 승진을 기대하고 있던 성도가 어느 날 그만 직장을 그만두었다는 소식이 들렸다. 쉬는 날도 없이 야근을 밥 먹듯 하며 회사에 충성을 다했는데, 결국 조직 개편에서 밀려나고 만 것이다. 그는 배신감과 모멸감 때문에 잠을 이루지 못할 정도로 오랜 시간 괴로워했다. '어떻게 살아야 하나? 다른 생각 안 하고 앞만 보고 달려왔는데, 이제 뭘 할 수 있을까? 내 삶은 그동안 뭐였나?'

그는 무기력과 분노가 교차하고 감정이 롤러코스터를 타면서 수개월을 보냈다. 맞벌이하는 아내 덕분에 당장 굶지는 않겠지만, 가장으로서 길을 잃은 막막함이 너무나 괴로웠다. 아내가 열심히 다니던 교회를 한 번 가보기로 결심하고 힘든 걸음을 했다. 착한 아내는 남편이 고난 속에서 하나님을 찾게 된 것이 감사하다며 그를 위로했지만, 그는 남자로서 기가 죽었다. 그런 자신이 싫었다. 그러다 선배와 동업할 길이 열렸다. 감사하면서도 마음 한구석은 불안하고 두려웠다. 잘나가던 시절에는 자신감이 늘 넘쳐, 열심히 하면 세상에 안 될 것이 없다고 생각했지만, 지금은 모든 것이 두렵다. '신앙 아니면 어디서 힘을 얻을 수 있을까'라는 생각을 하며 막막한 가슴을 달랬지만, 마음은 여전히 불안하다.

"왜 하필 저예요?" 이렇게 묻는 중년의 성도들을 많이 만났다. 그들은 삶이 무너져 내리는 큰 풍랑 앞에서 놀라고 분노하며 우울한 시간을 보낸다. 겉으로는 하나님을 향한 절규와 원망이지만, 결국 자신과의 치열한 싸움을 통해 자기를 성찰하고, 내면의 변화가 시작될 때까지 참으로 오랜 시간 고통과 씨름한다. 그 시간은 쉽지 않다. 때로는 아프고 지치고 무기력하다. 하지만 그 고통스러운 시간은 동시에 은혜의 시간이기도 하다. 결국은 하나님의 시선으로 자신을 보게 되고, 이전과 다른 방식으로 삶을 대하게 되기 때문이다.

인생에는 극적인 위기가 두 시기에 존재한다. 삶의 지각변동이 일어나는 청소년기와 중년기가 그것이다. 청소년의 위기는 성장통이라는 발달적 위기로 인식되는 반면, 중년의 위기는 미성숙한 삶의 결과라는 부정적인 시각으로 보는 경향이 있다. 그래서 겉으로는 드러내지 못하고, 혼자 삭히며 말없이 지나가는 경우가 많다. 전환된 삶의 국면에서 다양한 변화를 겪어내느라 몸과 마음이 힘겨워도 어디 말할 곳이 없다. 더구나 남성의 경우는 가장으로서의 책임감 때문에 자신의 아픔을 좀처럼 드러내지 못한다. 가족 앞에서 약한 모습을 차마 보일 수 없어, 묵직한 고통을 마음속 깊은 곳에 꾹꾹 눌러 담기만 한다.

교회 중년남성 모임에 초대받은 적이 있었다. 약속한 시간이 되자 사오십대 남성들이 피곤한 몸을 이끌고서 하나둘 모여들기 시작했다. 저녁 식사 후에 분위기가 무르익자, 한 사람씩 마음 깊이 묻어두었던 고민과 아픔을 털어놓기 시작했다. 불경기로 인해 어려워진 사업, 본인의 건강 문제, 장성한 자녀의 진로 걱정, 은퇴에 대한 두려움까지, 이야기가 줄을 이었다. 압박감과 책임감으로 눌렸던 마음을 밤이 늦도록 털어놓으며, 어떤 이는 눈물을 흘리기도 했다. 지긋한 중년남성들의 속살 같은 깊은 마음을 나눈 그 자리는 단순히 신앙 공동체 나눔의 차원을 넘어 서로의 상처를 보듬고 위로하는 '치유의 공간'이 되었다.

나는 사역자로서 성도들의 기도제목을 들으면 그가 중년인지 아닌지 금세 알 수 있다. 자녀와 부모를 위한 기도는 넘치도록 많지만, 정작 '자신을 위한 기도'는 거의 없기 때문이다. 중년의 삶에는 '내'가 없다. '나'를 돌볼 틈 없이 살아가는 중년인 것이다. 그래서 더더욱 서로를 위해 울어줄 따뜻한 공동체가 필요한지도 모르겠다.

인생의 산마루에서 할 일

중년이 단순히 나이를 먹어가며 늙어가는 시기일까? 중년 하면 흔히 갱년기를 먼저 떠올리는 사람들이 많은데, 사실 그것은 중년의 아주 작은 단면일 뿐이다. 이 시기는 오히려 훨씬 더 깊고 다양한 의미를 가진다. 중년은 단순히 생물학적 변화의 때만이 아니다. 여러 가지 이유로 인생의 절정기라고 할 수 있다.

사람들 대부분은 중년에 접어들면서 경제적으로나 사회적으로 어느 정도 안정을 누리게 된다. 살아온 시간만큼 쌓인 경험, 기술, 관계, 자원들은 우리를 삶의 가장 높은 지점, 곧 인생의 산마루로 인도한다. '이만큼이면 됐다'라는 생각과 함께, 마음 한쪽에서는 더 오를 곳이 없는 꼭대기에 선 것 같은 두려움을 느끼기도 한다. 기를 쓰고서 오를 수 있는 가장 높은 곳까지 올라왔기에 느끼게 되는 한계다. 바로 그 지점에서 예상치 못한 인생의 한계를 마주하게 된다. 에너지의 한계, 몸의 한계, 그리고 인생의 가장 궁극적인 한계인 '죽음'을 의식하게 되는 것이다.

젊을 때는 죽음을 떠올릴 겨를이 없다. 해야 할 일이 많고, 앞을 향해 질주하다 보면 주변을 살필 수 없다. 하지만 산마루에 올라서면 반대편으로 내려가는 길이 보이기 시작한다. 이미 내리막길을 걷고 있는 이들의 뒤를 따라 자신도 그 행렬에 서서 함께 흘러가고 있다는 것을 깨닫는다. 정신없이 앞만 보고 오르던 길에서는 보이지 않던 것들이 천천히 걷는 내리막길에서는 새롭게 보이고, 이전과 다른 마음으로 사람을 대하고 세상을 보게 된다. 그 길의 끝자락에 인생의 마지막 시간이 기다리고 있다는 사실 앞에서 궁극적인 한계를 인정하게 되는 것이다.

'잘 죽기 위해 잘 산다'라는 말이 있다. 죽음을 의식하며 사는 중년은 삶을 소중히 여기며 후회 없이 살기 위해 애쓴다. 죽음을 의식한다는 것은 '어떻게 살 것인가'를 고민한다는 것이다. 그래서 인생을 아름답게 마무리하려면 중년을 잘 살아야 한다. 중년은 삶의 본질에 대해 묻는 시기이고, 진짜 '나'를 다시 만나는 시간이다. 그 길 위에서 우리는 다시 하나님을 만나고, 새로운 시간을 살아갈 용기를 얻게 된다.

다니엘 레빈슨의 말처럼, 인생의 가을인 중년은 '겨울'을 준비해야 할 때다. 하지만 가을이 단지 낙엽이 떨어지는 쓸쓸한 계절인 것만은 아니다. 열심히 뿌린 씨를 열매로 거두며 수확하는 계절이기도 하다. 그동안 살아온 삶을 돌아보고, 다가올 계절을 준비하는 시간이다. 뿌린 씨로 말미암아 잘 익은 열매를 맛보며, 내면이 만족과 기쁨으로 채워진 중년은 평화로운 노년을 맞이할 수 있다. 그래서 중년의 삶을 어떻게 살았느냐가 노년의 삶을 결정하는 것이다. 거둔 것을 나누며 잘 살아온 중년은 인생 전체를 바라보는 큰 눈으로 삶의 마지막 시간을 볼 수 있다.

중년은 젊음의 끝이 아니다. 오히려 진짜 삶이 시작되는 문턱이다. 이 문턱을 넘으면서, 진중하고 묵직한 진짜 중년의 삶을 써나갈 수 있기를 소망한다.

1부

현명하게 나이 들 수 있는가?

01

호기심이 현명하게 하리라

우리는 왜 늙기를 두려워하는가?

중년은 더 이상 젊지 않지만, 그렇다고 나이가 아주 많이 들지도 않았다. 젊은이와 늙은이 사이에서 자신의 정체성과 인생에 대한 물음이 많아지는 때가 중년이다. 그동안 살아온 내 삶은 뭔가? 앞으로 어떻게 살아야 하나? 딱히 이룬 것도 없는데 나이만 들어가고 있다는 생각은 중년에게 불안과 초조함을 준다. 그래서 체력을 단련하고 외모를 가꾸며, 조금이라도 젊음을 유지하려고 애를 쓴다. 그런데 이런 중년일수록 빠지기 쉬운 함정이 있다. 바로 젊음에 대한 집착이다.

오랜만에 만난 친구를 기분 좋게 하는 말이 있다.

"어쩜 이렇게 하나도 안 변했냐? 옛날이랑 똑같다."

'세월이 흘러도 그대로'라는 말은 '아직 늙지 않았다'라는 말로 들려 중년을 묘하게 위로한다. 우리는 왜 이렇게 '젊어 보인다'라는 말에 기뻐하는가? 얼마 전 신혼부부를 만난 자리에서 "학생인 줄 알았네. 결혼한 거 맞아요?" 했더니 젊은 남녀가 활짝 웃으며 즐거워했다. 이런 반응이 어디 젊은 사람에게서뿐일까? 아흔을 훌쩍 넘기신 나의 시어머니 역시 매일 화장을 하셨고, 젊어 보이는 옷을 선물하면 무척 기뻐하셨다. 이렇듯 젊다는 말이 남녀노소를 불문하고 최고의 칭찬이 되어버린 시대에 우리가 살고 있다.

하지만 생각해 보면, 인간이 역사 속에서 늘 그랬던 것은 아니다. 과거에는 늙음이 곧 지혜의 상징이었던 때가 있었다. 어느 부족이든, 공동체가 존재했던 시대에 나이가 많다는 것은 그 자체로 존경의 이유가 되었다. 인디언 사회에서는 노인이 아이를 무릎에 앉히고 밤하늘의 별을 헤아리며 삶의 이야기를 들려주는 것이 자연스러운 풍경이었다. 조상들의 역사, 자연과 더불어 사는 법, 인간관계의 지혜, 살아남는 기술은 책이 아닌 노인의 이야기로 전수되었다. 마을에 큰 문제가 생기면 사람들은 가장 나이가 많은 어른에게 달려가 묻곤 했다. 나의 어린 시절을 떠올려 봐도 그렇다. 할머니 품에 안겨 호기심 어린 눈으로 듣던 옛날이야기 속의 세상에서 인생을 배우며, 세대는 그렇게 이어졌다. 이렇게 농경시대를 오래 살아온 노인의 지혜는 모든 세대에게 정보의 산실이었고 삶의 기준이었다. 그래서 늙는다는 것은 자연스럽고도 영예로운 일이었다.

그러나, 인류 역사 수천 년 동안 바뀌지 않던 이 질서가 산업화와 정보화 시대에 들어서면서는 완전히 뒤집혔다. 지식이 초고속으로 생산되고 사라지는 세상에서 경험의 가치는 빛을 잃기 시작했다. 기술과 정보가 젊은 세대의 손끝에서 쏟아져 나오고, 노인은 어느새 정보의 사각지대로 밀려나고 말았다.

젊은 세대는 더 이상 노인에게 조언을 구하지 않는다. 대신 검색창에 묻고 동영상 강의를 찾아본다. 노인의 말에 귀 기울이지 않는 시대가 된 것이다. 노인은 공동체의 중심에서 점점 멀어지고, '쓸모를 잃은 존재'라는 오해 속에서 소외되고, 외롭게 고립되고 있다. 바로 이 지점에서 현대인은 늙음을 두려워하기 시작했다. 노화는 단순한 생물학적 변화가 아니라 사회적 퇴장, 관계의 단절, 역할 상실과 연결되기 때문이다. 그래서 중년은 유독 노화에 민감하다.

어느 날 갑자기 찾아온 만성통증, 시력 저하, 기억력 감퇴, 부모님의 병약해진 모습은 우리에게 '시간이 유한하다'라는 불안으로 다가온다. 몸담고 있는 조직에서 뒤처질까 봐 두려워지고, 사회적 경쟁에서 밀려날지도 모른다는 두려움이 마음을 흔든다. 결국 이 불안은 외모 관리와 건강 집착, 유행 추종과 자기과시

심리로 이어지고, 더 늦기 전에 노화를 막아야 한다는 초조함을 자극한다. 짊어진 삶의 무게가 가장 무거운 중년의 시기에 모든 책임이 쏠리면서, 삶의 피로가 노화 감각을 증폭시키는 것이다.

젊음을 예찬하고 늙음을 혐오하는 사회는 나이가 들어가는 자연스러운 삶의 흐름을 마치 극복해야 할 결함처럼 여긴다. 그래서 나이 든 자기 모습을 받아들이지 못하고 노화를 부정하는 사람은 내면의 소리를 외면한 채 소비와 자극을 좇는 공허한 삶에 빠지기 쉽다. 건강한 자아상을 잃은 중년은 사회적 책임을 잊고 겉모습과 조건을 좇게 되며, 결국 정체성의 혼란 속으로 빠져들게 된다.

노화에도 장점은 있다

그런데, 나이를 먹는다는 것이 반드시 상실과 쇠퇴가 아니라 분명 좋은 점이 있다고 밝힌 사람이 있다. 미국의 노년의학 전문의 야마다 유지는 저서 『최고의 노후』에서 노화에 대한 부정적 인식을 넘어 나이듦의 이점을 과학적 근거와 함께 제시한다. 그는 노화가 단지 기능 저하만을 뜻하지 않으며, 삶의 경험과 생물학적 적응이 축적되는 또 하나의 성장 과정이라며, 나이가 들어 누릴 수 있는 장점을 말해준다.

무엇보다 경험이 풍부해진다는 것은 노년의 가장 큰 자산이라고 할 수 있다. 나이를 먹으면서 쌓인 경험은 그 무엇과도 바꿀 수 없는 지혜가 되어 쇠퇴한 뇌 기능을 보충하는 역할을 한다. 경험으로 쌓아 올린 지혜는 학습으로 아무리 따라잡으려 해도 손쉽게 넘을 수 없는 큰 힘이다.

생물학적으로도 노화는 뜻밖의 장점을 가진다. 사람의 몸은 다양한 바이러스를 겪으며 병원체에 대한 기억을 축적한다. 한 번 침투한 병원체에 대해 다시 감염되지 않도록 기억하는 능력을 면역기억이라고 하는데, 그 기억은 바이러스의 종류에 따라 수십 년간 유지되기도 한다. 알레르기 증상도 나이 들수록 완화되는 경향이 있다. 알레르기 반응을 일으키는 면역 글로불린 E 항체 수치가 연령이 증가함에 따라 감소하기 때문이다. 편두통도 비슷하다. 30대 여성에게 가장 흔하지만, 60대 이후에는 심한 편두통을 겪는 경우가 크게 줄어든다.

그러므로 노화에 단점만 있는 것이 아니다. 몸이 오랜 세월 적응하며 얻은 생리적 안정을 함께 가져다준다. 사회적 측면에서도 자유 시간이 생기고, 경제적 부담이 줄어들며, 하고 싶어도 미뤄 두었던 취미와 공부를 다시 시작할 수 있다. 여행, 독서, 악기, 봉사활동 등, 삶의 질을 높일 수 있는 선택지가 오히려 넓어진다. 또한 사회적 공헌도 역시 많아진다. 연구에 따르면, 사람들은 중년 이후 국가와 사회에 대한 관심이 증가하고, 기부나 자원봉사, 지역사회 참여에 더 적극적이라고 한다. 무엇보다 나이가 들수록 인간관계가 깊어지고, 삶의 가치와 의미를 성찰하는 능력이 커진다.

물론 나이가 같다고 해서 모두 같은 모습으로 나이 드는 것은 아니다. 어떤 이는 나이보다 젊고 건강하게 살기도 하고, 어떤 이는 삶의 의욕을 일찍 잃기도 한다. 중요한 것은 나이 들어감을 부정하지 않고 겸허하게 수용할 때, 비로소 삶의 지혜를 배울 수 있다는 사실이다.

젊게 사는 것보다 더 중요한 것은 현명하게 나이 드는 것이다. 그렇다면 어떻게 하면 현명하게 나이 들 수 있을까? 현명하게 나이 든다는 것은 단순히 건강을 지키거나 경제적 안정만을 말하지 않는다. 그것은 나이 들어가는 자신을 받아들이고, 남은 생의 시간을 어떻게 사용할지 능동적으로 선택하는 태도에서 비롯된다. 외모를 감추거나 나이를 숨기는 것이 아니라, 나를 이뤄온 시간을 이해하고 존중하며 삶의 본질을 향해 더 가까이 다가가는 과정이다.

우리는 모두 중년 이후에 또 한 번 성장해야 한다. 젊을 때는 세상을 향해 나아가는 일이 중요했다면, 중년 이후에는 자기 내면의 방향을 세우는 일이 더 중요해진다. 관계를 다시 돌아보고, 삶의 우선순위를 정리하며, 남은 시간 동안 무엇을 위해 살지 스스로에게 답해야 한다. 몸은 늙어가지만 마음은 더 깊어지며, 세월은 흘러가도 자신만의 품격을 지켜가는 중년이어야 한다. 이제는 노화를 두려워하거나 거부하는 태도에서 벗어나, 지혜롭게 나이 드는 법을 고민해야 할 때가 되었다.

⚘ 낯선 것에서 배우라

35년의 교직 생활을 마감하고 은퇴한 중년남성이 있다. 천재지변이 없는 한 지각이란 있을 수 없었고, 공적인 사유 없이 결근한 적도 없는 성실하고 책임감 있는 교사였다. 그런데 막상 자유로운 은퇴자의 삶을 만끽하리라고 했던 기대가 현실로 다가오니, 아무것도 하지 않고 지내는 시간이 점점 아깝기만 했다.

무료하게 시간을 축내고 지내는 것보다 무언가 생산적인 활동을 해야겠다고 마음먹고 있을 때, 우연히 휴대폰에 앱을 깔고 자동차로 음식을 배달하는 아르바이트를 소개받았다. 처음엔 내심 염려가 되었지만, 이제껏 안 해본 새로운 일을 한다는 사실에 마음이 설레기도 했다. 젊은 직장인들도 퇴근길에 한두 시간씩 '배달 알바'를 한다는 말을 들으니 마음도 놓였다. 그렇게 시작한 일이었는데, 처음엔 한 시간에 두세 건 배달하는 것도 쉽지 않았다. 그랬던 그가 점점 배달 건수가 늘고 시간도 단축되면서 숙련된 배달원이 되어갔다. 새로운 일에 도전하고 성취를 이루는 동안, 남들은 알 수 없는 묘한 기쁨과 자신감이 생겼다.

조금씩 경험이 쌓이고 어느새 일이 손에 익을 무렵이 되니, 주변 사람들이 눈에 들어올 만큼 여유도 생겼다. 뙤약볕 아래에서 땀흘리며 일하는 오토바이 라이더들의 모습, 두세 평도 안 되는 메케한 식당 주방에서 종일 음식을 만드는 자식 또래의 젊은 청년들, 그들의 이마에 맺힌 굵은 땀방울이 안쓰러워 보였다.

'이런 데도 사람이 살까?' 싶을 만큼 외지고 그늘진 반지하 원룸에서부터 지하 주차장이 운동장처럼 넓은 고층아파트까지, 그의 자동차 바퀴가 지나지 않은 곳이 없을 만치 많은 곳을 누비고 다녔다. 그리고 처음 경험한 일을 통해 낯선 삶을 만나고 생경한 삶의 풍경을 보았다. 그동안 교사로서 살아온 세월이 부끄럽지는 않았지만, 보이지 않는 곳곳에서 온몸으로 땀 흘려 일하며 분투하는 사람들에 비하면 '무사안일했던 것은 아니었나' 하는 마음도 들었다. 퇴직 후 마음껏 캠핑 다닐 꿈을 꾸며 구입한 자동차 안에 음식 냄새가 뱄다고 툴툴대는 아내의 잔소리를 들으면서도, 그는 한동안 꿋꿋하게 그 일을 했다. 그리고 또 다른 삶을 배웠다.

사람들은 나이가 들면서 새로운 것보다 익숙한 것을 선호한다. 물론 성향에 따라 다르기도 하지만, 대부분의 경우는 익숙한 방식을 고수하고 그것에 편안함을 느낀다. 새로운 만남이 꺼려지고 낯선 환경에 부담을 느끼는 것은 나이 들면서 겪는 자연스러운 모습이다. 심리사회학에서는 이런 현상을 경로 의존성(path dependency)이라고 한다. 한번 일정한 경로에 의존하기 시작하면, 나중에 그 경로가 비효율적이라는 사실을 알고도 여전히 그 경로를 벗어나지 못하는 경향성을 뜻하는 말이다. 한번 형성된 습관, 사고방식, 관계의 양식, 제도나 구조가 오랜 시간에 걸쳐 관성처럼 지속되는 현상이다. 예를 들어 먹던 음식을 찾고 비슷한 스타일의 옷을 고르는 것에서부터 인간관계와 직업 선택에 이르기까지, 변화보다는 익숙함을 추구하는 것이다. 이처럼 우리 삶에는 과거의 경험이 현재의 선택에 영향을 주는 경우가 상당히 많다. 이와 반대로, 자신이 처한 삶의 다양한 경험을 있는 그대로 맞이하고 거기서 삶의 지혜를 배우기 위해 열린 마음으로 삶을 대하는 태도를 일컬어 '경험에 대한 개방성'(openness to experience)이라고 한다. 성격심리학의 '5대 성격 특성' 중 하나로, 새로운 경험, 아이디어, 감정, 가치관에 대해 개인이 얼마나 개방적인 태도를 보이는지를 나타내는 말이다. 서울대학교 행복연구센터의 연구에 따르면, 개방성은 새로운 것들에 대해 열린 자세를 보여주는 성격 요소다.

개방성 성향이 높은 사람들은 새로운 생각과 새로운 활동에 강한 욕구를 가지고 있다. 처음 마주하는 낯선 경험을 받아들일 때 마음의 장벽이 낮은 사람들이라고 할 수 있다. 그래서 개방성이 높은 사람들은 호기심이 많고, 새로운 경험을 즐기며 상상력과 창의성도 높은 편이다. 반면 익숙한 것들에 대해서는 쉽게 싫증을 느끼기도 한다. 전반적으로 행복, 평온, 즐거움과 같은 긍정정서를 더 많이 경험하며, 삶에 대한 만족도 역시 높다. 호기심이 많고 새로운 것을 적극적으로 찾아 나서며, 평범한 것에 대해서는 다소 따분함을 느끼고 재미있는 일을 찾고자 한다. 중요한 사회적 스킬인 유머를 선호하고, 전반적으로 더 행복한 삶을 경험하고 있다.

비교적 안정적인 중년의 일상에서도 변화와 새로운 선택의 순간들이 끊임없이 찾아온다. 이때 중년에게 중요한 심리적 자산

중 하나가 바로 '경험에 대한 개방성'이다. 개방성은 단순히 새로운 것을 좋아하는 성향이 아니다. 내면의 다양한 감정과 생각, 가치, 기억 등을 있는 그대로 받아들이고 탐색하는 태도를 의미한다. 경험에 개방적인 사람은 불편한 감정을 억누르려 하지 않는다. 슬픔, 상실, 불안과 같은 감정도 오히려 삶의 일부로 받아들이며, 그것을 통해 성장의 기회를 발견한다. 자녀가 집을 떠나고 부모가 늙어가는 현실 속에서도 경험을 회피하지 않는 마음은 정서적 회복력을 높이고 삶의 균형을 유지하게 한다. 또한 경험에 개방적인 태도는 자기 이해와 성찰을 깊게 한다. 중년은 자신에 대한 진지한 질문과 맞닥뜨리는 시기다. 이때 자신의 내적 경험을 솔직히 들여다보고 마음을 열고 받아들일 수 있는 사람은 삶의 의미를 재발견하고, 새로운 방향을 설정할 힘을 얻는다.

개방성은 관계 측면에서도 중요한 가치를 지닌다. 경험에 마음을 연 사람은 다른 사람의 감정과 상황을 이해하고 공감할 수 있다. 자녀와 부모, 배우자와 동료와의 관계 속에서 갈등이 생겨도 감정을 피하거나 억누르려 하지 않고, 서로의 경험을 존중하며 관계를 회복할 수 있다. 이로 인해 삶의 친밀감과 만족감도 자연스럽게 높아진다. 또한 개방성은 중년 이후의 삶에 활력과 의미를 불어넣는 힘이다. 변화와 불확실성, 예상치 못한 상황은 삶의 필연적인 일부다. 경험에 마음을 열고 새로운 시도와 도전을 받아들이는 사람은 여행과 배움, 사회적 참여와 같은 경험 속에서 삶의 즐거움과 성취감을 발견한다. 이러한 삶은 단순히 반복되는 일상을 넘어 깊이 있고 풍요로운 여정으로 우리를 인도한다. 결국 중년의 개방성은 삶을 풍성하게 만드는 심리적 토양이다. 불편한 경험을 피하지 않고 자신의 내면과 타인의 경험에 마음을 열 때, 우리는 반복되는 일상에서도 삶의 생기를 회복할 수 있다. 중년의 개방성은 지금까지 살아온 어떤 시간보다 우리를 자유롭고 즐거운 길로 인도할 것이다.

마침표보다 느낌표에 익숙해져라

1만 명의 뇌를 스캔한 세계적인 의학박사 가토 도시노리는 수많은 환자의 뇌를 분석하면서 놀라운 사실을 발견했다. 그는 뇌 MRI 진단 분야의 세계적 권위자이다. 그를 찾아온 많은 중년 환자들의 뇌 MRI를 분석한 결과, 뇌 기능 저하의 핵심은 단순한 노화가 아닌 '잃어버린 호기심'에 있었다고 한다. 그는 저서 『호기심의 뇌과학』에서 중년의 억눌린 '호기심'을 되살리는 것이 뇌를 활성화시키는 해결책이라고 주장한다.

중년들은 좋은 음악을 듣거나 아름다운 경치를 보고도 무덤덤할 수 있다. 굴러가는 낙엽만 봐도 웃음이 나오던 젊은 시절이 있었건만, 어느새 웬만큼 대단한 일이 아니고선 마음이 잘 움직이지 않는다. 그러나 느낌표 대신 마침표에 익숙한 중년들은 나이 들면서 없어지는 호기심을 되찾을 필요가 있다. 감동하고 감탄할 일이 세상에 얼마나 많은가? 천재의 대명사로 불리는 알버트 아인슈타인은 사람들에게 종종 이렇게 말했다고 한다. "오래 살게 되어도 늙지는 마십시오. 우리가 태어나게 된 위대한 신비 앞에서, 호기심으로 가득 찬 아이들처럼 살아가십시오."

나는 중년의 성도들과 상담하다가 하고 싶은 일이 뭐냐고 묻곤 한다. 그 질문 앞에서 대부분은 한참을 망설이다 난감해하며 말한다. "글쎄요, 생각을 안 해봐서 … 잘 모르겠는데요." 본인이 원하는 일이나 하고 싶은 바를 자신 있게 이야기하는 중년은 드물다. 농담처럼 들릴지 모르겠지만, '하고 싶은 일이 없으면 치매에 걸린다'라는 말이 있다. '하고 싶은 마음'이 바로 '호기심'이다. 지금 당장 하고 싶은 일 다섯 가지를 묻는다면, 그 자리에서 망설임 없이 다 말할 수 있는 중년이 과연 얼마나 있을까?

가토 도시노리 박사는 호기심의 수준이 '뇌의 성장력'을 가늠하는 하나의 척도가 된다고 한다. 중년들이 호소하는 건망증과 뇌 기능 저하 증상은 단순히 기억력의 문제 때문이 아니라, 심신의 불안과 삶에 대한 혼란 등 더 복잡한 고민이 얽혀 있기 때문에 나타난다고 한다. 뇌는 기억력과 인지기능뿐만 아니라, 삶 자체에 깊이 관여하는 기관이기 때문이다. 따라서 뇌가 잘 기능하고 꾸준히 성장할 수 있으면 일상도 즐겁게 지낼 수 있다는 것이다. 도시노리 박사가 만난 환자들의 공통점은 만사에 호기심을 잃어버린 상태였고, 정작 본인은 그런 사실을 인지하지 못했다.

왜 중년은 호기심의 결여 상태에 빠지는 걸까? 자신도 모르게 자기감정을 억누르며 살아온 세대였기 때문이라고 뇌과학은 말한다. 호기심과 관련된 감정계 뇌 섹터는 타인의 감정을 읽는 우뇌 감정계와 자신의 감정을 인식하고 표현하는 좌뇌 감정계로 구성되어 있다. 연구에 따르면, 장기간 사회생활을 하면서 좌뇌(자기)의 감정을 억눌러온 중년층의 경우 타인의 감정을 읽는 우뇌 감정계는 발달하지만, 자신의 감정을 인식하는 좌뇌 감정계는 저하되는 경향이 나타나기도 한다. 그들은 남의 기분은 잘 살피지만, 정작 자기감정은 모르는 상태로 오랜 세월을 살아온 세대다. 그러면서 자연스럽게 '무언가를 해보고 싶다'는 호기심까지 잃어버린 것이다. 그러나 인생의 시계가 중년에 머물 때, 억압되어온 좌뇌(자기) 감정이 비로소 살려달라고 비명을 지른다. 좌뇌(자기) 감정이 깨어나는 45세를 전후하여 뇌가 스스로 우뇌와 좌뇌의 불균형을 감지하고, 내면의 감정을 깨우는 방향으로 반응하기 시작하는 것이다.

삶을 탐험하는 시간으로 바꾸는 힘

중년에 왜 호기심이 필요한 걸까? 우리는 흔히 호기심을 아이들의 전유물로 생각한다. 아이는 사물의 원리를 묻고, 끝없이 새로운 것을 알고 싶어 하는 태도를 자연스럽게 여긴다. 그러다 나이가 들어 안정과 실용을 중시하면서 새로운 것에 대한 흥미는 점차 사라진다. 하지만 가토 도시노리는 이것이 노화가 아니라 습관의 결과라고 말한다. 반복과 익숙함으로 채워진 생활이 뇌를 보수적으로 만들고, 뇌는 점점 새로운 자극을 회피하려는 경향을 갖게 된다는 것이다. 다시 말해 호기심의 상실이 노화를 불러오는 것이지, 노화가 호기심을 빼앗는 것이 아니다.

뇌는 스스로 변화를 만들어내지 않는다. 변화는 자극을 받아들이는 태도에서 나온다. 그 자극의 출발점이 바로 호기심이다. 호기심이 작동할 때 도파민 시스템이 깨어나고, 감각과 사고는 활성화되며, 뇌는 새로운 신경 연결을 생성한다. 뇌는 나이에 관계없이 언제든 변화할 수 있으며, 그 가능성은 태도에 의해 좌우된다.

중년에게 호기심이 필요한 이유는 단순하다. 삶이 길어졌기 때문이다. 평균 수명이 80세, 90세를 넘어가는 시대에, 중년의 시계는 아직도 갈 길이 멀다. 그 시간을 살아갈 새로운 에너지가 필요하다. 책임과 의무만으로는 이 시간을 버틸 수는 없다. 호기심이 필요하다. 삶을 '흘러가는 시간'이 아니라 '탐험하는 시간'으로 바꾸는 힘, 그 에너지가 바로 호기심이다.

호기심은 또한 관계에서도 중요한 역할을 한다. 오랜 관계가 지루해지는 이유는 감정이 식어서가 아니라 서로에 대한 호기심이 멈추기 때문이다. 배우자, 자녀, 동료에 대해 더 이상 알고 싶어하지 않을 때, 관계는 기능적으로만 유지된다. 반대로 상대에 대해 궁금해 하고 새로운 면을 발견하려 한다면, 관계는 살아 있는 유기체처럼 성장한다. 결국 호기심은 단순히 뇌의 기능을 넘어 삶 전체를 움직이는 인간의 본질적 능력이라고 할 수 있다.

오랜 직장 생활을 끝내고 은퇴한 중년여성이 있었다. 20대 중반에 간호사관학교를 졸업해서 60대 후반이 될 때까지 40여 년의 세월을 간호장교로 복무했다. 천성적으로 자유롭고 낙천적인 그녀가 틀에 박힌 군 생활을 한다는 것은 참으로 쉽지 않았다. 잦은 근무지 이동으로 가정생활은 물론 자녀양육에도 고비가 많았다. 그러나 천성이 부지런하고 활기찬 그녀는 틈틈이 운동하며 좋아하는 일을 찾아서 했고, 단조로운 환경에서도 즐거움을 잃지 않았다. 은퇴 후에는 동네 피아노학원을 놀이터 삼아 피아노를 배우고 있다. 틈만 나면 사람들을 만나고, 남편과 함께 추억여행을 다닌다. 늘 사람들과의 관계 안에서 기쁨을 찾고 배우기를 주저하지 않는 그녀는 누가 봐도 호기심이 왕성한 사람임에 틀림없다.

호기심은 뇌를 춤추게 한다

많은 사람이 중년에 이르면 호기심을 잃는다. 새로운 것에 대한 기대와 설렘 대신 익숙함이 주는 안전함을 택하고, 질문하기보다 해석하려 하며, 배우기보다 판단하려는 태도가 강해진다. 우리도 모르게 그렇게 서서히 닫혀간다. 어쩌면 우리 마음이 굳어지는 이유는 나이가 들어서가 아니라 호기심이 멈추었기 때문인지도 모른다. 그렇다면 우리는 왜, 어느 순간부터 질문을 멈추게 되었을까?

첫째, 두려움 때문이다. 우리는 나이가 들수록 '모르는 것'에 대해 조심스러워진다. 새로운 것을 시도할 때 생길지 모를 실패, 평가, 손실을 두려워한다.

둘째, 피로 때문이다. 중년은 역할이 많은 시기다. 직장에서의 책임, 가정에서의 돌봄, 사회적 관계망 속에서 쉼 없이 굴러가는 일상의 무게는 우리를 소진시키고, 우리에게서 새로운 것을 받아들일 여유를 빼앗는다. 피곤한 마음에 호기심이 일어나기는 어렵다.

셋째, 확신의 함정 때문이다. 우리는 경험이 쌓일수록 세상을 판단하는 틀을 갖게 된다. '나는 이미 알고 있다'라는 태도는 배움을 멈추게 하고, 타인과의 대화를 단절시키며, 성장을 차단한다. 질문을 멈추면 생각이 멈추고, 배움을 멈추면 성장이 멈춘다. 결국 호기심을 잃는다는 것은 성장의 기회를 잃는 것과 같은 것이다.

중년의 뇌는 젊었을 때처럼 즉각적이고 폭발적인 변화를 보여주진 않는다. 그러나 가토 도시노리의 연구에 의하면, 뇌는 나이가 들어도 학습하고 성장할 수 있다. 핵심은 '배움의 동기를 얼마나 유지하느냐'에 달려 있다. 뇌세포는 근육세포와 마찬가지로 사용할수록 단련되고 발달하기 때문에, 뇌를 많이 사용할수록 더 많은 뇌의 나뭇가지(신경섬유)가 성장하고 자란다. 나이가 들면서 노화가 빠르게 진행되는 사람과 점점 활기차고 건강해지는 사람의 차이는 바로 뇌의 성장력에 있다. 뇌는 언제든지 자극을 통해 성장할 수 있으며 의지만 있으면 젊어질 수 있는 것이다. 80대라도 호기심을 가지고 행동으로 옮기기 시작하면 훨씬 나은 뇌로 성장할 수 있다. 호기심을 통해 노화 속도를 뛰어넘는 뇌 성장력을 유지할 수 있기 때문이다.

기업에서 청춘을 다 보내고 최근에 퇴직한 중년남성의 이야기다. 그는 대학에서 영문학을 전공했으나 대기업에 취업하여 퇴직할 때까지 재무회계 분야에서 일했다. 전공은 아니었지만 워낙 꼼꼼하고 정확한 성품에다 맡은 일에 책임을 다하는 성실성까지 겸비하다 보니 평사원에서 임원으로 꾸준히 자리매김하며 직장 생활을 잘했다. 퇴직하기 전 10년은 삼척에서 근무하며 주말에 올라오는 힘든 일정 속에서도, 주일에는 예배와 봉사로 섬기며 지방 근무의 피곤함을 위로받곤 했다.

그러던 그가 마침내 은퇴하고 집으로 돌아왔다. 일하지 않고 쉴 수 있는 시간과 여유가 있어서 한동안은 편했다. 그러나 얼마 지나지 않아 왠지 모를 초조한 마음이 일어났다. 그때부터 퇴직자를 위한 국가 지원 교육 프로그램을 알아보기 시작했고, 마치 회사에 출근하듯 아침부터 시간표를 짜서 국비 지원 학원에 다니기 시작했다. 전혀 모르던 생소한 분야를 공부하며 자격증에 도전했다. 아무런 선지식이 없는 공부는 쉽지 않았으나, 무언가를 배운다는 자체는 즐거운 일이었다. 자격시험에 합격하고 다음 공부를 위해 준비를 했다. 도서관에서 시험공부를 하고 책을 보며 하루 종일 지내는 날들이 지루하지 않았다.

나이 들어 처음 접한 새로운 분야를 배우고 자격증 시험에 도전한다는 것은 자칫 무모한 듯 보였으나, 그가 가진 특유의 성실함은 이 모든 일을 가능하게 했다. 회사를 다니면서도 은퇴를 대비하기 위해 틈틈이 온라인으로 공부해 취득해둔 학위도 있었다. 은퇴 후 얼마 지나지 않았을 때, 그는 많은 도전과 시도 끝에 인생 후반에 선택할 수 있는 많은 길을 개척했다. 그는 열심히 취득한 자격증으로 최근에 관련분야에 취업했고, 지금도 현장에서 일하면서 더 전문적인 자격을 갖추기 위해 주경야독의 삶을 살고 있다. 그런 그가 내게 말했다. "나는 건강이 허락하면 아흔이 되어서도 공부하고 싶습니다."

중년의 호기심은 삶의 후반부를 준비하는 전략이기도 하다. 새로운 지식을 받아들이고 새로운 경험을 시도하며, 실패와 좌절을 두려워하지 않고 질문을 계속 던질 때, 뇌는 활발하게 움직이고 마음은 젊어진다. 작은 호기심부터 시작해도 충분하다. 새로운 책 한 권, 평소 가보지 않던 길, 관심 있는 분야의 강의나 모임, 또는 일상의 사소한 질문이 그런 것들이다. 중요한 것은 어떤 일의 크기가 아니라 호기심을 실천하는 작은 습관이다. 반복되는 실천이 뇌를 활성화하고, 마음을 새롭게 만들며, 중년의 삶에 생기를 더해줄 것이다.

호기심은 단순히 지식을 쌓는 행위가 아니다. 삶의 방식과 태도를 변화시키는 힘이다. 호기심은 처음 만나는 사람이나 사물에서 자극을 받아 솟아나는 반응이다. 우리는 새로운 분야를 배우고, 낯선 사람을 만나고, 익숙한 일상 속에서 다른 관점을 발견할 때 뇌가 반응하는 것을 느낄 수 있다. 익숙한 틀 속에서 벗어나 스스로에게 질문을 던지고, 작은 모험을 시도하는 것이 바로 호기심을 되살리는 훈련이다.

⚘ 거스를 순 없지만 새롭게 보기

누구에게나 가슴 뛰던 순간이 있었다. 시간 가는 줄 모르고 몰입했던 시간도 있었다. 그 설렘의 기억과 떨림을 다시 소환해보자. 낯선 곳을 찾아가는 용기를 발휘해도 좋다. 익숙한 곳에서 발걸음을 돌려 호기심이 싹트는 곳으로 떠나는 것이다. 새로운 곳을 여행하는 것은 신선한 자극을 얻는 최고의 기회가 될 것이다.

나이가 들면 늘 만나던 사람이 편하고 좋다. 그러나 호기심을 키우기 위해 낯선 사람을 만나는 것은 새로운 세계를 경험하는 일이다. 이익을 떠나 사심 없이 마음을 나누고 생각을 교환할 수 있는 다양한 모임을 통해 관점과 취향이 다른 사람과 교류하면서 지경이 넓어질 수 있다.

자연과 친해지는 것도 우리의 오감을 자극하여 호기심을 일깨우고 뇌를 성장시키는 좋은 방법이 될 수 있다. 호기심 어린 시선으로 세상을 바라보면 이전에 보지 못했던 많은 것들이 보인다. 익숙한 눈으로 보던 세상과 다른 낯선 세상이다. 어쩌면 호기심을 가지고 본다는 것은 늘 보던 것이지만 낯선 시선으로 다르게 보는 것이 아닐까? 같은 사람, 같은 일, 같은 세상이지만, 마치 처음 보는 것처럼 생소하게 보는 것에서 새로운 앎을 얻게 된다.

시인 안도현의 유명한 시 '스며드는 것'을 읽어보자.

꽃게가 간장 속에
반쯤 몸을 담그고 엎드려 있다
등판에 간장이 울컥울컥 쏟아질 때
꽃게는 뱃속의 알을 껴안으려고
꿈틀거리다가 더 낮게
더 바닥 쪽으로 웅크렸으리라
버둥거렸으리라 버둥거리다가
어찌할 수 없어서
살 속에 스며드는 것을
한때의 어스름을
꽃게는 천천히 받아들였으리라
껍질이 먹먹해지기 전에
가만히 알들에게 말했으리라

저녁이야
불 끄고 잘 시간이야

늘 먹던 그 흔한 간장게장을 전혀 다른 눈으로 낯설게 바라본 시인의 시선이 얼마나 놀라운가. 자식을 키워본 부모라면, 이 시를 제대로 깊게 읽고 난 후로는 다시 간장게장을 먹기가 힘들어질지도 모른다. 깊이 보고 듣는 것의 위력이란 이런 것일 게다. 예전에 아무렇지도 않던 일이 아주 새로운 일이 된다. 대상에 집중하고 천천히 보니 예전에 보이지 않던 그 무엇이 보인다. 마음의 눈이 활짝 열려 세밀한 시선이 작동된다. 이 얼마나 멋진 공감인가?

결국 현명하게 나이 든다는 것은 시간을 거스를 수 없음을 받아들이는 동시에, 호기심 어린 눈으로 매일을 새롭게 바라보는 것이다. 세월에 떠밀려 수동적으로 흘러가는 것이 아니다.

중년 이후에도 배움과 질문을 멈추지 않는 사람에게 삶은 여전히 놀라움과 기쁨으로 펼쳐진다. 오늘 무엇에 관심을 두고 무엇을 배우며 무엇을 시도할지 선택하는 순간, 우리의 뇌는 다시 춤추기 시작한다. 그리고 그 춤은 삶 전체를 경쾌하게 만드는 중년의 지혜이자 현명함이 될 것이다.

02

당당하게 넉넉하게 자유롭게

멈추지 말고 흘러가라

늦깎이로 장가를 간 남동생이 결혼 15년 만에 집을 장만했다. 어린 나이에 혈혈단신 서울에 올라와 열심히 직장을 다니며 일만 하더니 어엿한 가장이 되었고, 성실하게 돈을 모아 정원이 딸린 아파트의 1층 집을 장만했다. 거실에서 내다보이는 창밖으로 제법 큰 나무가 보이는 것이 흡사 단독주택 같은 분위기가 난다.

이사하여 맞은 첫가을, 생각지도 못한 일이 벌어졌다. 마당 한쪽에 존재감 없이 서 있던 나무가 가을이 되니 가지마다 주렁주

렁 대추 열매를 맺는 것이 아닌가! 풍년이 따로 없었다. 대추가 너무 많이 달려 땅으로 쏟아질 것만 같았다. 늘 사 먹기만 했던 대추가 내 집 마당에 한가득 달렸다니, 도시 생활에 익숙한 우리 눈에는 너무나 신기하고 황홀한 광경이 아닐 수 없었다. 가을 하늘 아래 탐스럽게 익어가는 대추 열매는 이렇게 우리를 기쁘게 했다.

사람의 인생도 그렇지 않을까? 인생 전반부를 땀 흘리며 살아온 중년에게 가장 큰 기쁨과 보람은 열매를 맛보는 것, 즉 열매 맺음일 것이다. 그런 의미에서 발달심리학자 에릭 에릭슨(Erik H. Erikson)은 중년기에 가장 중요한 과업을 '생산성'(generativity)이라고 말한다. 에릭슨은 인간의 삶을 전 생애에 걸친 심리사회적 발달과정으로 보았다. 그는 인생을 여덟 단계로 나누고, 각 단계마다 개인이 해결해야 할 중심적 과업을 제시했다. 그는 인간의 삶이 위기의 연속이며, 삶의 각 과정마다 찾아오는 위기가 있다고 했다. 각 단계마다 찾아오는 위기를 잘 넘기면 건강하게 다음 단계로 넘어갈 수 있지만, 그렇지 않으면 삶이 고착되어 앞으로 나아가지 못한다는 것이다.

중년에 이루어야 할 '생산성의 과업'이란 무엇일까? 에릭슨은 중년기의 삶을 '자기중심'에서 '타인을 향한 삶'으로 전환되는 시기라고 보았다. 젊은 시절에는 자기의 능력 발휘와 성공에 집중하며 자신을 세우는 과정이 필요했다. 그러나 인생의 시계가 중년을 가리킬 때, 비로소 이전과 다른 마음으로 생산성의 문턱에 들어선다. 일보다 사람이 먼저 보이고, 다음세대를 이끌어가는 것에 대해 관심이 생긴다. 나의 울타리를 넘어 이웃과 사회로 관심이 확대되며, 사회 개선에 관심이 많아진다.

에릭슨이 말한 생산성은 단순히 일을 잘하는 능력이 아니라 자신이 가진 것들을 다음세대나 타인을 위해 나누고 돌보는 것을 의미한다. 즉, 나의 시간과 에너지와 지혜와 경험이 다른 누군가의 성장에 쓰일 때, 그 사람은 '생산적인 삶'을 사는 것이다. 거창하지 않아도 누군가를 격려하는 말 한마디, 후배를 진심으로 세워주는 태도, 혹은 지역사회에서 누군가의 삶을 살피는 작은 관심 속에서도 생산성은 자란다. 결국 생산성은 '내가 가진 것을 세상과 나누려는 마음의 지향'이라고 할 수 있다. 그리고 그 마음이야말로 성숙한 중년의 내적 기준이 된다.

성숙한 중년의 구체적인 특성은 무엇일까? 중년은 커리어, 즉 사회적 지위의 정점에 선 시기이다. 자신의 능력을 발휘하여 자녀와 후대를 위해 정신적 · 물질적으로 돌봄을 제공하려고 한다. 일에서 성공을 거두고 그 열매를 자녀에게 물려주고자 하며, 자기의 일과 자녀의 성취에서 자신이 그동안 뿌린 노력의 결실을 보며 행복을 느낀다. 그러나 이런 결실을 맺지 못하면 부모의 역할에 대해 회의를 느끼고, 자신을 원망하며 침체에 빠지게 된다. 어른으로서의 역할을 하지 못한 자신이 무가치하다고 느끼며, 대인관계마저 위축된다.

중년의 부모는 자식이 자기보다 잘 되는 것에서 자부심과 보람을 느낀다. 자식을 돌보며 자신의 존재가치를 형성하고 확장하기 때문이다. 그러나 자녀의 진로가 막히고 앞이 보이지 않는 상황에서 어려움을 겪게 되면 중년의 부모는 자기 일보다 더 크게 상심하고 고통을 느끼며, 자존감에 치명적인 상처를 입게 된다. 이것은 자식을 통해 열매를 맺고 싶어 하는 부모의 자연스러운 기대이며 소망이기도 하다. 그러므로 생산성의 의미를 가족을 넘어 이웃과 사회라는 보다 넓은 영역으로 확장시켜 적용할 필요가 있다.

진정한 생산성은 자신의 분야에서 사회적으로 가치있다고 여겨지는 것들을 만들어 기여하는 것이며, 생산적인 일을 통해 이웃과 사회에 공헌하고자 하는 것이다. 즉, 생산성의 핵심은 '자기초월'이라고 할 수 있다. 자신을 넘어 더 큰 가치와 관계를 향해 나아가는 것이다. 자신이 쌓아온 경험과 삶의 지혜를 바탕으로 세상에 생명력을 흘려보내는 역할을 하게 되는 것이다. 그 과정에서 오히려 자신도 새롭게 살아나는 경험을 한다. 누군가를 세우면서 내가 세워지고, 나눌수록 더 풍성해지는 역설이 일어나는 것이다. 이런 일이 어떻게 가능할까?

중년은 가족과 사회의 기둥으로서, 그들을 부양하면서 후대에 물질적, 정신적 유산을 남겨주고자 하는 욕구가 생기기 시작한다. 자신의 존재가 후대에 기억되기를 바라는 '불사성'의 욕구를 가지고, 이왕이면 정말 필요한 사람으로 남아 있고 싶은 마음의 원형을 가지고서 살아간다. 그래서였을까? 이스라엘의 어느 랍

비가 죽기 전에 해야 할 일 세 가지를 이렇게 말했다.

- 책을 써서 자기의 생각과 삶을 후세에 남기라.
- 자녀를 낳아 잘 기르라.
- 나무를 심어, 후세들이 계속 그것을 볼 수 있도록 하라.

성숙한 중년의 생산성 욕구

중년기에 생산성을 잘 발휘하는 사람은 인간과 세상을 연민의 눈으로 바라보며, 배려하는 마음과 돌봄의 자세를 갖게 된다. 그것은 가정에서 자녀를 양육하듯 직장에서 후배와 동료와 조직을 위해 헌신하는 모습으로 나타난다. 후배를 지원해주고 존경과 감사를 받음으로써 스스로 만족감을 얻으며, 영향력 있는 선배로서 자리매김하게 된다. 가족의 울타리를 넘어 더 넓게 확장되는 관계적인 기쁨과 보람을 경험하기 때문에 자신의 삶에 만족한다. 그러나, 반대로 중년에 자기중심적인 삶을 추구하고 이웃과 사회에 기여하지 않으려 하면 결국 침체를 경험한다.

침체성이란 말 그대로 정지되고 멈춰진 상태다. 삶이 더 이상 흘러가지 않고 의미와 활력을 잃어버리는 것이다. "이제 내가 뭘 더 하겠어." 이 말에는 삶에 대한 피로감뿐 아니라 자신의 존재가 더 이상 의미 없다고 느끼는 허무감이 담겨 있다. 삶이 흐르지 못하면 멈추고, 마음의 강은 점점 메말라가는 것이다. 이것이

에릭 에릭슨이 말한 침체성의 본질이다.

다음세대를 양육하지 못하거나 그들에게 공헌하지 못하는 중년은 자기연민에 빠지며, 그 모습은 자기몰입과 자기애적 집착으로 나타나게 된다. 성숙한 중년의 모습이 '배려와 돌봄'이라면, 침체된 중년의 모습은 '거부'로 나타난다. 그래서 자신과 사회에 대한 책임을 거부하고 자기만의 세계에 함몰되어, 타인에 대해 무관심한 이기적인 모습으로 살아가게 된다. 그러므로 성숙한 중년이 되려면 다음과 같은 지침에 유의해야 한다.

- 보다 높은 차원의 사랑을 표현하라.
- 건강한 삶의 패턴을 유지하라.
- 친구와 일치감을 형성하라.
- 자라고 있거나 다 자란 아이들이 책임감 있는 성인이 되도록 도우라.
- 다 자란 아이의 삶에는 부모로서 해왔던 중심 역할을 내어주어라.
- 아이들의 친구가 되어주어라.
- 안락한 집을 만들어라.
- 자신과 배우자의 성취를 자랑스러워하라.
- 나이 드신 부모와는 역할을 바꾸어라.
- 시민으로서 갖춰야 할 사회적인 책임감을 성숙하게 성취하라.
- 중년의 신체 변화에 적응하라.
- 여가 시간을 창의적으로 사용하라.

중년은 열심히 살아온 삶의 열매를 맛보는 시기다. 이러한 열매는 인생의 전반부에 뿌린 씨를 거두고 추수하여 얻은 수확물이다. 다음세대를 위해 생산적인 무언가를 하려는 성숙한 중년의 욕구를 통해 세대가 이어지게 된다. 그래서 생산적인 중년은 '무엇을 더 가질 것인가'를 고민하지 않고 '무엇을 남길 것인가'를 스스로에게 물으며, 삶을 나누고 관계를 돌보고 세대와 세대를 잇는 다리 역할을 해야 한다. 좋은 부모와 선배로서 후손을 위해 무엇인가 기여하고자 하는 욕구가 달성되면 노년에 통합된 인격으로 성장하는 것이 가능해진다. 그러나 이러한 욕구가 좌절되면 침체를 경험하고 절망적인 노년을 맞이하게 된다.

노년기의 통합된 인격이란 스스로 성공적인 삶을 이끌어왔다고 평가하는 것에서 비롯된다. 삶이 의미 있다고 인지함으로써 만족을 느끼고, 자기와 타인을 수용함으로써 삶의 마지막 단계에서 죽음에 대해 평온해지는 것을 말한다. 또 말하지만, 중년의 삶이 어떠했느냐에 따라 다가올 노년의 삶이 결정된다. 인생은 연속적인 과정이며, 어제와 내일은 현재를 품은 오늘과 연결되어 있기 때문이다.

인생 오후의 법칙으로 살라

중년기의 중요성을 언급한 심리학자 칼 융(Carl Gustav Jung)을 중년의 심리학자라고 부르는 이유가 있다. 그가 중년 이후의 인간

발달을 연구했을 뿐 아니라, 자신이 중년에 겪은 삶의 큰 위기를 통해 중년의 심리를 깊이 있게 이해했기 때문이다.

젊은 시절의 융은 스승 프로이드(Sigmund Freud)를 추종했고 그의 후계자로 불릴 만큼 뛰어난 정신분석가로서 활동했다. 그러나 마흔을 전후해서는 학문적 견해를 달리하면서, 추앙하며 따랐던 스승과 결별하게 된다. 그 사건은 단순한 학문적 이별이 아니라 오랜 시간 구축한 자신의 세계가 무너지는 깊은 절망과 혼란의 경험이었다. 그로 인해 한동안 방향을 잃은 채 내면의 공허와 마주하며 힘겨운 시간을 보냈다. 그러나 그 고독과 단절 속에서 자기의 영혼을 탐색하던 융은 '중년의 전환'이라는 주제에 대해 중요한 통찰을 얻게 된다.

융은 인생의 주기를 180도의 반원 모양을 들어 오전과 오후라는 두 시기로 나누어 설명했다. 반원의 90도 전반부를 '인생의 오전'(the morning of life), 반원의 90도 후반부를 '인생의 오후'(the afternoon of life)라고 하면서, 인생의 오전은 세상을 향한 시기, 인생의 오후는 자신을 향한 시기라고 말한다.

젊어서는 삶의 기반을 세우기 위해 목표를 향해 쉼 없이 달려간다. 그러나 중년이 되면 삶의 무게 중심이 달라진다. 이제는 외적인 성공보다 내면의 평화와 존재가 더 중요해지는 시기다. 융은 바로 그 변화를 '인생 오후의 문턱을 넘는 일'이라고 표현했다. 자신의 외적인 조건을 만들기 위해 달려온 '인생 오전의 법칙'은 성공과 성취를 통해 자아를 형성하고 자신감을 획득하는 데 집중되어 있다.

융이 말한 중년의 핵심은 '자기'(Self)를 향한 여정이다. 그가 말한 '자기'는 단순히 '나'라는 인식의 주체가 아니다. 내면 깊은 곳에 자리한 존재의 중심, 참된 나를 의미한다. 젊은 시절에는 외부의 기준에 맞춰 사는 것이 가능하다. 세상의 기대, 가족의 요구, 사회의 역할에 순응하며 달릴 수 있다. 하지만 중년이 되면 그동안 눌러 두었던 내면의 자아가 말을 걸기 시작한다. 그런 의미에서 '인생 오후의 법칙'은 진정한 자기를 찾고자 하는 영적 과정이라고 할 수 있다.

융의 상담실을 찾아오는 내담자 중에는 중년에 우울증을 앓는 사람이 많았다. 그들은 스위스라는 천혜의 자연환경을 누리며 든든한 복지와 경제력이 뒷받침된 안정된 삶을 살았지만, 인생의 오후가 될수록 살아가야 할 명확한 목표를 잃었다. 융은 그의 중년 내담자들이 알 수 없는 신경증과 우울증에 시달리는 이유가 전반부의 성취와 성공의 경향이 인생의 후반부를 지배하기 때문이라고 보았다. 그들 대부분은 인생의 오전에 많은 것을 이루었지만, 인생의 오후를 살아갈 의미가 퇴색되어 우울증에 시달린 것이다. 그들은 사회적으로는 성공한 사람들이었다. 그러나 그 성공의 이면에는 설명할 수 없는 공허와 피로가 있었다.

"이제는 아무것도 흥미롭지 않아요."

"모든 걸 이뤘는데, 이상하게 마음이 허전합니다."

"앞으로 뭘 해야 할지 모르겠어요."

그들은 겉으로는 건강하고 능력 있는 사람들이었지만, 내면에서는 영적인 결핍(spiritual emptiness)을 느끼고 있었다. 융이 말한 것처럼 인생의 오후를 인생 오전의 방식으로 살아가려는 사람이 직면하게 되는 비극이었던 것이다. 그는 "많은 중년들이 외적인 성공이 아니라 자기 영혼의 목소리를 듣기 위해 나를 찾아왔다"라고 말하며, 이 시기를 '영혼의 위기'라고 불렀다. 하지만 그는 이 위기를 병으로 보지 않았다. 오히려 영혼이 성장하려는 징후로 해석하며 이렇게 말했다고 한다.

"나는 35세 이후의 환자들 중에서 신앙적 의미를 되찾지 않고서 진정으로 치유된 사람을 본 적이 없다."

여기서 그가 말한 '신앙'은 특정 종교의 교리나 신념이 아니라 삶의 근원적 의미에 다시 닿는 일, 즉 영혼이 자신보다 더 큰 존재와 연결되는 경험을 뜻했다. 그는 중년과의 상담에서 단순하게 불안을 없애려 하지 않았다. 오히려 그 불안과 공허가 보내는 신호를 듣도록 도왔고, 단순한 심리치료 차원이 아닌 영혼 돌봄에서 자각을 일깨우려 했다. 융에 의하면 인생의 전반부는 사회적 인간으로 살아가는 법을 배우는 시기이고, 인생의 후반부는 영혼의 인간으로 살아가는 법을 배우는 시기이다. 그 과정에서 사람은 겸손해지고, 더 깊은 평화를 경험하게 된다.

인생의 오후를 살아간다는 것은 의식의 방향이 바뀌는 시기를 산다는 것이다. 세상을 향하던 시선이 자기 내면을 향하고 내면의 중심에 영혼의 빛이 켜질 때, 우리는 비로소 진정한 자기 자신으로 산다. 세상을 향한 여행을 마치고 이제 자신을 향한 여행을 시작하는 길, 그 길의 이름이 바로 인생의 오후다.

가족에게 정신적 유산을 남겨라

우리 집에는 매우 중요하게 여기는 연중행사가 있다. 초겨울에 온 가족이 모여 일 년 먹을 김장을 담그는 일이다. 솜씨 좋은 시어머니께서 김치를 담그실 때마다 옆에서 거들며 배운 그대로, 나는 해마다 김장을 한다. 딸이 없는 나에게 아들 셋은 누구보다 든든한 지원군이다. 야채를 다듬어 씻고 썰어 큰 김장 대야에 가득 담아두었다가, 내가 준비한 양념을 넣어 버무리는 일은 아들들의 몫이다. 3년 전부터는 큰 일꾼이 생겼다. 야무지고 똘망똘망한 며느리가 합세하여 내 오른팔이 되었다. 신나는 음악을 들으면서, 온 가족이 둘러앉아 김치 속을 넣으며 웃고 떠든다. 왁자지껄한 김장 날, 자기가 먹을 김치는 자기가 담근다는 원칙으로 꾀부리지 않으며 열심인 그들을 위해 나는 보쌈을 준비한다. 그렇게 정성스럽게 담근 김치를 여기저기 필요한 사람들에게 나누어주는 것도 아주 큰 즐거움이다. 이렇게 우리 아이들은 어려서부터 김장은 꼭 해야 하는 줄 알고 자랐다.

세상의 모든 공동체는 각자 나름의 문화가 있다. 문화란 우리가 살아가는 삶의 모든 방식과 가치, 생각과 행동이 모인 총체를 말한다. 먹는 것, 입는 것, 말하는 방식과 생각하는 방식, 예술, 도

덕, 신앙, 예절까지 모두를 포함한다.

공동체를 기준으로 민족문화, 지역문화, 사회문화가 있듯이, 가정에도 가족문화가 있다. 문화를 가진다는 것은 세상을 아름답고 조화롭게 가꾸는 것을 의미한다. 가족문화는 가족 구성원이 함께 살아가며 형성한 생활양식, 가치관, 의사소통 방식, 관계의 태도를 말한다. 단순히 생활 습관이 아니라 그 가정만의 정신, 분위기, 관계의 질을 포함한 삶의 방식이다. 쉽게 말하면, 우리 집만의 고유한 색깔과 향기라고 할 수 있겠다.

중년은 가족의 문화를 만들어가야 하는 세대다. 우리의 부모를 통해 전수받은 문화에 시대의 옷을 입혀, 이제는 우리가 다음 세대에게 전해주어야 한다. 문화란 거창한 것이 아니다. 매일 나누는 대화, 서로를 이해하고 배려하는 방식, 실수를 용납하고 감싸주는 태도, 마음을 표현하고 생각을 전달하는 분위기 속에서 자연스럽게 배어난다. 가족 안에 신뢰와 존중, 그리고 유머와 따뜻함이 흐르는 가정 분위기는 자녀에게 남길 수 있는 가장 좋은 문화라고 볼 수 있다.

가족은 단순히 함께 사는 사람들이 아니다. 하나의 정신을 함께 품고 살아가는 공동체다. 중년이 되면 우리는 물질적인 유산보다 더 깊은 유산, 즉 가족의 정신적 유산을 어떤 형태로 남길 것인가를 고민하게 된다. 집안의 경제적 기반은 시간이 지나면 사라질 수 있지만, 가족의 내면에 고스란히 배어 있는 문화와 가치관은 세대를 넘어 전해지기 때문이다.

가족의 정신적 유산은 말로만 전해지지 않는다. 부모가 서로를 대하는 방식, 자녀와 함께하는 모습, 가정에서 중요하게 여기는 가치들이 모두 그 유산의 일부가 된다. 중년은 이 문화를 새롭게 세울 수 있는 마지막이자 가장 좋은 시기다. "우리 집은 이런 가치를 따라 살아간다"는 것을 말해주고 함께 지켜가는 것, 그 일이 바로 중년이 다음세대를 위해 남길 수 있는 가장 좋은 선물이 될 것이다.

그래서 만든 우리집 가훈

우리 부부는 틈만 나면 식탁에 앉아 두런두런 이야기를 많이 하는 편이다. 세 아이는 어려서부터 그런 모습을 자연스럽게 보고 자랐다. 밥을 먹다가도 앉아 있던 그대로 이런저런 이야기가 오가는 틈에 아이들이 하나둘 끼어들어, 밤이 깊도록 시간 가는 줄도 모르며 웃고 떠드는 일이 많았다. 그러면서 아이들은 우리의 생각을 이해하고 닮아갔다. 일상의 소소한 일부터 사회적 이슈와 철학, 신앙, 인문학에 이르는 다양한 주제를 서로 나누고 배우기도 한다. 물려줄 재산은 없어도 함께했던 소중한 기억만큼은 풍성하게 남겨주려던 우리 부부의 작은 욕심을 아이들도 싫어하지 않았던 것 같다. 그렇게 자연스럽게 나눈 이야기가 우리집의 가훈이 되었다. 훗날 우리 부부가 이 세상에 없더라도 아이들 마음에서 따스한 울림으로 남아 있기를 소망하는 우리 가족의 가훈은 이렇게 만들어졌다.

남편이 초임 교사 시절, 수업 시간에 아이들과 좌우명에 대한 이야기를 나눈 적이 있었다고 한다. 그러면서 정작 자신에게는 '삶을 인도하는 좌우명이 있었던가?' 하는 물음이 생겼다. 그때부터 평생을 함께할 좌우명을 생각하게 되었다고 한다. 이렇게 해서 나온 그의 좌우명이 교사로서 학생들 앞에 설 때 마음을 다지는 거울이 되었고, 결혼하여 아빠가 되었을 때는 아이들에게 삶의 좌표를 일러주는 가훈이 되었다. 그래서 우리집의 가훈은 이것이다.

- 저 산처럼 당당하게
- 저 강처럼 넉넉하게
- 저 새처럼 자유롭게

우리 아이들이 저 산처럼 당당하면 좋겠다.

남편이 유난히 산을 좋아했던 젊은 날, 숱하게 땀 흘리며 정상에 올라 산꼭대기의 가장 높은 바람을 맞으며 생각하고 다짐했던 것들이 세월을 타고 아이들의 삶에 닿아 그들을 이끄는 나침반이 된 것이다.

산은 남편에게 젊은 날부터 지금까지, 변함없이 한결같은 모습을 보여주었다. 남편은 설악산의 빼어난 아름다움에 반했고, 지리산의 넉넉한 포근함에 위로받으며 삶의 힘든 구비와 구비를 넘어왔다. 산은 봄 여름 가을 겨울마다 한 번도 같은 모양이 아니고 자기 모습을 바꾸는 것 같지만, 항상 그 자리에서 우리를 품어 안아 주며 당당하게 내려다본다.

산은 떠들지 않는다. 계곡의 가르마를 타고 내려오는 세찬 물소리, 숲속 사이를 가로지르는 각양 다른 새소리, 나무끼리 서로의 몸을 부딪치는 바람 소리, 수명 다한 거목이 제 몸을 이기지 못해 쓰러지는 소리, 한겨울 눈보라에 얼음으로 쩌렁쩌렁 부딪치는 소리, 이 모든 소리는 여러 모양으로 자신들의 존재를 드러내지만, 정작 산은 한 번도 자신의 속내를 가볍게 드러낸 적이 없다. 산은 그렇게 '소리들'을 품어 안고서 자기의 속살을 차곡차곡 다지고 단단히 영글어, 지금 저리도 당당하게 그 자리에 있다. 그런 산에 지금까지 기대 살면서, 우리 아이들이 세상의 유혹과 왜곡된 가치의 혼돈 속에서도 흔들림 없이 당당한 산을 닮았으면 좋겠다. 저 산처럼 당당하게!

우리 아이들이 저 강처럼 넉넉하면 좋겠다.

해질녘의 강가를 걸어본 사람은 안다. 굽이굽이 흘러 건너편 먼 산을 아련한 그림자로 담아내고 빨간 해의 마지막 온기를 찰랑찰랑 물결로 간직하는 넉넉한 강의 여유를.

강은 오르지 못해 한없이 높아 보이는 산을 돌고 돌아 품어 안는다. 내딛는 물줄기마다 생명의 끈을 이어간다.

역사 이래 강은 생명과 문명의 씨줄이었고 날줄이었다. 춘추시대의 노자는 물이 낮고 낮은 곳으로 흘러 겸손하며 자신의 모양을 고집하지 않아 다투지 않는다고 했다. 가장 부드러움을 간직하고도 가장 강하다 하여 물의 품성을 최고로 칭송하였다. 그 물을 품고 낮고 낮게 한 걸음씩 내딛는 강은 또 얼마나 아름다운가. 내 옆에 여러 모양으로 마주한 인연들에게 넉넉한 강으로 남을 수 있다면, 우리 아이들이 그렇게 살 수 있다면 좋겠다. 저 강처럼 넉넉하게!

우리 아이들이 저 새처럼 자유로우면 좋겠다.

'바보새'라고 부르는 새가 있다. 알바트로스인데, 태평양에 서식하는 이 새는 날개를 펴면 4미터 가까이나 되는 세계에서 가장 큰 바다 새다. 한 번 날면 수백 킬로미터를 거뜬히 난다. 거친 바람을 타고서 창공을 가르며 가장 멋지게 날다가도, 정작 착륙할 때는 그 큰 몸집을 어쩌지 못해 땅에 뒤뚱거리며 처박히는 모습이 영락없는 바보의 모습이다. 그러나 그에게는 어수룩한 땅의 모습을 이기고도 남는 하늘에서의 자유가 있다.

전국시대 장자의 책에 붕이라는 새가 나온다. 사상가 중에서도 과장이 심한 장자가 고래의 크기보다 훨씬 큰 붕이라는 새가 한 번에 만리를 난다고 말하여 붕정만리(鵬程萬里)라는 고사성어가 생겨났다. 장자는 붕을 통해 우리에게 얽매이지 않는 자유와 꿈을 주고자 했던 것이다.

알바트로스와 붕이 거침없이 바람을 가르고 창공을 나는 것처럼, 우리 아이들도 주저하지 않고 드높은 하늘을 향해 자유롭게 날아오르면 좋겠다. 저 새처럼 자유롭게!

그러니 우리 아이들이 세상을 살아갈 때 정말 중요한 것은 무엇일까.

첫째, 중심 잡기,
둘째, 함께 살기,
셋째, 자유 누리기다.

이것을 산, 강, 새가 알려 주었다.

저 산처럼 당당하게,
저 강처럼 넉넉하게,
저 새처럼 자유롭게.

03

바람이 지나가도록 비켜주어라

바람이 너를 지나가게 하라

유년 시절, 넉넉하지 못한 가정형편 때문에 마음껏 책을 살 수 없었던 나는 늘 책에 대한 허기가 있었던 것 같다. 공부방 책꽂이에 세계문학전집이 빽빽이 꽂혀있는 친구들이 그렇게 부러웠다. 그런 나는 어린 마음에 책을 사달라고 조르지도 못하고, 학창 시절에 시내 중고서점을 돌아다니며 문학소녀의 꿈을 키웠다. 세월이 흐른 지금은 맘만 먹으면 언제든 새 책을 사서 마음껏 읽을 수 있다는 것이 참으로 행복하다. 나만의 소소한 기쁨이다.

독서를 많이 하지 않더라도 사람마다 자기가 특별히 아끼고 좋아하는 책이 있기 마련이다. 나에게도 그런 책들이 있다. 손 닿는 곳에 가까이 두고 수시로 들여다보며 되새김질하듯 보는 책들이다.

우연히 서점에 들렀다가 제목이 너무나 마음에 들어 집어든 책인데, 내용은 더 좋아서 무척 아끼는 책이 있다. 라코타 인디언의 후예, 조셉 마셜의 책 『바람이 너를 지나가게 하라』이다. 그 책에 있는, 그가 어린 시절에 겪은 일화 하나가 중년의 내게 인생을 바라보는 지혜로운 통찰을 선사해 주었다.

초등학교 시절, 백인들 틈에서 온갖 놀림과 수모를 겪었던 그가 어느 날 운동장에서 친구들과 말다툼을 했다. 두 백인 아이가 자신들이 알고 있는 온갖 별명으로 인디언을 모욕하고 독한 별명으로 상처를 주는 바람에 큰 충격을 받고 집으로 돌아왔다. 그날 밤, 쓰린 가슴을 안고서 낮에 있었던 일을 할아버지에게 말했다. 그러자 할아버지가 말했다.

"말이 상처를 안겨줄 수도 있지. 하지만 네가 그렇게 되도록 허용할 때만 그래. 아이들이 너를 공격하기 위해 고약한 별명을 총동원했단 말이지? 그런데 네가 그런 별명을 뜻하는 것들로 변했니?"

"아니요."

"그런 말들이 날아올 때 그냥 흘려버릴 수도 있는데, 너는 걔들이 한 말들을 잊을 수가 없는 모양이구나. 만일 네가 그 바람이 너를 그냥 스치고 지나가게 하는 법을 익히기만 한다면 너를 쓰러뜨릴 수도 있는 그 말의 힘을 없애버릴 수 있어. 바람 같은 말들이 너를 화나게 하고 자존심을 건드리게 하는 일 없이 그냥 지나가게 하면, 그것들은 네게 아무 영향도 미치지 못할 거야."

우리는 살면서 얼마나 많은 상처와 아픔을 겪었는가? 가슴에 비수가 되어 꽂힌 말들로 인해 잠 못 이루며 괴로워했던 밤은 얼마나 많았던가? 폭풍 같은 기세로 우리의 영혼을 흔들어대던 수많은 사건과 사고를 겪으며 여기까지 왔다. 흔들리기도 했고 무너지기도 하면서 한고비 한고비를 넘어왔지만, 가슴에 남아 있는 상흔은 아직도 지워지지 않는다. 그러나 언제까지 그렇게 살아야 할까.

남은 인생을 향해 가는 걸음에 걸림돌이 아닌 디딤돌을 놓기 위해, 이제 바람이 지나가도록 길을 비켜주어야 한다. 바람은 바람일 뿐이다. 머문 자리가 잠시 흔들릴 수 있지만 지나고 나면 아무것도 아닌 걸…. 그러니 바람이 너를 그냥 지나가게 하라.

모든 것은 변하지만 아무것도 변하지 않는다

『여덟 단어: 인생을 대하는 우리의 자세』에서 박웅현은 시대가 바뀌고 사람이 달라져도 절대 변하지 않는 그 무엇이 있다고 말한다. 시시각각으로 변하는 사회를 엄청난 속도로 따라잡아야 하는 광고의 세계에서, 사람의 마음을 움직이게 하는 카피라이

터로서 살아가는 일은 그에게 매 순간이 스트레스일 것이다. 그러나 그는 새로운 SNS 매체나 디지털의 흐름을 따라가지 못하는 자신의 성향을 탓하지 않고, 도서관에 앉아서 하는 전형적인 공부가 아니라 길거리에서의 배움을 택했다. 다양한 매체에서 떠드는 사회현상에 주목하기보다, 고전을 읽으며 세상과 사람을 이해하고자 했다. 새로운 것에 관심이 쏠리는 시대에 시간과 세월을 잘 견뎌낸 것들의 본질적인 힘을 찾고자 했던 것이다. 복잡한 미디어의 세상 속에서도 사람의 마음을 움직이는 것은 결국 진정성이며, 그것은 사람의 마음에 주목하는 데서 나온다는 믿음 때문이었다.

어린이의 해맑은 웃음을 보고서 마음이 따뜻해지지 않을 사람이 어디 있겠는가? 심각하고 고통스러운 삶 속에서도 인간의 마음은 항상 희망의 빛을 찾고자 하는 탓이다.

그는 에르메스(HERMES) 브랜드의 지면광고를 인용해 본질의 핵심을 소개한다.

Everything changes but Nothing changes.
모든 것은 변하지만 아무것도 변하지 않는다.

이 말은 모든 것이 변하는 세상에서 절대 변하지 않는 고유의 콘텐츠를 찾는다는 뜻이고, 사람의 마음 깊은 곳에 닿는 본질의 힘을 붙잡는 것이 급변하는 세상을 살아가는 지혜가 될 것이라는 말이라고 그는 생각한다.

그는 파블로 피카소의 'The Bull'이라는 그림을 예로 들어 본질을 발견하려는 노력을 강조하며, 본질이 아니라고 생각하는 것은 포기할 줄 아는 용기에 대해 말한다. 피카소는 수많은 선으로 세밀하게 그려진 황소의 모습에서 점차 하나씩 선을 제거하고 과감히 덜어내는 과정을 거쳐, 가장 중요한 몇 개의 선을 남겨 완벽한 그림을 만들어냈다.

많은 예술가들은 아이디어를 더하는 것이 아니라 빼는 것으로 작품의 핵심을 표현하게 될 때, 예술이 궁극적인 경지에서 단순해지고 명료해진다고 믿는다. 쓸데없는 덧칠을 하면 할수록 본질에서 멀어지는 것이다. 중년의 삶도 마찬가지 아닐까. 살아오면서 나를 스치고 지나갔던 수많은 인연과 만남, 삶의 고비마다 겪어야 했던 희로애락의 순간들, 가슴을 벅차고 쓰리게 했던 감정의 파편들이 아직도 얼마나 켜켜이 쌓여 있는가.

중년의 시간은 어쩌면 마모되고 깨져 변형된 삶의 조각들을 다시 살피고 다듬어야 하는 시간인지도 모르겠다. 정말 중요한 것들을 추리기 위해 버릴 줄 아는 용기이고, 마지막까지 남길 소중한 것을 지키는 인내가 필요한 시간일 것이다.

너무 비장하게 살 것도 아니다. 그렇다고 너무 풀어져 살 일도 아니다. "하루하루는 성실하게 살고 싶고, 인생 전체는 되는 대로 살고 싶다"라는 누군가의 말은 성실하게 산 하루하루의 결과가 인생이 된다는 것일 게다.

명품 백을 들고 고가의 옷을 입지 않아도, 그 자체로 빛나는 중년의 시간이다. 본질의 시선으로 내일을 바라보고, 성실한 걸음으로 현재를 살아가는 지혜로운 중년은, 그래서 어느 세대보다 아름답기만 하다.

살아갈 날들을 위한 공부

"이 나이에 무슨 공부야?" 왜 하는지도 모르면서 시험을 보기 위해 밤새 교과서를 달달 외웠던 우리 세대에게도 공부는 힘든 일이었다. 이제 그 지겨운 공부에서 해방된 중년에게는 학창 시절 추억의 한 장으로 남아 있는 공부에 대한 아련한 기억이 그렇게 달갑지만은 않다. 그러나 살다 보니 교과서에서 배운 것과 비교할 수 없는 인생 공부가 진짜 공부라는 것을 알게 되었다.

어쩌면 산다는 것이 모두 공부일 것이다. 이제 보니 고생도, 후회도, 아쉬움도 모두 공부였다. 순간순간 깨닫고 알아가는 것이 인생이며, 오늘도 내 안에 나이테 한 줄을 새기는 것이 배움의 이유가 아닐까. 그래서 새봄에 연초록 잎 하나를 피워내기 위해, 우리는 오늘도 여전히 공부하며 살고 있다.

융은 마흔을 인생의 전반부와 후반부로 나누는 기점으로 보고, 배움의 욕구가 꿈틀대는 시기라고 하였다. 이 시기에는 인생을 새로 정비하고 리모델링하고 싶은 욕구가 올라오기 때문에 정말 하고 싶었던 것을 해보려는 마음이 생긴다는 것이다. 그래서 중년의 공부는 살아갈 날들을 위한 진짜 공부라고 볼 수 있다. 진학과 취업을 위해 무작정 해낸 공부가 아니라, 나를 위한 가치추구적인 공부인 것이다.

어느 날, 우연히 읽게 된 김사인의 시는 공부에 대한 나의 생각을 확장시키고 좁은 시야도 넓혀주었다.

'다 공부지요'
라고 말하고 나면
참 좋습니다
어머니 떠나시는 일
남아 배웅하는 일
'우리 어매 마지막 큰 공부하고 계십니다'
말하고 나면 나는
앉은뱅이 책상 앞에 무릎 꿇은 착한 소년입니다

어디선가 크고 두터운 손이 와서
애쓴다고 머리 쓰다듬어주실 것 같습니다
눈만 내리깐 채
숫기 없는 나는
아무 말 못하겠지만요 만
속으로는 고맙고도 서러워
눈물 핑 돌겠지요 만

날이 저무는 일
비 오시는 일
바람 부는 일
갈잎 지고 새움 돋듯
누군가 가고 또 누군가 오는 일
때때로 그 곁에 골똘히 지켜 섰기도 하는 일

'다 공부지요' 말하고 나면 좀 견딜만해집니다

_김사인, '공부'

어머니를 떠나보내며, 시인은 이 또한 인생의 공부라고 한다. 떠나가시는 어머니 또한 마지막 인생 공부를 하시는 것이고, 남아서 어머니를 배웅하는 자신도 인생을 공부하는 것이라고 말한다. 아무리 슬프고 힘든 현실도 공부라고 생각하면 견딜만한 법이다. 그러고 보면 사는 날이 모두 공부이고, 우리는 살아있는 한 매 순간 배우고 있다. 자녀를 통해 인내로 씨 뿌리는 법을 배우고, 부모를 돌보면서 인생의 마무리를 배우며, 친구를 통해 함께 늙어가는 법을 배운다. 중년은 배움에 대한 인식과 시야가 확장될수록 자기의 삶을 의미 있게 바라볼 수 있다. 오늘 하루가 소중하고, 살아있는 매 순간을 감사할 수 있게 된다.

나는 마흔 초반에 인생의 깊은 골짜기를 통과했다. 세 아이를 키우며 직장을 다녔고, 연로하신 시어머니를 모시며 외며느리로서 대가족을 챙겨야 했다. 정신없이 사는 와중에 갑작스레 경제적인 어려움까지 겹쳐 찾아와 몸과 마음이 지쳤고, 영혼이 메말라가며 막막한 시간을 보내야 했다. 그러다 결국 몸이 아프기 시작했다. 중년에 누구나 한 번쯤은 경험하는 '결정적인 사건들'이 내게도 찾아온 것이다. 몸과 마음을 가누지 못하고 한동안 깊은 방황을 했다. 그리고 끝도 없을 것 같았던 어둠의 터널 안에서 비로소 하나님을 만났다. 나를 알고 싶었고, 내 삶의 의미가 궁금해졌다. 갈 바를 모르던 내 삶에 물음을 던지기 시작하면서, 더 큰 힘이 나를 붙들고 있다는 것을 알게 된 것이다.

우리는 가장 절박한 순간에 가장 중요한 것을 발견하게 되는 것 같다. 전에 보이지 않던 것을 보게 되는 힘은 절박한 순간에 찾아온다. 하나님께서 우리를 이끄시는 방식은 종종 '다시 배우게 하심'이라고 했던 오스왈드 챔버스의 말처럼, 나를 내려놓고 모든 것에서 겸손히 배우기로 마음을 먹었다. 바로 그때부터 나를 둘러싼 모든 것들이 새롭게 다가오기 시작했다.

혼란스러운 내면을 정리하고 안개 낀 영혼을 밝혀주었던 것은 어떤 상황에서도 포기하지 않았던 배움에 대한 열망 때문이었을 것이다. 그 배움이 나를 이끌었고, 지금의 나를 만들었다.

지혜는 배움을 통해서 얻는 것이 아니라 배움을 겸손히 받아들일 때 스스로 자란다는 톨스토이의 말을 늘 마음에 품고 있다. 그리고 꿈을 꾼다. 숨이 멎는 그 순간까지 배우기를 즐거워하는 사람으로 살고 싶다는 꿈을.

거친 인생의 풍랑을 통과하며 새로운 배움의 길에 접어든 사람들을 그동안 많이 만났다. 고난의 문턱을 넘은 사람들만의 어떤 특별함 때문일까? 공통적으로 그들의 삶은 이전과 비교할 수 없을 만큼 활기차고 힘이 있었다. 고통은 우리를 교육한다고 했던 헬렌 켈러의 말처럼, 긴 고통의 터널을 통과하며 삶의 근본적인 변화를 경험한 사람들에게서 느껴지는 생기가 그들 안에 흘러넘쳤기 때문일 것이다.

한동안 우울증과 공황장애로 힘든 시간을 보내다 조금씩 회복이 되어가던 중년여성이 있었다. 자녀들이 장성하여 적적해하던 그녀에게 어느 날 장애아동 돌봄센터 보조교사 일을 해보면 어떻겠냐고 친구에게서 연락이 왔다. 자신은 없었지만 큰마음 먹고 용기를 내보기로 했다. 그런데 걱정과 다르게, 그녀는 정상적인 아이들보다 손이 더 많이 가고 힘이 드는 상황에서도 몸이 피곤한 것 이상의 알 수 없는 기쁨이 있다며 즐겁게 일했다. 퇴근하고 집에 와서도 아이들 얼굴이 생각나 다음날 설레는 마음으로 출근한다고 했다. 일을 하면 할수록 장애아를 돌보는 일이 본인에게 잘 맞는 일이라는 생각이 든다며, 아이들과 있었던 일들을 신이 나서 말하곤 했다. 그리고 결국은 좋은 선생님이 되고 싶다며 공부를 하겠다고 했다. 전문적 지식을 갖추어 아이들을 제대로 돕고 싶다는 소망이 그녀를 배움의 길로 인도했던 것이다. 오십대 중반에 다시 학생이 된 그녀는 만날 때마다 눈에서 반짝반짝 빛이 난다.

나무를 세는 공부

빌딩 숲으로 둘러싸인 교회 교육관 옆에 탄천을 따라 조성된 공원이 있다. 점심 때면 많은 직장인들이 식후에 잠시 산책을 즐기며 잠시나마 쉼을 누릴 수 있는 소중한 공간이다. 일에 파묻혀 머리 식힐 틈도 없는 빡빡한 일정 속에서도, 가끔 누리는 이 공간에서의 시간은 산소 같은 기쁨을 준다. 소박한 공원길을 느긋이 걷노라면 불어오는 바람, 하늘에 떠가는 구름 한 조각도 참으로 소중하고 감사하다. 조금씩 물들어가는 나뭇잎 사이로 서늘한 바람이 불어올 때면 제법 가을을 실감하게 한다. 나무 사이로 좁다랗게 난 오솔길은 어느새 떨어진 낙엽이 곳곳에 소복하다. 계절에 어울리는 자연스러운 이 소품들이 얼마나 멋스러운지, 그 길을 걷는 것만으로도 행복이 밀려오는 것 같다.

나무를 세는 것이 공부라며, 자신을 나무에 미친 사람이라고 서슴없이 말하는 사람이 있다. 나무와 인사를 나누고 말을 건네기 위해 나무를 센다는 강판권 교수다. 그는 역사학자이며 인문학자다. 삶의 기로에서 고통스러울 때, 나무를 통해 위로를 얻고 살 힘을 얻었다는 그는 전통사학과 생태식물 인문학을 접목하여 나무에서 역사를 들여다보는 독특한 시도를 하고 있다.

나무를 통한 그의 인문학적 사유의 본질은 나무처럼 살아간다는 것을 의미한다. 그래서 그는 학생들에게 나무를 세어보라는 과제를 낸다. 나무가 공부의 대상이며 역사라고 믿기 때문이다.

"나는 교정을 오가며, 때로는 산책하면서 정성을 다해 한 그루 한 그루를 센다. 맑은 날에는 나무들이 무엇을 하는지 궁금해서 세고, 흐린 날에는 나무들이 무슨 생각을 하는지 듣기 위해 세고, 바람 부는 날에는 나무들이 바람을 어떻게 대하는지 궁금해서 셌다. 비라도 오는 날이면 나무들이 비를 품는 모습을 보고 싶어서 셌다"

그는 나무를 세면서, 매일 한 그루의 나무를 마음에 심는다고 한다. 그의 저서 『어느 인문학자의 나무 세기』에서, 나무를 세는 것은 나무를 통해 인간을 바로 보기 위함이며, 나무를 세는 행위는 나무가 아니라 나를 세는 것이고, 아름다운 세상에 대한 갈구라고 말한다.

"나는 아름다운 세상은 사람들이 나무처럼 사는 세상이라고 생각한다. 나무처럼 산다는 것은 평등하게 산다는 것을 의미한다. 나무는 하늘에서 내리쬐는 햇볕, 공기, 비와 더불어 나누며 산다. 모든 나무들은 자기만의 개성, 색깔, 정체성을 가지고 살아간다. 그 어떤 차별도 없이, 모두 하나의 평등한 존재일 뿐이다."

나무가 있는 곳은 어디든지 학습장이자 문화공간이며, 우리를 존재케 하는 삶의 터전이자 우리가 돌아가야 할 고향이라고 생각하기에 매일 나무를 세는 인문학자 강 교수, 그는 인간만이 만물의 영장이라는 독선으로부터 탈출하고, 인간과 나무가 둘이 아니라 하나임을 실천하기 위해 오늘도 나무를 센다.

단풍이 유독 늦은 올가을에 나도 나무를 세어보기로 했다. 먼저 그동안 무심하게 지나치던 집 근처 공원의 나무를 하나둘 세기 시작했다. 그냥 스칠 때는 각양의 나무가 그저 배경처럼 흐릿하게 보이던 것이, 시선을 고정하고 찬찬히 들여다보기 시작하자 살아 움직이는 것처럼 입체적으로 다가온다. 울퉁불퉁한 겉껍질을 타고 흐르는 나무의 숨소리. 눈앞에 선명하게 다가오는 나무들의 몸짓이 보였다. 나는 그동안 이 소중한 생명의 소리를 외면하고 무심하게 살아왔던 것이다. 나무 세기는 나무의 숫자를 세는 것이 아니라 나무와 만나는 것이고, 그것에서 배우는 것임을 이제야 깨닫게 되었다.

있을 자리에 있어야 살아 숨 쉰다

나무에게 배운다는 것은 나무의 삶을 이해하는 차원이 아니라 나무처럼 살아간다는 것을 의미한다. 나무는 결코 혼자 살아가지 않는다. 잎은 빛을 받아들이고, 서로 그늘을 나누고, 뿌리로 영양을 공급하며 숲을 이룬다. 숲은 나무들이 서로 연결되어 그늘을 만들어주며, 바람을 막아주는 공간이다. 이렇게 주고받는 상생의 순환 속에서 나무가 살아가듯, 중년의 숲에는 서로 다른 뿌리를 가진 많은 이들이 자리하고 있다.

나무가 다른 나무의 그림자 속에서도 자라듯, 우리는 서로의 그늘을 필요로 한다. 잎이 햇빛을 받아 산소를 내주고 낙엽이 떨어져 다시 나무를 살리는 것처럼, 우리의 사랑과 나눔도 마찬가지다. 내가 내어주는 만큼 누군가는 살아난다.

용문사 은행나무의 수령이 1100년이라고 한다. 그렇게 오랜 세월을 살 수 있었던 것은 운이 좋았거나 오래 사는 본성 때문만이 아니고, 그 본성을 마음껏 발휘할 공간이 있었기 때문이란다. 우리도 누군가의 인내와 기다림으로 인해 버텨낼 수 있었던 시간과 장소가 있었기에 살아올 수 있지 않았을까.

"모든 것들은 있을 자리에 있어야 살아 숨 쉰다."

예전에 어딘가에서 읽었던 이 글귀를 나는 종종 생각한다. 천년의 세월을 한 자리에 뿌리내린 나무처럼, 사람에게도 어울리는 자기자리가 있는 법이다. 아! 살아 숨 쉴 수 있는 나의 자리는 어디에 있을까. 어쩌면 나는 평생 내가 있을 자리를 찾아왔던 것 같다.

모든 인생은 제대로만 된다면 모두 하나의 소설감이라고 했던 헤밍웨이의 말처럼, 지금까지 살아온 내 삶도 중편소설 정도는 되지 않을까. 중년은 바로 이런 사람들이다. 세월을 따라 경험이 쌓이고 스토리가 엮여, 누구나 그 이야기가 책 한 권 분량은 족히 될 것이다. 철모르던 어린 시절의 추억, 혼란스럽던 청년기의 방황, 치열하게 달려온 젊은 날의 초상이 인생 곳간에 차곡차곡 쌓여 있다. 이런 중년의 삶은 한 자리에 오랜 세월을 버티고 선 나무를 닮았다.

나무는 그저 존재할 뿐이지만, 그 존재가 하나의 철학이다. 나무는 서두르지 않으나 멈추지도 않는다. 자신이 있어야 할 자리에서 자기답게 자란다. 자기다운 모습으로 자신의 삶을 산다는 것은 자신이 좋아하면서도 잘할 수 있는 것에 몰두할 때 가능하다. 자신이 가진 능력을 자연스럽게 발휘하며 살 때 가장 보기가 좋은 법이다. 사람의 시선을 의식하고 결과에 연연하다 보면 쓸데없는 에너지를 낭비하게 된다.

나무는 어떤 경우에도 에너지를 낭비하지 않는다. 나무가 아름다운 것은 자신의 능력대로 살아가고 있기 때문이다. 이제 중년은 더 이상 세상 앞에서 자신을 증명하려고 애쓰지 않아도 된다. 자신의 자리를 알고 그 자리에서 자신을 받아들이는 것이 세상을 품는 중년의 지혜다.

나무는 나이를 의식하지 않는다. 다만 하루하루 열심히 살아갈 뿐이다. 나무처럼 하루하루를 열심히 사는 사람은 주변에 휘둘리지 않게 된다. 나무가 봄 여름 가을 겨울의 순환 속에서 자신을 탓하지 않는 것처럼, 우리도 나이에 집착하지 말자.

나무는 잎을 떨어뜨리면서도 결코 슬퍼하지 않는다. 우리의 나이듦도 그래야 하지 않을까. 나이는 삶의 과정이다. 나무의 나이테가 세월을 받아들이며 두께를 더해가듯, 우리도 아무리 숨기고 싶어도 숨길 수 없는 세월의 흔적을 당당하게 밝히면서 살아갈 수 있으면 좋겠다.

나이에 관해선 나무에게 배우기

인생의 나이테를 새기는 중년의 시간에는 실패, 상실, 이별, 변화 같은 모든 것이 그 줄기에 두께를 더한다. 고통이 지나간 자리는 견딘 만큼 품이 넓어진다. 그래서 더 많은 생명을 품을 수 있다.

낙엽이 떨어져 쌓인 겨울 숲에서 가지만 앙상하게 남은 겨울 나무를 보라. 마치 죽은 듯 떨어져 썩어가는 낙엽 속에서 생명을 품고 낮게 웅크려 봄을 기다리는 마음 같다. 무성한 가지에 수많은 나뭇잎을 달고서, 순환하는 계절을 뒤로하고 움직이지 않기에, 소비하지 않은 에너지를 차곡차곡 안으로 쌓는다. 겨울 나무는 다른 것에 눈 돌리지 않고 오로지 생명을 품는 일에 집중한다.

복잡한 도심이 싫어서, 결혼하고서는 내내 산과 나무가 있는 곳을 주거의 우선순위로 삼고 살아왔다. 그러니 같은 돈으로 출발했어도 지금에 이르러 비교한 집값은 하늘과 땅만큼 차이가 난다. 생각해 보면 한편으론 미련하다 싶기도 하지만, 그래도 후회는 없다. 삼십여 년이 넘는 세월 동안 자연이 내게 가르쳐준 교훈과 배움은 돈으로 환산할 수 없는 엄청난 재산이라고 믿기 때문이다.

가을이 되니 푸르렀던 나뭇잎들이 낙엽이 되어 땅에 떨어진다. 수북이 쌓인 낙엽을 밟고 걷노라면 왠지 미안한 마음이 든다. 작열하는 태양빛 아래에서 생명을 피워내느라 얼마나 수고했을까. 이제 피곤한 몸을 땅에 뉘이며 마지막 숨을 고르는 그 순간에도, 낙엽은 자신의 몸을 아끼지 않고 세상에 내어준다. 그

낙엽을 밟으며 걷는 늦가을 오후는 아름답다 못해 장렬하기까지 하다. 이제 땅 속으로 깊이 스며들어 또 다른 생명으로 피어날 나무의 사랑은 중년의 삶을 닮았다. 내가 살아온 삶의 자취가 어딘가에 스며들어 꽃이 되고 열매가 맺힐 수 있다면, 삶은 그렇게 순환하고 세대는 이어져갈 것이다.

나이에 관한 한 나무에게 배우기로 했다
해마다 어김없이 늘어가는 나이
너무 쉬운 더하기는 그만두고
나무처럼 속에다 새기기로 했다
늘 푸른 나무 사이를 걷다가
문득 가지 하나가 어깨를 건드릴 때
가을이 슬쩍 노란 손을 얹어놓을 때
사랑한다!는 그의 목소리가 심장에 꽂힐 때
오래된 사원 뒤뜰에서
웃어요! 하며 나무를 배경으로
순간을 새기고 있을 때
나무는 나이를 내색하지 않고도 어른이며
아직 어려도 그대로 푸르른 희망
나이에 관한 한 나무에게 배우기로 했다
그냥 속에다 새기기로 했다
무엇보다 내년에 더욱 울창해지기로 했다

_문정희, '나무 학교'

나는 나무를 볼 때마다 인생을 보는 듯하다. 한겨울 땅속에 깊이 뿌리 내린 겸손함과 상처 난 줄기를 곧추세우는 용기, 바람에 흔들리는 잎의 유연함, 향기로운 열매의 나눔, 그리고 마지막 남은 가지의 고요함 속에서 중년으로 살아가는 것에 대한 묵직함을 배운다. 나무처럼 천천히, 그러나 멈추지 않고 품격을 가진 존재로서 지혜롭게 늙어갈 수 있기를, 살아있는 모든 것들을 사랑할 수 있기를.

2부

오후의 길은 어디에서 찾을까?

04

자녀를 놓아주는 사랑 배우기

중년에는 자녀와의 관계가 이전과 다르다

중년의 가장 일반적인 현상 중 하나는 자녀가 가족이 있는 집을 떠나는 것이다. 동물의 세계에서 대다수의 포유류는 일정 시간이 지나면 어미가 새끼를 적극적으로 떼어놓으려 한다. 젖을 물리지 않거나 보금자리 밖으로 밀어내고, 심지어 새끼가 혼자 살아가도록 다른 데로 가버리는 식이다. 부모가 자식과의 이별을 적극적으로 행하는 것이다. 그런데, 이별을 조종하는 측이 주로 자식인 건 인간뿐이다.

어느 날, 자녀가 점점 멀어지고 있음을 문득 느낄 때가 온다. 예전에는 무엇이든 엄마를 찾던 아이가 말수가 줄고, 자기 방에 들어가 나오지도 않는다. 처음엔 괘씸하고 당황스럽다가, 시간이 지나면서 슬며시 서운하고 불안해진다. '내가 잘못 키운 건가? 이건 아닌데….' 부모의 보호 본능과 자녀의 독립 욕구 사이에서 팽팽한 긴장이 생기는 날이 온 것이다.

자녀가 어릴 때는 양육과 보호의 대상이었다. 부모의 모든 초점이 자녀에게 맞춰져 있었고, 부모가 가장 좋은 선택과 결정을 해서 자녀를 잘 키우는 것이 마땅하다고 생각했다. 그러나 중년이 되면 자녀와의 이런 관계에도 변화가 찾아온다. 중년의 삶에서는 자녀가 더 이상 '양육의 대상'이 아니라 '관계의 대상'이 된다. 자녀가 부모에게 전적으로 의존하던 시기를 지나, 중년이 된 부모가 성장한 자녀를 의지하는 날이 온 것이다. 자녀가 부모에게 정서적 의지의 대상이 되는 것이다.

중년의 부모는 자녀가 든든하게 자리 잡아가는 모습을 보면서 그 자체로 위로를 받고 삶의 보람을 느낀다. 자녀가 잘되면 자기가 잘된 것보다 더 좋다. 어쩌다 친구를 만나도 자기 이야기는 정작 뒷전이다. 자녀의 학교, 취업, 결혼, 승진 이야기가 끝도 없이 계속된다. 반면, 자녀가 아직 자리를 잡지 못했거나 진로에 문제가 있는 경우, 아무리 사회적 지위와 성취를 이룬 중년이라도 왠지 위축되고 말수가 줄어든다. 부모로서 자신에 대한 자존감도 함께 낮아지는 것이다. 중년은 자기가 이룬 것보다 자녀의 성공과 성취에서 더 기쁨을 느끼고, 자녀의 삶이 부모의 성적표라는 생각을 자연스럽게 하게 된다.

⚘ 자식에게 휘둘리지 않는 인생

출산과 자녀양육으로 정신없던 시간이 훌쩍 지나, 어느새 삶에 여유가 생기고 조금씩 자신을 추스를 수 있는 시간이 온다. 꿈에 그리던 중년의 여유와 함께, 자녀들이 진학과 취업과 결혼으로 인해 부모의 곁을 떠나가는 '빈 둥지' 시기가 어느덧 온 것이다.

요즘엔 대개 결혼이 늦어지는 편이어서, 자녀가 부모를 떠나는 나이가 되는 시점을 부모의 중년이 시작되는 시점과 동일시하긴 어려울 것이다. 예컨대 20대에 결혼하여 30대 초반에 부모가 된 경우라면, 자녀의 독립 시기는 아무리 빨라도 부모의 50세 전후일 것이다. 그러나 요즘 주변을 보면, 자녀의 독립 시기를 중년의 독립이라는 관점으로 볼 때 60세 전후가 대부분이다. 경우에 따라선 부모의 나이가 70이 가까워도 자녀가 독립하지 못했을 수 있다. 부모의 나이가 어떠하든, 늘 품 안에 있을 것 같던 자녀가 어느새 독립을 선언하면, 처음에는 서운한 마음이 들기도 한다. '이러다 이젠 같이 살 기회가 없겠다'라는 생각이 들면서 허전할 수 있다.

이 시기에 가장 힘든 사람이 있다. 바로 '엄마'라는 정체성으로만 살아온 사람이다. 엄마라는 역할에 자기를 갈아 넣은 사람일

수록 자녀가 떠난 자리를 힘들어한다. 사랑이라는 이름으로, 사실은 자기 정체성의 일부를 자녀에게 의탁하고 있었기 때문이다. 그래서 정체성을 엄마로만 규정하여 살아온 세월이 길고 깊을수록 상실감은 커진다.

반면, 다양한 역할을 가지고서 자녀와 더불어 살아온 부모는 오히려 자녀양육에서 해방되어 자유로움을 느끼며, 자신의 삶을 찾거나 부부만의 시간을 보내는 경우도 있다. 그래서 중년이 되기 전부터 '나'로서 살아가는 연습이 필요하다. '자녀를 키우는 나'이지, '자녀를 위해 존재하는 나'가 아니라는 것을 기억해야 한다. 자녀는 떠나는 존재이며, 부모는 떠나보내는 존재라는 것을 일찌감치 받아들여야 한다.

아이들이 떠나가면, 부모도 아이에게서 독립해야 한다. 자녀에게 휘둘리지 않는 인생을 살며, 자기 삶을 주도적으로 살아가는 부모일수록 자녀와 더 좋은 관계를 유지할 수 있다. 자녀는 자녀대로, 부모는 부모대로 살아가는 것이 건강한 부모-자녀 관계다. 아무리 가족이라 해도 한 덩어리처럼 엉켜 있으면 인생의 마라톤을 끝까지 완주하기 어려울 수 있다. 필요할 때는 당연히 함께 하면서도 각자는 독립된 삶을 살아가는 것, 그것이 오래 서로 잘 지내며 행복할 수 있는 현명한 길이다.

마흔에 낳은 늦둥이 막내가 아홉 살이 되었을 때, 나는 교회 전도사로서 사역을 시작했다. 그 전까지는 아이들을 챙기기 위해 프리랜서 상담사로 일했지만, 교회의 전임사역자가 된 이상

내 상황에 맞춰 일할 수는 없었다. 교회도 정해진 출퇴근 시간은 있지만, 사역 특성상 늘 일정이 불규칙적이어서 이른 아침부터 저녁 늦게까지 교회 일에 전념할 수밖에 없었다. 이런 엄마 덕분에, 그때 초등학교 2학년에 갓 올라간 아들은 준비물을 자주 빠뜨리고, 심지어 지각과 결석을 밥 먹듯 했다. 하루는 어느 성도의 가정을 심방하고 있는데, 학교 선생님께서 전화를 하셨다.

"어머니, 원경이가 학교에 안 왔어요. 무슨 일이 있나요?"

오전 10시가 넘어 수업이 벌써 시작되었을 때인데도 아이가 안 보이니 전화를 주신 것이다. 심방 받던 성도에게 양해를 구하고 집으로 달려갔다. 아직도 곤히 잠들어 있는 아들은 평화롭기만 했다. 아침에 깨워 줄 사람이 없으니 이런 일이 종종 벌어지곤 했다. 어디 이뿐이랴. 나는 세 아들의 군 입대, 수능, 졸업식 같은 굵직한 인생사를 제대로 챙겨 주지 못하는 불량 엄마로서 살았다. 늘 미안하고 속상했지만 어쩌랴. 그저 나는 내 일에 충실하고 아이들은 자신들의 삶을 살면서, 십수 년을 그렇게 지내 왔다. 지금은 다들 장성해서 결혼도 하고 취업도 하고 대학에도 다니고 있는 세 아들을 보면 그저 고맙고 대견할 뿐이다. 제대로 해준 것이 없는 엄마를 그래도 존경한다고 하니, 빈말이라도 얼마나 고마운지 모른다.

부모의 마음 한구석엔 늘 아이를 향한 미안한 마음과 죄책감이 있다. 어쩌다가 아이에게 안 좋은 일이라도 생기면 전부 내 탓인 것 같고, 엄마의 부재로 인한 결핍이 아닌가 싶어 가슴이 철렁해진다. 그러나 내가 본 많은 가정에서 부모의 주도성이 아이의 삶에 지대한 영향을 미치는 경우는 그렇게 많지 않았다. 오히려 적당한 거리를 두고서 각자의 삶을 살아갈 때 양쪽이 모두 만족해하며 잘 지냈다.

모든 인간관계에 적용할 수 있는 기본 원칙이 있다. 인간은 누구나 자율적인 존재로서 살고 싶어 한다는 것이다. 아무리 사랑하고 친밀해도 서로의 영역을 침범해 들어오면 불편하고 힘들다. 서로 각자의 영역을 인정하고, 너무 희미하거나 경직되지 않은 유연함을 가지고서 살아가는 것이 건강한 관계라는 생각을 하게 된다. 인간은 혼자 있고 싶어 하는 개별성과 함께 있고자 하는 연합성 사이에서 방황하는 존재라고 했던 쇼펜하우어의 말처럼, 부모-자식 사이에도 평상시에는 떨어져 있다가 필요할 때는 만나서 함께 잘 지내는 관계가 답인 것 같다.

성숙한 부모-자녀 관계의 열쇠

부모가 중년이 되면 자녀는 성인이 되어 각자의 삶을 향해 걸어가고, 부모는 차츰 한발 물러서서 자녀를 바라보는 위치에 선다. 자녀의 독립은 기쁨인 동시에 아쉬움이며, 때로는 공허함이나 두려움으로 다가오기도 한다. 이 시기의 부모-자녀 관계는 단순히 물리적 거리를 넘어 심리적 거리의 재조정이라는 과제를 안고 있다. 자녀가 부모의 울타리를 벗어나 독립된 존재로 살아가기 위해서는 부모가 먼저 심리적으로 정서적으로 '분리'를 경험해야 한다. 이것은 단순한 역할의 변화가 아니라 부모 자신의 자아를 재정비하는 깊은 내적 전환이다.

부모와 자녀가 서로를 붙잡는 사랑이 아닌 놓아주는 사랑을 연습해야 하는 시기가 되었음에도 불구하고, 요즘엔 부모에게서 독립하지 않은 성인 자녀들이 참으로 많다. 자녀는 부모에게 의존하고 부모 역시 자녀를 내려놓지 못한다는 점에서, 주머니에 아기를 넣고 다니는 캥거루에 비유한 '캥거루족'과 집을 떠났던 자녀가 부모 집에 다시 들어와 사는 '부메랑 차일드'는 사실 양상이 비슷하다. 자녀를 캥거루 주머니 속에 평생 품고 싶어 하는 부모와 그 품을 파고들려는 자녀가 서로 의존되어 모두 문제다.

기업의 중견 간부로 일하고 있는 성도에게서 실제로 들은 이야기다. 어느 날 신입사원의 어머니라며 전화가 왔다. 이런저런 이야기를 한참 나눈 다음, 회식 자리에서 당신 아들에게 술을 권하지 말라고 부탁하더라는 것이다. 아들이 술을 먹고 오면 밤새 힘들어해서 차마 볼 수 없다고 말이다. 30대 직장인 아들의 회식을 걱정하여 상사에게 전화까지 하는 어머니가 아들을 어떻게 떠나보낼 수 있을까? 이런 부모라면 자녀가 어디를 가는지, 누구를 만나는지, 언제 들어오는지까지 다 알고 있어야 마음이 놓인다. 심지어 성인이 된 자녀가 무언가 결정할 때마다 부모의 뜻에 따르기를 종용한다. 그러다 결국에는 심한 갈등을 겪는 경우가 허다하다.

자녀를 붙잡으려는 부모의 내면에는 '내가 없으면 저 아이는 어떻게 살까?'라는 불안과 통제의 그림자가 숨어 있다. 그래서 자녀를 사랑한다는 이름으로 과도하게 간섭하거나 감정적으로 매달리는 관계를 유지하려 한다. 미국 가족치료의 선구자인 머레이 보웬(Murray Bowen)은 이런 모습을 바로 '분화가 이루어지지 않은 상태'라고 말한다. 그는 인간의 정서적 성숙을 '자아분화'라는 개념으로 설명한다. 자아분화란 자신과 타인의 감정과 생각을 구분할 수 있는 능력, 그리고 자기 자신을 타인과의 관계 속에서도 유지할 수 있는 힘을 말한다. 쉽게 말하면, 감정에 휩쓸리지 않고 내 마음을 차분히 들여다보며, 내가 진짜로 원하는 게 무엇인지를 스스로 판단할 수 있는 힘이다.

자아가 분화되면 감정이 혼란스러워도 자신의 생각을 지키며 행동할 수 있는 내적 중심을 유지한다. 그래서 감정에 휘둘리지 않고 자기가 어떻게 반응할지를 스스로 결정할 수 있다. 반대로 자아가 분화되지 않으면 타인의 감정에 쉽게 휩쓸려 과도하게 반응하거나, 관계 속에서 자신을 잃고서 상대에게 끌려다니게 된다.

부모-자녀 관계에서 자아분화는 중요한 의미를 가진다. 가족과의 관계 속에서 독립적인 자아를 유지하는 분화 능력이 발달되지 않으면 분별력이 떨어지고, 가족의 인정과 기대에 지나치게 집착하게 된다.

'분화'는 원래 생물학 용어다. 하나의 세포가 둘로 나뉘어야 하는 것처럼, 부모와 자녀도 독립된 존재로 나뉘어야 한다. 물리적으로 떨어져 있는 것뿐만 아니라, 마음속에서도 심리적인 독립이 이루어져야 진정한 분화라고 할 수 있다. 누군가와 감정적으로 융합되었다는 것은 나와 상대방의 경계가 사라지고, 상대의 감정에 휘둘리게 된다는 것이다.

부모는 자녀를 보호해야 할 책임이 있다. 그렇지만 그 보호가 통제와 간섭으로 변질될 때, 자율적인 선택을 해보지 못한 자녀는 성인이 되어서도 여전히 부모에게 의존적인 삶을 살거나, 아니면 아예 관계를 단절해버린다. 밀착된 관계의 끝은 결국 단절로 이어지기 때문이다. 출산과 함께 태아기의 공생관계를 종결하기 위해 육체의 탯줄을 끊듯이, 자녀가 어느 정도 성장하면 심리적 탯줄을 끊고 독립된 존재로서 자녀를 떠나보내야 한다. 자녀의 삶에 부모의 기대와 꿈을 투영하거나, 자녀의 실패를 마치 자기의 실패처럼 여기는 부모는 자아분화가 충분히 이루어지지 않은 상태일 수 있다.

자아분화에 도움 되는 것

아들을 떠나보내고 나서 우울감이 심하게 느껴진다는 중년여성이 상담을 요청했다. 그녀는 대학을 졸업하고 취업한 아들을 직장 근처로 이사시키면서, 마치 몸의 일부가 떨어져 나간 것처럼 견디기 힘들다고 했다. 결혼 내내 전업주부로 살면서 아들 교육과 뒷바라지에 있는 힘을 쏟았던 그녀는 그 일만이 삶의 목표인 것처럼 최선을 다했다. 자신의 꿈과 기대를 온통 아들에게 걸었던 것이다. 아들은 다행히 좋은 학교에 들어가 제때 취업도 했다. 문제는 그 다음부터 생기기 시작했다. 한 번도 부모 품을 떠나 본 적이 없던 모범생 아들은 뒤도 돌아보지 않고 세상을 향해 뛰어나갔고, 신기하고 재미있는 세상살이에 흠뻑 빠진 것처럼 보였다. 엄마만 찾던 아들에게 여자 친구가 생기고, 그를 찾는 수많은 관계가 생기면서 부모는 안중에도 없는 듯했다.

그녀는 나와의 상담을 통해 아들의 빈자리가 주는 허전함이 단순한 외로움이 아니었고, 삶이 허무하게 느껴진 이유는 자신이 아들을 통해서 살아왔기 때문이라는 것을 알게 되었다. 그녀의 깊고 오래된 감정의 뿌리는 원가족에 있었고, 그 무게는 생각보다 무거웠다. 암으로 투병하던 남편을 갑자기 떠나보내고 하루아침에 가장이 된 그녀의 엄마는 삶의 고달픔과 고통을 그녀에게 쏟아놓았고, 그녀는 장녀라는 이유로 엄마의 파트너이자 부모의 대리자까지 되어야 했다. 어린 나이에 동생들을 챙기고 엄마의 눈물과 고단함을 함께 짊어지면서 자신의 감정을 돌볼 여유가 없었다. 그렇게 형성된 엄마와의 밀착관계는 결혼 후에도 계속 이어졌다. 친정 식구들의 문제를 해결하고 보살피는 데 여전히 마음을 쏟으면서 남편과의 관계는 점점 소원해졌고, 그 결핍을 채우듯 아들에게 기대고 매달렸던 것이다. 그녀는 상담을 통해 자기 안에 켜켜이 쌓인 역할의 껍질을 하나씩 벗겨갔다.

장녀로서의 책임, 친정을 돌봐야 한다는 의무감, 좋은 엄마라는 완벽함의 가면, 그 모든 것이 그녀를 지치게 한 굴레였다는 걸 알게 되었다. 가족 안에 불안이 심할수록 그 밀착의 정도는 강해지고, 감정적으로 하나가 되어 개인의 분화를 막는다. 혼자가 된 친정엄마의 불안은 가장 가까운 딸에게 전이되었고, 온 가족이 감정 덩어리가 되어 서로의 분화를 방해한 것이다. 그래서 분화를 이루기 위해서는 자신의 상황을 객관적으로 이해하고, 심리적 독립의 필요성을 인식하는 것이 필요하다.

상담과 교육을 통해 인식이 전환되고 변화의 동기를 갖게 된 그녀는 조심스럽게 분화의 과정을 밟기 시작했다. 남편과 함께 식탁에 앉아서 이야기를 나누고, 손을 잡고서 공원을 산책했다. 그녀가 주변을 챙기느라 늘 뒷전이던 남편의 마음이 보이기 시작했다. 부부만의 여행은 서로의 마음을 확인하며 친밀감을 회복하는 좋은 계기가 되었다. 친정과도 적절한 거리 두기를 연습하고, 감정적으로 반응하지 않으려 애를 썼다. 하지만 그 여정은 순탄하지 않았다. 마음이 흔들릴 때마다 옛 관계로 돌아가고 싶은 충동이 일었다. 그때 그녀를 붙잡아 준 것이 신앙이었다. 인간적인 애씀으로 해결될 일이 아니라는 것을 깨닫게 되었다. 하나님의 자녀라는 정체성으로 당당히 설 수 있는 용기야말로 진정한 분화를 가능하게 해준다는 것을 깨닫고, 주일학교 교사로서 봉사를 시작했다. 세상에 있는 모든 아이가 내 아이라는 큰 사랑을 배우기 시작하면서, 아들과 남편, 친정 식구에게서 채워지지 않던 허기와 외로움이 조금씩 사라지기 시작했다.

요즘 그녀는 어린이집 보조교사로 일하면서 아이들을 돌보는 기쁨을 누리고 있다. 결혼 전에 유아교육을 전공했지만, 아내와 엄마의 자리에서만 머물렀던 시간을 지나, 중년의 나이에 비로소 자신의 소명을 회복한 것이다. 이제 그녀의 눈빛에는 예전과 다른 단단함이 서려 있다.

자아분화란 관계를 모두 끊는 것이 아니라 건강하게 구분하고 자립하는 용기다. 앞에 소개한 그녀의 경우, 그 분화의 중심에 신앙이 있었다. 그것은 누군가의 아내나 엄마를 넘어 '나 자신'으로서 하나님 앞에 서는 삶이다. 이제 그녀는 누구에게 기대지 않고도 사랑하고 책임지며, 기뻐하며 살고 있다.

자녀의 삶과 분리되지 않은 부모는 자녀의 선택이 곧 부모의 안정과 자존감에 밀접한 영향을 준다. 그러나 자녀와 건강한 분리가 이루어진 부모의 자녀는 자녀대로 성장할 수 있는 공간을 얻고, 그 부모는 부모대로 자신의 삶을 살아갈 수 있는 여유를 갖게 된다. 그래서 중년의 부모는 자녀를 떠나보내는 연습을 미리 해두어야 한다고 말하는 것이다. 자녀가 삶의 선택 앞에서 흔들릴 때 부모가 그 결정에 일일이 개입하려 하기보다, 자녀 스스로 배우고 책임질 수 있도록 부모는 한발 물러선 위치에서 지켜보는 훈련을 해야 한다. 하지만 살면서 겪은 경험이 자녀보다 많다는 이유로, 많은 부모가 "내가 살아보니 이게 맞아"라며 자녀를 통제하기 일쑤다. 부모가 중년이 되어서도 자녀를 여전히 품고 지내려 한다면 부모와 자녀 모두 힘들어질 수밖에 없다. 우리는 왜 자녀를 떠나보내지 못하는 걸까?

전통적으로 가족주의가 강한 우리나라는 지구상에서 분화가 가장 어려운 나라일 수 있다. 그러나 시대가 달라졌고 세상이 변했다. 지금 우리의 자녀들은 우리가 살았던 세상과 전혀 다른 세상을 살고 있다. 그들이 우리가 살았던 세상을 모르는 것처럼, 우리도 그들의 세상을 알 수가 없다.

손을 놓되 마음은 머무는 관계

자식이 성장하여 자기 삶을 살아가기 시작하면 부모의 마음은 복잡한 감정 속에 놓인다. 홀가분함과 기특함 사이에 어쩐지 섭섭하고 허전한 마음이 함께 자리한다. 이때 부모의 마음을 지키는 정서적 능력이 바로 '대상항상성'이다. 발달심리학에서 유래한 개념으로, 아이가 성장하면서 엄마가 곁에 없을 때도 여전히 자신을 사랑하고 있다는 것을 마음으로 느끼는 능력이다. 이 능력은 단지 어린 시절에만 필요한 것이 아니다. 관계가 깊어지고 복잡해질수록, 이 정서적 기반은 더욱 필요하다.

중년 이후의 부모는 자녀와 물리적 · 정서적 거리가 자연스럽게 생기는 시기를 맞이한다. 자녀는 독립적인 삶을 꾸리고, 새로운 가족을 이루며, 자신만의 삶의 리듬을 만들어간다. 자녀는 당연히 부모에게 이전처럼 매달리지 않으며, 때로는 의견이 다르고 삶의 우선순위도 달라진다. 이런 변화 속에서 관계의 일시적인 거리감을 거절이나 단절로 오해하지 않도록 도와주는 능력이 필요하다. 이제 부모에게 대상항상성이 필요한 시간이 된 것이다. 대상항상성이 충분한 부모는 자녀가 당장 연락하지 않거나 예전보다 무심해 보이더라도 그 관계를 본질적으로 믿는다.

"지금은 바쁜가 보네. 그래도 열심히 살고 있으니 다행이지."

이런 믿음은 부모의 마음에 안정감을 주고, 자녀에게는 보이지 않는 지지의 울타리가 된다. 반대로 대상항상성이 약할 경우, 부모는 자신의 감정에 따라 자녀와의 관계를 해석하게 된다.

"필요할 때는 찾더니, 이제는 필요 없으니 연락도 안 하는구나."

이런 생각은 관계를 실제보다 더 부정적으로 만들고, 부모 자신도 외롭게 한다. 언뜻 관계가 멀어지는 것처럼 보여도 그 속에 깊은 신뢰와 애정이 지속되고 있다는 것을 믿고 있을 때, 부모는 자녀와의 관계에서 조급해지지 않고 기다릴 수 있다. 자녀가 스스로 오고 싶을 때 언제든 돌아올 수 있는 안전한 기지가 부모의 내면에 마련되어 있기 때문이다.

자녀를 놓아준다는 것은 때로 차갑고 무심하게 들릴 수도 있다. 그러나 진정한 놓아줌은 무관심이나 냉정이 아니다. 오히려 더 깊은 신뢰와 존중에서 나오는 성숙한 사랑이다.

"너의 인생이니 스스로 잘 살아갈 거라고 믿어."

부모의 이런 믿음은 자녀에게 독립의 용기를 주고, 부모 자신에게는 자유를 선물한다. 그러므로 자녀가 자연스럽게 독립하기 위해서는 부모가 먼저 정서적으로 홀로서기를 해야 한다. 물리적인 거리를 두는 것뿐 아니라 심리적인 분화를 이루는 것이야말로 건강한 부모-자녀 관계에 필수적인 조건이 되는 것이다.

부모의 자아분화는 단절이 아니다. 오히려 자녀가 온전히 자신의 삶을 살도록 부모가 먼저 삶의 중심을 회복하는 과정이다. 손을 놓되 마음은 머무는 관계, 그것이 중년의 부모와 자녀가 함께 도달해야 할 '다음 단계'의 사랑이다.

중년의 부모가 배워야 할 사랑은 자녀를 위해 자신을 내어주는 사랑이 아니라, 자녀 앞에서 당당히 자기 자신으로 서는 사랑이다. 그렇게 설 때, 자녀도 비로소 자기 자신으로 살아갈 수 있다. 그러므로 붙잡는 사랑이 아니라 놓아주는 사랑으로 자녀를 축복하며 바라보자. 진실한 사랑은 시간이 무르익었을 때 반드시 그 사람을 자유롭게 놓아주는 법이니까.

성경에 모세라는 사람의 출생 이야기가 나온다. 히브리 남자 아기를 낳으면 죽이라는 왕의 명령을 어기고 석 달 동안 숨겨서 아기를 키우다, 더 이상 숨길 수 없을 만큼 아기가 자라자 갈대 상자에 아기를 넣어 강물에 띄워 보내는 엄마의 이야기다. 범람하는 강물 위에 아기를 던져야 하는 엄마의 마음을 생각해보자. 자식을 키워본 부모라면 누구나 가슴이 저미는 장면이다.

놓아주는 사랑은 말처럼 쉽지 않다. 자녀가 어려움을 겪으면 나서고 싶어지고, 자녀가 실수하면 마음이 무너진다. 그러나 그 모든 순간을 부모가 앞장서서 통제하는 대신 한 걸음 뒤에서 지켜보는 용기, 그 묵직한 용기가 바로 영적인 대상항상성이고 분화된 부모의 힘이다. 내가 모든 것을 할 수 없다는 겸손한 고백으로, 더 큰 품으로 아이를 떠나보내는 믿음이다.

미국의 성경적 상담가이자 목회자인 폴 트립(Pauil David Tripp)의 말처럼, 부모는 자녀를 소유하는 사람이 아니라 하나님의 은혜의 대리자로 부름받은 존재다. 중년의 부모가 자녀와 건강한 관계를 맺기 위해 필요한 것은 '부르심의 정체성'을 회복하는 일이다. 누구나 완벽한 부모는 아니다. 여전히 은혜가 필요한 부모일 뿐이다.

산에 오르다 보면 수많은 나무가 일정한 간격을 두고 서 있는 모습을 볼 수 있다. 서로의 성장을 방해하지 않도록 일정한 거리를 띄워 나무를 심기 때문이다. 나무 박사 우종영은 나무들이 이렇게 올곧게 자라는 데 필요한 간격을 '그리움의 간격'이라고 부른다. 서로의 체온을 느끼고 바라볼 수는 있지만 절대 간섭하거나 구속할 수 없는 거리, 그래서 그리워할 수밖에 없는 자리가 있어야 한다. 너무 밀착되어 있으면 그리움이 파고들 공간이 없어진다. 사람과 사람 사이에는 그리움의 자리가 있어야 서로가 애틋하게 느껴진다.

05

부모를 새로운 시선으로 바라보기

낙엽이 우수수 떨어질 때,
겨울의 기나긴 밤,
어머님하고 둘이 앉아
옛이야기 들어라.

나는 어쩌면 생겨 나와
이 이야기 듣는가?
묻지도 말아라, 내일 날에

내가 부모 되어서 알아보랴?

_김소월, '부모'

낯설어지는 부모

시어머니는 팔순이 훌쩍 넘은 연세에 무릎 수술을 하셨다. 고령이라 위험하다고 만류하는 자식들의 말에도 흔들리지 않고 수술대에 오르셨다. 힘든 재활치료를 거뜬히 마치고, 10여 년을 지팡이 없이도 잘 걸으시며 건강하게 사셨다. 그런 어머니가 침대에서 넘어져 다시는 걷지 못하신 것이 96세 때의 일이다. 건강해야 자식들 귀찮게 안 한다고 입버릇처럼 말씀하시더니, 100세를 4년 남겨둔 어느 날, 주무시듯 눈을 감고 우리 곁을 떠나셨다. 금이야 옥이야 눈에 넣어도 안 아프다 하시던 외아들을 남겨두고 홀연히 떠나신 어머니셨다. 육십 중반의 아들은 평생 어머니의 그늘에서 행복하고도 힘겨웠다.

자식 사랑이 유독 극진하셨던 어머니는 평생을 한 눈 안 팔고 오직 자식만 바라보며 사셨다. 딸이 넷이나 있지만 아들이 최고였고, 자나 깨나 그 아들만 찾으셨다. 평생 함께 살던 아들과 처음 떨어져 지낸 두 달 간의 병원 생활이 지옥 같다고 매일 우셨고, 언제 오냐며 매일 아들을 기다리셨다. 그 아들도 나이가 들어가고 있다는 것을 모른 체 하시며 아이처럼 보챘다. 나의 남편은 이런 어머니로 인해 마음이 늘 묵직하다고 했다. 한시도 어머니의 마음에서 떠난 적이 없는 아들은 어깨에 자기 몸집보다 큰 짐을 지고 살았다. 어려서 큰 힘이 되어준 부모가 어느새 짐이 되고 말았다. 그런 마음이 들 때마다 죄책감으로 괴로워했고, 힘겨워하는 자신을 탓했다.

중년의 자녀에게 부모는 더 이상 기댈 곳이 아니라 돌봄의 대상이 되어버린다. 중년의 시계가 독립하지 않은 자녀와 부양해야 하는 노부모 사이에서 멈춰버린 것이다. 이 샌드위치 세대의 애환을 누가 알까? 한국의 가족주의 그늘에서는 부모와 자녀의 밀착된 관계의 고리가 나이 든 중년까지 연결되고, 시간이 갈수록 오히려 더 단단해진다. 노부모의 오랜 질병과 노쇠는 만성적인 의존의 고리를 만들고, 그 힘겨움은 오롯이 중년 자녀의 몫이 된다. 병원 일정과 일상의 사소한 일을 챙기는 일에서부터 감정의 기복과 변화를 수시로 받아내야 하는 일들은 더 이상 예전의 부모를 떠올리기 어색할 정도로 낯선 것이 된다.

중년이 된다는 것은 부모를 새로운 시선으로 바라보게 되는 것인지도 모른다. 한때는 삶의 든든한 버팀목이 되어 자신을 아낌없이 내어주던 존재가 이제는 자식의 도움 없이 살 수 없는 의존적인 모습으로 변한다. 이러한 관계의 전환은 조용히, 그러나 분명하게 다가온다. 자식은 여전히 자식이지만, 부모는 더 이상 예전의 부모가 아니다. '언제부터 이렇게 되신 걸까?' 누군가의 손을 빌리지 않으면 살 수 없을 만치 노화된 부모의 모습은 단지

'한 인생의 기울어감'뿐만이 아니다. 나 또한 나이 들어가고 있다는 사실과 함께, 장래의 내 모습을 비추는 거울이다.

노부모를 돌보는 일은 단순한 책임과 효의 차원을 넘어 자기 삶의 한 국면과 대면하는 일이다. 내가 누구인지, 어디까지 왔으며 어디로 가야 할지를 묻는 물음 뒤에 부모의 모습이 조용히 자리하고 있다.

계실 때 했어야 할 이야기

부모와의 관계 양상이 달라지면 형제간에도 역할 조정이 일어난다. 장남과 장녀에게 더 큰 책임을 기대하는 전통적인 가족문화 안에서는 연로한 부모를 모시는 일로 갈등이 생기기 시작한다. 형제 순위로서의 장남과 역할로서의 장남이 다른 가정은 그 갈등이 첨예할 수도 있다. 부모의 거취 문제와 부양을 위한 경제적 부담으로 인해 의견 충돌이 생기면 이전과 다른 서먹한 관계가 되어, 형제간에 서운하고 원망스러운 마음이 표출되기도 한다. 다행히 이전에 살아오던 관계 속에서 서로의 입장을 이해하고 화합하는 형제들은 더 돈독하게 서로를 의지하며 짐을 나누려 한다. 이렇게 가정마다 형편은 다를지라도 부모를 부양하고 돌보는 일은 중년의 삶에 큰 부담이다.

직장과 가정사로 바쁘고 힘겨운 중년의 자녀들이 노쇠한 부모를 집에서 모시지 못하고 요양원에 모시는 경우, 자식으로서 죄책감을 느끼며 힘겨운 마음에 시달린다. 우리 집도 그랬다. 갑자기 거동을 못 하시는 어머니를 집에서 모시는 일은 어려웠다. 아침 일찍 나갔다가 저녁에나 들어오는 우리 부부가 전적으로 어머니를 돌보는 것은 참으로 난감한 일이었다. 손위 시누이 네 분과 의논한 끝에, 병세가 호전될 때까지 요양병원에 모시기로 하고 가까스로 어머니를 설득했다. 생전 처음 자식 곁을 떠나 낯선 병원으로 가게 되신 어머니는 아이처럼 불안해하며 의기소침하셨다. 시간이 날 때마다 형제들이 번갈아 어머니를 찾았고, 혹시 일이 생겨 순번을 못 지키면 교대를 했다.

잠시 뵙고 오는 자식들의 마음은 어머니의 컨디션에 따라 요동을 쳤다. 집에 있는 동안에도 내내 마음이 편치 않았다. 요양병원에서 전화가 오면 가슴이 철렁 내려앉았다. 거동을 못 할 뿐 정신은 너무 말짱하신 어머니가 "요양사가 말을 안 들어 준다"고 울며 속상해하시는 모습을 보면 애가 타서 가슴이 저렸다. 아흔을 훌쩍 넘긴 연세에도 다른 손에 몸을 안 맡기시고, 혼자 씻으시고 속옷을 빠셨던 깔끔한 어머니는 침대에 누워 기저귀에 의지하며 살아야 하는 본인의 처지를 한탄하고 슬퍼하셨다. 그런 어머니를 보는 우리 마음은 참담하고 괴로웠다.

이렇게 마음이 찹찹하던 어느 날, 읽게 된 시가 있다. 몇 번을 읽고 또 읽으며 눈시울을 붉혔던 그 시는 이것이다.

아버지는 단 한 번도 아들을 데리고 목욕탕엘 가지 않았다

여덟 살 무렵까지 나는 할 수 없이
누이들과 함께 어머니 손을 잡고 여탕엘 들어가야 했다
누가 물으면 어머니가 미리 일러준 대로
다섯 살이라고 거짓말을 하곤 했는데
언젠가 한번은 입속에 준비해둔 다섯 살 대신
일곱 살이 튀어나와 곤욕을 치르기도 하였다
나이보다 실하게 여물었구나, 누가 고추를 만지기라도 하면
잔뜩 성이 나서 물속으로 텀벙 뛰어들던 목욕탕
어머니를 따라갈 수 없으리만치 커버린 뒤론
함께 와서 서로 등을 밀어주는 부자들을
은근히 부러운 눈으로 바라보곤 하였다
그때마다 혼자서 원망했고, 좀 더 철이 들어서는
돈이 무서워서 목욕탕도 가지 않는 거라고
아무렇게나 함부로 비난했던 아버지
등짝에 살이 시커멓게 죽은 지게 자국을 본 건
당신이 쓰러지고 난 뒤의 일이다
의식을 잃고 쓰러져 병원까지 실려 온 뒤의 일이다
그렇게 밀어드리고 싶었지만, 부끄러워서 차마
자식에게도 보여줄 수 없었던 등
해 지면 달 지고, 달 지면 해를 지고 걸어온 길 끝
적막하디 적막한 등짝에 낙인처럼 찍혀 지워지지 않는 지게 자국
아버지는 병원 욕실에 업혀 들어와서야 비로소

자식의 소원 하나를 들어주신 것이었다

_손택수, '아버지의 등을 밀며'

우리는 왜 시간이 지나야 그때의 소중함을 알게 될까. 어머니 계실 때 했어야 하는 말들이 어머니 떠난 이제야 생각이 난다. 한 번이라도 더 마음을 나누고 손잡아 드려야 했었는데, 어머니 안 계신 지금에야 그 마음이 더 진하고 절절하니 참으로 죄송하기만 하다.

많은 중년들의 마음에 부모에 대한 미안하고 죄송한 마음은 가슴 깊이 박힌 아픔이 된다. 어려서는 이해가 되지 않던 부모, 시간이 흘러 부모가 된 그 자리에 서니 이제야 그 마음이 보인다. 왜 그때 그러셨는지…. "돌아가신 부모를 생각하면 가슴속에서 자꾸 종소리가 난다"던 정호승 시인의 말처럼, 자식들의 마음에는 문득문득 그리움의 종소리가 울려 퍼진다.

세월이 만든 거리

좋은 아버지가 되고 싶어서 참석한 세미나에서 중년남성들이 아버지와의 힘든 관계에서 벗어나지 못하는 답답함을 호소하는 경우를 많이 보았다. 그들은 한결같이 어려서 부모로부터 받은 상처와 고통이 현재의 삶에 걸림돌이 되어, 자신의 아이에게 나쁜 영향을 미칠까 봐 염려하고 있었다. 자녀가 가족 안에서 가장 말하기 어려운 대상이 부모일 수 있다. 친구에게는 쉽게 털어놓을 수 있고 배우자에게는 차분히 설명할 수 있는데, 왜 유독 부모에게는 어려울까? 세미나에 참석한 한 중년남성이 아버지를 회상하며 한 이야기다.

"오랫동안 아버지를 잊고 살았던 것 같아요. 세미나에 참석해서 아버지를 회상하려 하니, 아버지에 대한 기억이 거의 없음을 깨닫고 조금 놀랐어요. 지난주 세미나를 마치고 집에 가던 차 안에서 중학교 때 돌아가신 아버지를 모처럼 생각했어요. 너무 어려서 아버지에 대한 기억이 안 나는 거라고 생각하며 살았는데…. 그런데 그날 시간이 가면서 아버지에 대한 기억이 하나둘 떠오르기 시작했어요. 어스름한 저녁, 집에 오신 아버지 손에 들려 있던 무언가를 맛있게 먹던 기억, 머리를 쓰다듬어주시던 손, 아버지 자전거 뒤에 타고 달리며 맡았던 풀 냄새, 아버지의 뿌연 얼굴…. 사느라 바쁘고 힘들어 그 아버지를 생각도 하지 않았었네요. 마치 없었던 것처럼요. 오늘 비로소 아버지를 다시 찾은 것 같아요. 나에게도 아버지가 있었고, 그 아버지에게 하고 싶었던 말이 있었네요."

아들에게 아버지라는 존재는 어떤 의미일까. 큰 산처럼 우뚝 서서 차마 올려다볼 수도 없었던 어려운 존재였을 것이고, 누군가에겐 생각하기만 해도 가슴 뭉클해지는 그리움이었을 것이다. 원망과 아픔으로 기억되든 애달픔과 고마움으로 추억되든, 중년이 되어 떠오르는 아버지는 이전의 어느 때보다 더 가깝고 절절하다.

어느 날 내가 선 거울 앞에 아버지가 서 있다는 느낌은 중년의 남성들에게 충격에 가까운 경험이다. 그토록 닮고 싶었던, 혹은 결코 닮고 싶지 않았던 아버지의 모습이 내가 선 거울 안에 있는 것이다. 흐르는 세월의 강물을 따라 아버지를 닮아 있는 내가 그 안에서 흐르고 있었던 것이다.

사랑은 여전히 유효하다

가장 가깝고 밀접한 가족이 가장 힘든 대상이 되기도 한다. 전통적인 가족주의 안에서 가족이라는 울타리는 참으로 단단하고 굳건했다. 자식이 잘되고 성공하는 것에 대한 과도한 기대, 가족 모두를 책임지고 부양하며 가족 전체와 엮이기를 바라는 부모의 바람은 당연한 것이 된다. 그렇게 강요된 책임감이 개인의 행복과 자유를 억압하면서 가족 안에 상처를 만들고, 가장 가까운 가족이 가장 고통스러운 존재가 되는 것이다.

건강한 가족관계는 같은 울타리 안에 있지만, 서로가 각자 개인으로 기능하고 자율적으로 살아갈 때 이루어진다. 늘 함께 뒹굴며 같이 사는 관계가 아니라, 각자 잘 살다가 어쩌다 만나도 잘 지내는 관계가 좋은 관계다. 따로, 또 같이 지내는 관계인 것이다. 그런데 역기능 가족의 대부분은 불안을 이기지 못하여 가족 전체가 감정 덩어리로 묶여, 서로의 감정을 공유하며 주체적인 삶을 살지 못하게 한다. 부모와 자식이 융합되어 서로 한 덩어리로 존재해야 안정감을 가지기 때문이다. 그러나 너무 가깝고 밀착된 관계로 인해 오히려 상처를 주고받으며, 돈과 정서적 에너지를 소진하고는 결국 단절하게 된다. 그리고 가족 안에 슬픈 역사를 만든다.

그동안 중년세대는 가족으로부터 정서적으로 분화되기 어려운 시대를 살았다. 정서적 분화란 타인의 감정에 휘둘리지 않으면서도 친밀감을 유지할 수 있는 능력을 말한다. 그러나 한국의 많은 가정은 이 분화에 실패했다. 자식의 삶은 부모의 기대 안에 있었고, 부모의 감정은 자식의 죄책감을 자극하여 유지되었다. 서로의 인생에 깊숙이 얽혀 있으면서도 정작 진심을 주고받지 못하는 아이러니가 반복된다. "가족이란 서로 너무 잘 알아서 다칠 준비가 늘 되어 있는 사람들이다"라고 누가 말했던가. 정서적 분화를 위해서는 거리가 필요하다. 거리를 둔다는 건 냉정함이 아니라 성숙함이며, 무심함이 아니라 관계를 지키기 위한 현명한 선택이라는 걸 알아야 한다.

철학자 쇼펜하우어는 정서적 거리 두기를 고슴도치 예화로 설명했다. 어느 추운 겨울날, 고슴도치 가족이 추위를 피해 모여들었다. 찬 바람이 불자 서로의 체온을 나누기 위해 가까이 다가갔지만, 뾰족한 가시에 찔려 움찔 물러난다. 떨어져 있는 사이로 온몸을 파고드는 추운 바람이 들어와 어쩔 수 없이 다시 다가간다. 이렇게 다가섰다가 물러나기를 반복한 고슴도치는 아프게 찌르지 않으면서도 따스한 온기를 유지할 수 있는 적절한 거리를 알게 되었다. 가시에 찔려 상처를 입고 도망치기를 반복하던 고슴도치처럼, 인간 또한 타인과의 관계에서 다가섬과 회피 사이를 오고 가는 현상을 일컬어 '고슴도치 딜레마'라고 한다.

중년 자녀와 노부모의 관계 역시 그러하다. 부모를 돌보려는 마음과 피하고 싶은 감정 사이에서의 딜레마가 있다. 사랑하지만 쉽지 않은 관계다. 사랑을 표현하고 싶지만 오랜 세월 감정의 골이 깊어 망설여진다. 가까워질수록 불편하고 멀어질수록 죄책감이 커지는 이 딜레마 속에서 우리는 무엇을 선택해야 할까. 그러므로 오래 잘 지내려면 적절한 거리 두기가 답이다. 특별히 부모와 자식 사이는 때로 물러나야 비로소 더 깊어진다. 의무와 기대를 벗겨낸 자리에서 너무 멀지도 가깝지도 않은 거리, 상처를 줄이고 온기를 나눌 수 있는 거리에서만 조용하고 단단한 사랑이 피어난다.

부모는 어떤 존재인가? 싫든 좋든 내 인생 최초의 증인이자 삶의 목격자이다. 이 세상에서 내 존재의 시작을 기억해 주는 유일한 사람이다. 태아였던 나로부터 지금까지의 나를 가장 가까이에서 지켜봐 준 내 존재의 증인인 것이다. 그러므로 부모는 나의 과거이자 나의 미래라고 했던 헨리 나우웬의 말처럼, 노부모의 삶은 중년 자녀에게 단순한 돌봄의 대상만은 아니다. 그 모습은 마치 내 노년의 예고편처럼 앞에 놓인 내 시간을 조용히 비춘다.

그 분들의 불편한 걸음과 잦은 병치레, 세상과 멀어져가는 듯한 외로움이 어쩌면 나의 미래인지도 모른다.

중년이 된 내가 어린아이가 되어 버린 부모를 바라보는 교차된 시간 안에서는 있는 그대로를 받아들이는 용기가 필요하다. 그것은 이전의 관계로 회복되는 것이 아니라 새로운 관계를 구성하는 것이다. 지금부터 다시 만들어가는 부모와의 시간은 그들이 살아왔던 삶을 사랑하며, 그 사랑을 이어 살아가는 일이 될 것이다. 육체는 약하고 기억은 흐려져도, 그 사랑은 여전히 남아 있기 때문이다.

06

배우자와 세월 따라 함께 걷기

나는 처음 당신의 말을 사랑하였지
당신의 물빛 웃음을 사랑하였고
당신의 아름다움을 사랑하였지
당신을 기다리고 섰으면
강 끝에서 나뭇잎 냄새가 밀려오고
바람이 조금만 빨리 와도
내 몸은 나뭇잎 소리를 내며 떨렸었지
몇 차례 겨울이 오고 가을이 가는 동안

우리도 남들처럼 아이들이 크고 여름 숲은 깊었는데
뜻밖에 어둡고 큰 강물 밀리어 넘쳐
다가갈 수 없는 큰물 너머로
영영 갈라져 버린 뒤론
당신으로 인한 가슴 아픔과 쓰라림을 사랑하였지
눈물 한 방울까지 사랑하였지
우리 서로 나누어 가져야 할 깊은 고통도 사랑하였고
당신으로 인한 비어 있음과
길고도 오랠 가시밭길도 사랑하게 되었지.

_도종환, '사랑의 길'

다른 욕구 같은 외로움

중년의 부부는 가족을 돌보고 일에 매진하며 정신없이 살다 보니 자신도 모르는 사이에 인생의 새로운 국면에 접어들게 된다. 나이를 세는 것도 귀찮을 정도로 빠르게 시간이 흘렀다. 아이들이 서서히 독립하고 주변이 조금씩 안정되어갈 때쯤, 중년의 부부는 이전보다 사이가 좋아지든지, 아니면 누적된 갈등이 본격적으로 드러나든지 하는 두 부류로 나뉜다. 중년은 삶의 여러 영역이 재정립되면서 이전에는 참고 있었던 욕구들이 보다 분명하게 수면으로 떠오르는 시기임에 틀림없다.

사실 부부가 중년에 갈등을 경험하는 경우의 대부분은 사랑이 식어서가 아니다. 서로 다른 욕구가 충돌하기 때문에 생기는 경우가 많다. 단순한 오해나 성격 차이라기보다 그동안 바쁘게 사느라 인식하지 못했던 각자의 내면적 욕구가 서로 충돌하기 때문이다.

미국의 정신과 의사이며 심리학자인 윌리엄 글래서(William Glasser)는 모든 인간에게 타고난 다섯 가지 기본욕구가 있다고 말한다. 인간은 누구나 이를 충족시키기 위해 살아가며, 이 욕구가 만족되지 않을 때 갈등과 고통이 생긴다고 보았다.

욕구는 사람마다 중요하게 여기는 순서도 다르고, 욕구를 충족시키는 방식도 다르다. 이 욕구들이 종종 충돌하며 오해를 낳고 갈등을 일으키는데, 대부분의 갈등은 욕구의 차이에서 비롯된다. 특히 부부관계처럼 가까운 관계일수록 이러한 욕구 차이는 깊은 오해와 상처로 연결되기가 쉽다. 그렇다면 중년 부부의 내면에는 어떤 욕구가 숨겨져 있을까? 글래서는 다음의 다섯 가지를 말한다.

- **생존(Survival)의 욕구 :** 의, 식, 주, 즉 몸에 관련된 가장 기본적인 욕구이다. 건강과 재정, 주거의 문제가 중년기에는 노후의 안정과 관련된 불안으로 나타나기도 한다.
- **사랑과 소속(Love and Belonging)의 욕구 :** 친밀한 관계, 소속감, 애정, 공감, 연결감을 추구하는 욕구이다. 가족, 친구, 배우자, 공동체 속에서 이 욕구가 충족되지 않을 경우 외로움과 단절감을 느끼게 된다.

글래서는 '가장 큰 심리적 고통은 소속감을 잃었을 때'라고 강조했다.

- **힘**(Power)**의 욕구 :** 성취, 인정, 존중, 영향력, 자기효능감, 주도성 등과 관련된 욕구이다. 자신이 무가치하게 여겨질 때 상처받고, 때로는 통제와 지배의 방식으로 왜곡되기도 한다. 중년기에는 "존중받고 싶다", "내가 쌓아온 것을 인정받고 싶다"라는 감정으로 표현된다.
- **자유**(Freedom)**의 욕구 :** 선택할 수 있는 자율성, 생각과 행동의 독립성, 제약 없는 시간과 공간에 대한 갈망이다. 이 욕구가 억압되면 답답함, 반항, 회피 행동으로 드러난다. 특히 시댁 중심의 생활이나 '희생을 강요받는 관계'에서 자주 갈등의 핵심으로 작용한다.
- **즐거움**(Fun)**의 욕구 :** 재미, 유희, 호기심, 배움, 창의성 등 삶의 활력을 느끼게 하는 욕구이다. 중년 이후에는 잃어버렸던 놀이 감각과 여유로운 관계 속에서 웃음이 회복될 때 중요한 정서적 치유가 일어난다. 이 욕구는 종종 무시되기 쉽지만, 관계를 회복시키는 결정적인 요소가 된다.

부부가 이처럼 다양한 서로의 욕구를 이해하면 갈등을 단순한 행동의 문제가 아닌 깊은 욕구의 좌절 또는 충돌로 이해하게 된다. 그러면서 중년기에 겪는 다양한 문제를 풀어갈 수 있다. 예를 들어, 한쪽의 배우자는 오랜 시간 가족을 위해 헌신하며 자기 욕구를 억제해왔기에, 중년기에 들어서면서 자유와 즐거움의 욕구가 강하게 드러날 수 있다. 반면, 다른 배우자는 여전히 관계 중심의 소속 욕구나 안정적 생존 욕구에 머무를 수 있다. 이처럼 부부가 서로 다른 욕구의 단계에 머물거나 충족 방식이 다를 경우, 일상적인 갈등이나 정서적 소외감으로 이어지기 쉽다. 특히 힘의 욕구(존중, 영향력, 성취)가 중년기에 민감하게 작용하는데, 상대의 말을 공격적으로 지적하거나 감정적으로 무시하는 방식은 자기 존재의 가치가 침해당했다고 느끼게 한다. 이런 갈등이 표면적으로는 사소해 보일 수 있지만, 그 뿌리는 '존재의 인정'이라는 깊은 심리적 욕구에 닿아 있는 것이다. 결국 중년 부부의 관계 회복은 상대의 마음에 어떤 욕구가 있으며, 그 욕구가 왜 좌절되었는지 궁금해하는 것에서 출발하면 좋겠다.

모든 욕구는 좋고 나쁨의 차원이 아니라 기본적으로 당연한 것이다. 우리는 누구나 안전한 관계 안에서 사랑과 소속감을 느끼며, 존재 자체로 인정받으며 자유롭고 즐거운 삶을 누리고 싶다. 가장 가까이에서 오랜 시간을 살아온 중년의 부부는 너무 익숙해서 서로를 특별한 존재로 바라보는 것이 어색할 수 있다. 서로에 대한 호기심을 다시 발동시켜 배우자가 진짜 원하는 것이 무엇인지 한번 물어보면 어떨까?

갈등을 피해야 할 문제가 아니라 미처 표현하지 못한 욕구의 언어로 이해하면, 갈등은 오히려 친밀감 회복의 실마리가 될 수 있다. 중요한 것은 '내가 원하는 것이 무엇인지'와 함께, '상대는 무엇을 갈망하고 있는지'를 이해하려는 태도다.

부부가 서로의 욕구를 충족시켜줄 책임 있는 존재가 되기보다, 그 욕구가 존중받는 공간을 함께 만들어갈 수 있는 '동반자'로 인식될 때 관계는 회복된다. 사랑은 감정이 아니라 욕구를 서로 이해하고 존중하려는 선택의 결과로 지속될 수 있기 때문이다. 결국 건강한 부부관계란 글래서가 말한 다섯 가지 욕구 중에서 어느 하나만이 아니라, 서로 다른 욕구들이 함께 존중받고 균형을 이루는 심리적 공간 위에 세워진다. 지금 당신의 마음에는 어떤 욕구가 숨어 있을까.

함께 나이 든다는 것

"이제는 예전 같지 않아요." "사랑이 식은 것 같아요."

중년 부부들이 하는 이 말 속에서, 오래 함께 살아온 부부에게 익숙함은 당연한 일이지만, 그 익숙함이 사랑의 끝이라고 생각하는 것 같아 안타까울 때가 있다. 왜 시간이 흐르면 사랑의 감정이 사라진다고 생각할까? 중년에 하는 사랑 타령이 뭔가 쑥스럽고 어색하기도 하다. 하지만 최근 과학은 놀라운 이야기를 들려준다. 사랑이 사라진 것이 아니라 잠들어 있었을 뿐이라는 사실이다.

최근의 연구는 중년 이후에도 '사랑의 생리학'이 여전히 작동한다는 사실을 과학적 증거를 통해 알려준다. 실제로 젊은 시절의 연애 감정과 관련된 호르몬들이 중년 이후에도 적절한 자극과 정서적 친밀감 속에서 계속 분비될 수 있음을 보여주는 실증적 연구들이 발표되고 있다. 이러한 연구는 중년의 부부관계에도 신체적 · 정서적 친밀감이 여전히 활발하게 작용할 수 있으며,

그것이 관계 회복의 중요한 열쇠가 된다는 사실을 시사하는 것이다.

중년기 하면 '중년의 쇠퇴', '중년의 우울', '중년의 위기'를 먼저 떠올리게 된다. 이것은 어쩌면 중년을 노화의 관점으로 부각시키려는 서구 산업사회의 마케팅 프레임의 산물이 아닌가 싶다. 중년의 쇠퇴라는 관점은 스스로를 자기 의심, 당황, 수치, 굴욕, 절망의 틀에 가두고, 늙어가는 몸을 어떻게든 젊게 만들기 위해 집착하게 한다. 그러나 '젊음은 우월하고 나이듦은 열등하다'라는 프레임에서 벗어날 필요가 있다. 최근의 다양한 연구들은 중년을 위기의 관점으로 보지 않고 생의 전환기로 이해하여, 이전과 다른 차원에서 중년의 가치와 의미를 말해준다. 이런 측면에서 중년의 부부관계도 보다 확장된 관점으로 이해할 필요가 있다. 사랑이 젊은 부부만의 전유물이 아니라는 사실이 과학적인 연구 결과로 증명이 되고 있기 때문이다.

미국의 생물인류학자 헬렌 피셔(Helen Fisher)는 오랫동안 인간의 사랑과 뇌의 상관관계를 연구해왔다. 그녀는 젊은 연인들이 서로를 바라볼 때 뇌에서 도파민이라는 쾌감과 동기 부여에 관여하는 호르몬이 활발하게 분비된다는 사실을 밝혀냈다. 그런데 더 놀라운 사실은, 수십 년을 함께한 부부가 서로에 대해 여전히 사랑을 느낀다고 말할 때도 뇌의 동일한 영역이 여전히 활성화된다는 것이다. 즉, 사랑의 감정은 뇌의 특정 시스템이 만든 강력한 생리적 반응이며, 그것이 나이와 함께 사라지는 것이 아니라 정서적 친밀감과 상호작용 속에서 계속 살아날 수 있는 반응이라는 것이다. 몸이 사랑을 기억하고 있는 것이다.

동일한 관점에서 이스라엘의 신경심리학자 루스 펠드만(Ruth Feldman)도 배우자 간의 스킨십과 정서적 교감이 중년 이후에도 '사랑의 호르몬'이라고 불리는 옥시토신을 증가시킨다는 사실을 밝혀냈다. 이 호르몬은 신뢰감, 안정감, 애착 형성에 관여하며, 우리가 누군가를 따뜻하게 느끼고, 우리에게 다시 관계를 회복하고자 하는 동기를 만들어주는 생리적 기반이 된다. 이 연구를 통해 중년 부부에게도 따뜻한 손길, 함께 걷는 시간, 깊은 눈 맞춤과 공감의 말 한 마디가 신체 안에 여전히 사랑을 분비하게 하는 '촉매'가 된다는 것을 알게 되었다. 사랑이 감정의 문제가 아니라 몸 전체가 함께 기억하는 관계의 언어인 셈이다.

최초로 성인의 평생 발달에 관한 최장기 종단연구를 진행한 하버드대학교 조지 배일런트(George Vaillant)는 '하버드대 인생 성장 보고서'에서 '중년 이후에도 사랑은 재발견될 수 있다'라는 논지의 증거로, 50대 중반까지 별거 수준으로 살았던 중년 부부를 소개한다. 남편은 일에만 몰두했고 아내는 감정적 단절을 느끼며 자녀양육에 집중했다. 하지만 자녀가 모두 독립하고 남편이 은퇴한 후 두 사람은 함께 여행을 다니기 시작했고, 그 시간 속에서 대화를 회복하게 되었다. "그녀가 나를 떠나지 않은 것이 인생의 가장 큰 선물입니다. 나는 그 선물의 의미를 이제야 조금 알게 된 것 같습니다."

배일런트는 남편과의 인터뷰를 통해, 관계가 단절되었거나 정서적으로 냉각된 상태에 있다고 해도 부부가 다시 정서적으로 교감하려는 노력을 기울일 때 관계가 회복될 수 있다고 강조한다. 인간의 뇌와 몸은 여전히 사랑에 반응할 수 있는 기억과 회로를 간직하고 있기 때문이다. 중년 부부의 사랑은 다시 회복될 수 있고, 시간의 간격을 충분히 뛰어넘어 이전보다 더 깊어질 수 있다는 사실을 말해준다.

하버드대학교의 이 연구에 참여했던 수백 명의 삶에서, 인생 후반의 행복을 결정짓는 핵심 변수는 돈, 성공, 건강이 아니라 관계, 특히 오랜 시간 함께한 배우자와의 관계였다는 것이 밝혀졌다. "행복한 노년은 중년의 부부관계에서 시작된다"라는 결과가 말해주듯, 결국 중년의 부부관계는 단지 결혼생활을 유지하는 문제가 아니라 '앞으로의 삶을 어떻게 살아낼 것인가'에 대한 중요한 열쇠가 되는 것이다.

다음은 성숙한 부부가 갈등을 해결하기 위해 사용하는 '방어기제'들이다.

- **유머 :** 감정을 무겁게 쌓아두기보다 가볍게 풀어내는 능력
- **이타심 :** 자신의 욕구보다 상대의 필요에 귀를 기울이는 태도
- **승화 :** 분노나 좌절을 창조적인 방식으로 표현하는 힘
- **용서 :** 완벽하지 않은 상대를 받아들이는 마음

중년에 접어든 부부가 이런 성숙한 방어기제를 실천할수록 서로에 대한 신뢰와 애정이 더 깊어지고 노년에도 좋은 관계가 지

속된다고 한다.

배일런트의 연구를 통해 이 두 가지 질문을 해보면 좋겠다.

"나는 지금 어떤 방식으로 갈등을 다루고 있는가?"

"이 사람과 함께 나이 들고 싶은가?"

현재의 관계를 성찰하고 미래의 방향을 다시 붙잡게 해주는 두 질문에 정직하게 응답할 수 있을 때, 중년 부부는 더 깊은 대화로, 더 온전한 연결로 나아갈 수 있다. 무의식적으로 과거의 습관을 반복하거나 서로에 대한 기대를 접고서, 사랑이 식었다며 적당히 타협하는 시간도 아니다. 중년은 오히려 두 사람이 더 깊이 만나고, 더 진실하게 연결될 수 있는 시기이다.

한때는 사랑이라는 느낌만으로도 충분했던 시절이 있지 않았던가. 어느덧 대화가 줄고 각자의 삶에 몰두한 채 평행선을 걷고 있는 부부일지라도, 중년이 단지 '쇠퇴의 길목'이 아니라 정서적 회복과 관계가 재정비되는 의미 있는 시기라는 것을 기억하면 좋겠다.

중년의 부부는 '누구와 함께 인생을 완성할 것인가'라는 가장 중요한 질문 앞에 서 있다. 함께 나이 든다는 것이 무엇일까? 서로의 이야기를 끝까지 들어주는 사람으로 남는 일이 아닐까.

세월 따라 흐르는 사랑

나는 이 사람이 아니면 안 될 것 같아 결혼했다. 서른을 훌쩍 넘긴 노총각에 누이가 넷이나 되는 집안의 외아들이다. 그가 만성 간염이 심해져 간경화가 진행되었을 때 연애를 시작했고, 몸이 아파 휴직하고 있을 때 결혼식을 올렸다. 주변에서 모두 제 정신이냐고 말렸지만, 나는 망설이지 않았다. 어떻게 그런 용기가 났는지는 모른다.

결혼해서 신혼을 즐길 겨를도 없이 남편을 간호하고, 주말엔 늘 시댁에 가서 대식구를 섬겨야 했다. 스물일곱, 꽃 같은 나이에 시작한 나의 결혼생활은 참으로 고되고 힘들었다. 그래도 사랑해서 한 결혼이니 최선을 다하고 싶었다. 내 모든 것을 갈아 넣을 만큼 확고했던 사랑이 삶의 고단함에 파묻혀 점점 희미해질 때도, 우리 부부는 아들 셋을 키우며 부모를 부양하는 치열한 삶을 투사처럼 살아야 했다. 그렇게 한 해 두 해 시간이 흐르면서 몸과 마음이 지쳐갔고, 뜨거웠던 마음에 초라한 불씨만 남아버린 현실 앞에서 수없이 다투고 상처를 주고받았다. 더 이상 같이 살고 싶지 않다는 생각이 든 적도 있었다. 꿈 많았던 내 삶을 결혼이 망가트린 것 같아 분하기도 했다.

이렇게 결혼생활의 수많은 고비를 넘고 넘으며 허영과 교만의 물이 빠지고, 조금씩 인생을 배우기 시작했다. 사랑해서 결혼했지만, 거친 인생의 바다를 횡단하는 동지가 되어가고 있을 때가 되어서야 비로소 깊은 연대감을 느끼게 된 것이다. 그렇게 세월의 파도를 타고 출렁이는 동안, 우리는 조금씩 서로의 닻이 되어 주었다. 지금은 불꽃처럼 강렬했던 감정은 잦아들고, 서로에게 깊이 스며들어온 시간의 무게만큼 묵직하게 뿌리 내린 든든한 마음이 있다. 이것이 험난한 시간 속에서도 우리 부부를 지탱하는 힘이 되어준 것이라고 나는 믿고 있다.

어디 우리 부부만 그럴까? 중년의 부부라면 누구나 드라마 한 편을 엮을 정도로 가득한 서사를 품고 있지 않은가? 살아온 세월만큼 쌓이고 쌓인 둘만의 인생 스토리가 다 있다. 살다가 정말 힘이 들어 '내가 왜 이런 사람하고 결혼해서 이 고생을 하고 사나' 하다가도, 풀이 죽어 고개 떨구고 있는 뒷모습을 보면 마음이 짠해지는 게 중년 부부의 마음이다. 세월에 발효된 이 깊은 연민의 정을 젊은 부부가 어찌 알 수 있으랴.

중년 부부의 삶을 '찡하게' 전해주는 시 한 편을 소개한다.

부부란
무더운 여름밤 멀찍이 잠을 청하다가
어둠 속에서 앵하고 모기 소리가 들리면
순식간에 둘이 합세하여 모기를 잡는 사이이다.

너무 많이 짜진 연고를 나누어 바르는 사이이다
남편이 턱에 바르고 남은 밥풀 꽃만 한 연고를
손끝에 들고
어디 나머지를 바를 만한 곳이 없나 찾고 있을 때
아내가 주저 없이 치마를 걷고

배꼽 부근을 내어 미는 사이이다
그 자리를 문지르며 이 달에 너무 많이 사용한
신용카드와 전기세를 문득 떠올리는 사이이다

결혼은 사랑을 무효화시키는 긴 과정이지만
결혼한 사랑은 사랑이 아니지만
부부란 어떤 이름으로도 잴 수 없는
백 년이 지나도 남는 암각화처럼
그것이 풍화하는 긴 과정과
그 곁에 가뭇없이 피고 지는 풀꽃 더미를
풍경으로 거느린다

나에게 남은 것이 무엇인가를 생각하다가
네가 쥐고 있는 것을 바라보며
내 손을 한번 쓸쓸히 쥐었다 펴보는 그런 사이이다

부부란 서로를 묶는 것이 쇠사슬인지
거미줄인지는 알지 못하지만
묶여 있는 것만은 확실하다고 느끼며
어린 새끼들을 유정하게 바라보는 그런 사이이다

_문정희, '부부'

연리지 부부

산행을 하다가 종종 서로 가까이 있는 두 나무가 자라면서 하나로 합쳐진 신기한 모습을 볼 때가 있다. 서로 맞닿아 있던 다른 두 나무의 줄기가 시간이 지나면서 수분과 양분의 교류가 일어날 정도로 조직이 융합된 것이다. 처음에는 그 가지끼리 맞닿아 있는 것처럼 보이지만, 결국에는 맞닿은 자리가 붙어 한 나무로 변한 것을 가리켜 연리지(連理枝)라고 부른다. 땅 아래의 뿌리는 둘인데, 지상에 나온 가지가 붙어 한 몸이 되는 아주 드문 현상이다. 혼자 자라도 모자랄 공간에 심긴 두 나무가 한쪽이 병들어 죽기 전에 서로 붙어 한 몸이 되기를 택한 것이다. 그리하여 혼자였을 때보다 더 거대하고 무성하며 튼튼한 거목이 되어 비바람과 병충해도 거뜬히 이겨낸다고 한다.

『나는 나무처럼 살고 싶다』에서 우종영은 두 나무가 합쳐져 한 몸을 이루었음에도 불구하고 각각의 기질과 성격을 고스란히 간직하고 있다고 말한다. 흰 꽃을 피웠던 가지에는 흰 꽃이, 붉은 꽃을 피웠던 가지에는 붉은 꽃이 피어난다고 하니, 서로 다른 특성을 갖고도 한 몸이 되어 조화를 이루는 모습은 많은 생각을 하게 한다.

강렬한 사랑의 감정에 끌려 열정적 로맨스로 시작한 부부의 삶이 어느덧 시간이 지나 익숙하고 편안한 관계로 흘러갈 때, "왜 우리는 예전 같지 않을까?"라고 묻는다. 서로를 바라보는 눈빛마저 설렘으로 가득하고, 같은 공간에서 함께 숨을 쉬는 것만으로도 행복하던 시절이 있었다. 심리적 친밀감은 물론이고 생물학적으로도 폭발적인 사랑을 느끼게 하는 호르몬이 폭죽처럼 쏟아지던 시절이 가고, 뇌와 심장이 합작하여 사랑이라는 감정에 몰입을 일으키는 열정적이고 중독적인 시간이 지나, 뇌가 자극에 익숙해지고 감정이 잔잔해지는 데는 그리 시간이 오래 걸리지 않는다. 사랑에 유효기간이 지난 것일까?

중년의 부부에게 사랑은 로맨스 이상의 무언가가 있는 것 같다. 아이를 키워내고 삶의 무게를 나눠지며 걸어온 여정이 쌓여, 이제는 동지에 가깝다. 인생의 희로애락을 함께 겪어오며 미운 정 고운 정으로 알록달록 무늬를 새기다 보니, 이제 그 누구보다 가장 편하고 가까운 존재가 되었다. 뜨거운 사랑을 나누던 연인(戀人)에서 따스한 온기를 품은 정인(情人)이 되었다. 가슴을 뛰게 하던 연애 감정은 사라졌어도, 서로의 삶을 지탱하는 버팀목이 되는 것은 오랜 시간을 통해 숙성된 깊은 애착의 결과다. 신혼의 사랑이 꽃이라면, 중년의 사랑은 뿌리라고 할 수 있다. 눈에 보이지는 않지만, 든든히 박혀 있는 뿌리가 있으면 삶이 흔들리지 않는다.

오랜 시간 교회 사역을 하는 동안 수많은 부부를 만나면서 알게 된 사실이 있다. 결혼해서 잘 사는 부부들의 대부분은 서로의 다름을 통해 삶이 확장되는 사람들이었다. 그들은 성격과 취향이 다르지만, 상대를 통해 이전에 알지 못했던 새로운 것들을 경험하고 공유하면서 결혼 전보다 더 성장하고 발전했다.

교회 다니는 아내와의 결혼 조건으로 신앙생활을 시작한 남편이 있었다. 약속을 지키기 위해 애써 아내를 따라 매주 예배에 나왔다. 성인이 되어 생전 처음으로 낯선 곳에 발을 담근다는 것이 쉬운 일은 아니었다. 전혀 다른 문화에 젖어 살던 부부가 서로를 맞추어가는 시간은 험난하고 힘들었지만, 아이가 태어나고 부모가 되니, 이제 남편은 가장으로서 어깨가 더 무거워졌다. 아이를 주일학교에 보내느라 교회에 빠질 수도 없게 되었다. 그런데, 이렇게 수년이 흐른 어느 날부터 교회가 자연스럽게 편안해지고, 이제는 주일에 교회를 빠지면 마음이 불편해지는 것이 아닌가. 가랑비에 옷 젖듯 조금씩 믿음이 생겼고, 예배를 드리며 마음에 평안이 찾아왔다. 그런 시간이 흘러, 지금은 아내와 아이들보다 신앙생활을 더 열심히 하는 '교회 리더'가 되어버렸다. 혼자서는 결코 가지 않았을 낯선 길을 아내와 함께 손잡고 가니 여기까지 올 수 있었다고 그는 말한다.

서로 다른 세계를 살던 남녀가 만나 같은 길을 걸어간다는 것은 참으로 멋진 일이다. 팀 켈러는 『결혼을 말하다』에서, 결혼에서 가장 큰 문제는 '배우자'가 아니라 '내 안의 자기중심성'이라고 말한다. 갈등은 상대의 잘못이 아니라 자기 안의 변화되지 않은 영역을 드러내는 일이며, 결혼은 이러한 자기중심성을 깨트리고 복음을 실천하도록 돕는다고 말한다.

부부의 서로 다른 성격과 비현실적인 기대가 갈등을 만들고 관계를 깨뜨린다는 것을 알면서도, 상대를 내가 원하는 모습으로 바꾸고 싶은 인간적인 욕구를 포기하는 것은 쉽지 않다. 그러나 중년의 부부는 오랜 결혼생활을 통해 서로를 바꾼다는 것이 허상이며 불가능한 일이라는 것을 경험을 통해 배웠다. 그 대신 서로를 있는 모습 그대로 받아들이되, 보다 큰 시선으로 바라보며 함께 성장하는 것이 결혼의 여정이라는 것을 알게 된 것이다. 팀 켈러가 말하는 결혼은 '진짜 나'를 드러내는 거울이자 하나님께 변화되어야 할 부분을 보여주는 훈련장이다. 나의 행복을 위한 것이 아니라 나의 거룩을 위한 하나님의 도구라는 사실에 고개를 끄덕이게 된다.

한평생 사노라면 굽이굽이 참고 견뎌야 할 일들이 많은 게 어찌 보면 당연할 듯한데, 더러는 부부가 오랜 인연의 끈을 놓아버리기도 하는 게 현실이다. 서로의 다름을 껴안고서 하나 되어 살아가는 연리지를 통해 곤고한 삶의 여정 끝까지 인내하는 삶의 지혜를 배우게 된다. 서로 달라도 한 몸이 되었기에, 한 나무가 병들면 다른 나무가 영양분을 나눠주어 병을 이기게 한다는 연리지의 사랑을 배우면 좋겠다. 각자의 고유한 성질을 갖고도 서로 한 몸이 되어 아름다운 꽃을 피워내는 연리지처럼, 성숙한 중년 부부는 서로의 빛깔을 포기하지 않으면서도 멋진 조화를 이루는, 한 폭의 그윽한 풍경을 닮았다.

07

내가 외면했던 진짜 나를 만나기

나는 누구인가

늘 좋은 엄마, 좋은 아내로 살아온 중년여성이 어느 날부터 자꾸 짜증이 나고 삶이 공허하게 느껴진다며 상담실을 찾아왔다. 늘 성실하게 애쓰며 살았는데, 최근에는 이유를 알 수 없는 화가 불쑥불쑥 올라와 자신도 놀라고 가족도 힘들어한다는 것이다. 이유를 알 수 없는 통증으로 몸도 온통 아프다고 했다.

그녀가 어린 시절, 그녀의 부모는 다툼이 잦았다. 특히 아버지가 술을 마시고 들어오는 날에는 밤새도록 싸워서, 동생을 꼭 껴

안고 불안에 떨었다고 한다. 어린 마음에 어떻게 하면 엄마 아빠가 싸우지 않을까 궁리하며, 모두 자기가 잘못해서 그런 거라 믿고서 자책을 많이 했다. '내가 잘하는 게 없어서 부모가 화가 났으니, 무슨 일이 있어도 말을 잘 들어 싸움을 못 하게 해야 한다'고 생각하며 어린 시절을 보냈다고 한다. 그래서 꿈 많았던 소녀가 결혼하고 중년이 되기까지, 자기가 하고 싶은 일을 마음대로 해본 적이 없었다는 것을 상담 과정에서 깨달았다. 자유롭고 창의적인 삶을 살고 싶었던 어린 시절의 자신을 오랜 시간 억누르며 살아온 것이 슬프다며, 많이 울었다.

칼 융은 중년을 인생의 전환점이라고 보았다. 그동안 아무렇지도 않게 살아왔던 자기의 삶이 낯설게 느껴지고, 갑자기 길을 잃은 것 같은 불안한 마음이 엄습해 오는 시간을 마주한다. 그때 '이게 진짜 내가 원하는 삶인가?' 하며 자신의 삶을 향해 물음을 던지는 시간이 온다. 이렇게 자기를 찾기 위해 나아가는 과정을 융은 '개성화'(individuation)라고 불렀다.

누구도 영원히 자기가 아닌 모습으로 살 수는 없다. 중년 이후의 시간은 자기를 향해 나아가는 여정이 본격적으로 시작되는 시기다. 여러 가지 이유로 누르고 억압하며 숨죽여 살아온 진짜 자기가 존재를 알아달라고 아우성을 치는 것인지도 모른다. 사회적 이목이나 타인의 인정을 넘어 "나는 누구인가?"라는 질문은 내면 깊은 곳의 진실과 연결되어 나를 나답게 만드는 길을 낼 것이다.

잘 살아오다가 유독 중년에 심리적 고통과 어려움을 호소하는 사람들이 많은 건 왜일까? 자신을 외면한 채 계속 달리기엔 그동안 겪어온 상실과 아픔이 너무 많았다. 더 늦기 전에 지금이라도 걸음을 멈추고 자신을 챙겨봐야 하지 않을까. 그때 비로소 내 안에 숨어 있던 진짜 나, 잊고 있던 감정, 눌러왔던 소망이 얼굴을 드러내며, 융이 말한 '자기'(Self)와의 만남이 시작될 것이다.

페르소나 : 내가 보여준 나

청년 시절부터 한 번도 쉬지 않고 성실히 신앙생활을 해온 중년 성도를 상담한 적이 있다. 직장을 다니면서 예배는 물론이고 매년 빠짐없이 교회 봉사도 열심히 하면서 교회를 우선순위에 두고 살았다. 어느덧 시간이 흘러 이제 모든 것이 안정되고 부족함이 없는데, 이상하게도 마음 한구석이 왠지 불안하다고 했다. 예전에 비해 경제적 기반도 생기고 가정도 평안한데, 자기에게 문제가 있는지 마음이 편치 않다는 것이다. 이런저런 이야기 끝에, 예전처럼 신앙의 열정이 생기지 않고 자꾸 무기력한 본인이 영적으로 문제가 있다고 자책했다. 한때는 전도에 마음을 쏟고 선교 활동도 열심히 했는데 지금은 아무것도 하지 않고 있으며, 이렇게 살아도 되는지 죄책감을 느낀다고 했다. 어디 이 성도뿐일까. 열심히 살아온 많은 중년들이 이전보다 완만하고 느려진 삶을 본인의 게으름과 무능력 탓이라고 여기며 살고 있지 않은가.

인생의 성취를 삶의 목표로 삼고서 열심히 달려온 사람들이 그 목표가 사라지고 나면 자신의 존재에 대한 회의와 혼란에 빠지곤 한다. 사회적 역할과 책임을 감당하며 달려온 시간을 지나, 문득 자신이 공허하게 느껴질 때, 사람들은 묻기 시작한다.

"나는 무엇을 위해 이렇게 살아왔던가?"

"앞으로 어떻게 살아야 하나?"

융은 이러한 질문이야말로 '진정한 자기'를 향해 가는 여정의 시작이라고 보았다. 그들은 좋은 부모, 헌신적인 신앙인, 성실한 직장인으로 살아오면서 사회적 역할에 몰입한 나를 '나 자신'이라고 착각해온 경우가 많다. 사회적인 역할을 본인의 정체성으로 규정하고, 그 역할에 충실한 사회적 얼굴로서 살아온 것이다. 그러나 어느 순간 그 역할들이 느슨해지고 그 역할이 더 이상 나를 설명해 주지 못할 때, 내면에서 공허감이 올라온다. 사회적 가면이라고 불리는 페르소나(persona)에 숨겨져 있던 진짜 얼굴이 존재를 드러내는 것이다.

페르소나란 말은 극 중에서 특정한 역할을 하기 위해 배우가 썼던 가면을 의미한다. 개인은 페르소나에 의해 자신의 성격이 아닌 다른 성격으로 역할에 맞게 연기할 수 있다. 페르소나는 대중에게 보여주는 가면 또는 겉모습이며, 여기에는 사회의 인정을 받을 수 있도록 좋은 인상을 주려는 의도가 내포되어 있다.

어찌 보면 페르소나는 생존을 위해 필요한 것이기도 하다. 사회적인 존재로 살아가려면 못마땅한 사람도 포용하고 친교를 맺을 수 있어야 한다. 사회생활을 원활히 하고 개인적 성취를 이루기 위해서는 적절한 사회적 모습으로 기능해야 하는 것이다. 이렇게 서로의 기대에 부응하는 관계는 안정적인 공동체의 기반이 되기도 한다. 그러나 어떤 사람이 자기가 맡고 있는 역할에 너무 깊이 빠져들어 자아를 그 역할에만 동일시하기 시작하면 그 사람의 인격은 균형을 잃고, 자신의 진짜 모습을 잊고서 다른 사람으로 살게 된다. 가면을 너무 오래 쓰고 있어서 진짜 내 얼굴을 잊게 되는 것이다. 중년의 위기는 대부분 이때 시작된다. 내가 살아온 삶이 진짜 나의 의지에서 비롯된 것인지, 아니면 누군가의 기대에 맞추다 보니 여기까지 온 것인지 혼란스러워진다. 그러나 지금이라도 과도한 가면을 벗어던지고 진짜 얼굴을 바라볼 수 있어야 한다. 그것은 자기 안에 있는 다양한 얼굴들, 즉 겉으로 드러난 자아, 억눌린 감정, 두려움, 욕망까지 포함한 전체적인 나를 받아들이는 일이다.

자기이해란 단순한 자기분석이나 성격 이해와 다르다. 자기 자신을 완전히 의식하는 사람은 드물다. 그렇지만 융이 말했듯이, "우리가 의식하지 못한 삶은 반복될 뿐이다." 그 삶을 이해하고 받아들이는 순간, 그 반복은 새로운 이야기로 바뀔 수 있다.

그림자 : 내가 외면한 나

잘 나가는 대기업의 임원이 되어 남부럽지 않은 삶을 살던 중년의 남성을 만난 적이 있다. 그는 학창 시절 내내 일등을 놓치지 않았기 때문에, 지방에 살던 가난한 집안의 장남이었음에도 늘 당당하고 자신감에 차 있었다. 명문대학을 거쳐 대기업에 취업하는 것이 마치 정해진 코스인 것처럼 자연스러웠다. 입사 이후에도 거칠 것 없이 승진 가도를 달렸고, 초고속 승진으로 40대에 임원이 되었다. 그러나 시간이 흘러 더 이상 오를 곳이 없는 정상에 선 어느 날, 회사로부터 권고사직 통지를 받았다. 그날로 짐을 싸고 퇴사해야 했다. 하루아침에 직장을 잃은 그는 갈 곳이 없었고, 할 수 있는 일이 하루 종일 없었다. 인정할 수 없는 현실 속에서 마치 꿈을 꾸는 것 같다던 그가, 퇴사 후 수개월이 지난 어느 날 싸늘한 주검으로 발견되었다. 우울증으로 칩거하다 스스로 목숨을 끊은 것이었다. 늘 일등이었고 우수한 직장인이었고 잘나가는 임원이었던 그에게, 자신을 치장하던 화려한 외투를 벗어 던지고 아무것도 걸치지 않은 진짜 자기를 만날 시간이 없었던 걸까 싶어, 마음이 매우 아팠다.

페르소나는 우리가 사회 속에서 맡은 역할과 기대에 따라 보여주는 사회적 성격이 담긴 얼굴이다. 역할과 지위, 책임과 권한이 이전과 달라진 중년의 시간, 바로 페르소나를 벗고 진짜 자기를 찾아야 할 시간이 온 것이다. 중년은 더 이상 '내가 어떤 사람으로 살아야 하나?'보다 '나는 진짜 어떤 사람인가??'를 물어야 하는 시기다.

페르소나를 벗어버리고 진정한 나로 살아야 하는 이유가 있다. 융에 의하면 페르소나의 가면에는 은밀히 숨겨둔 '내가 외면한 나', 즉 그림자(shadow)가 있기 때문이라고 한다. 그림자는 자신의 어두운 면으로, 무의식에 묻어둔 자신도 모르는 열등한 부분을 말한다. 우리가 외면하고 억눌러온 감정, 욕망, 충동 등이 무의식 속에 '그림자'로 남아 있다.

늘 착하고 성실해야 했던 사람은 자신의 분노나 질투를 인정하지 못하고 억누르며 살아왔을 수 있다. 그러나 그림자는 사라지지 않는다. 억눌릴수록 오히려 더욱 강하게 우리의 감정, 관계, 선택을 뒤흔든다. 중년기에 감정이 갑자기 요동치고, 예기치 않은 감정 폭발이나 공허감이나 무의미함에 빠지는 이유 중 하나가 바로 이 그림자와의 충돌 때문이다.

융은 성숙한 인간이 되기 위해서는 자신의 그림자를 직면하고 통합하는 과정이 필요하다고 말한다. 그림자는 나쁜 것이 아니다. 인간다움의 일부이며, 내가 외면했던 진짜 나의 조각이다. 그래서 그림자를 만난다는 것은 내가 버린 나를 다시 껴안는 일이다. 중년은 바로 이 '자기'와 만나기 위한 시기다. 누군가의 아버지, 어머니, 남편, 아내라는 이름이 사라진 뒤에도 여전히 남는 존재, 이제야 비로소 그 '나'로 살아갈 수 있는 존재, 그것이 '자기'이다. 이 발견의 여정은 결코 쉽지 않다. 가면을 벗는 일이며 그림자를 마주하는 일이고, 내 안의 익숙하지 않은 성향을 받아들이는 일이기 때문이다. 모두 낯설고 두려운 길이다. 그러나 그것이야말로 진짜 나로 살아가기 위한 내면의 성숙 과정이다.

진짜 나로 살아가기

중년은 삶의 절반을 지나 이제 '나답게 살고 싶다'라는 마음이 자연스럽게 올라오는 시기다. 그동안 가족을 부양하느라 생계의 무게에 밀려 '나는 누구인가'를 묻기도 어려웠지만, 어느덧 주변의 요구가 조금씩 줄어들면서 조금씩 내면의 목소리가 들리기 때문이다.

앞서 소개한 중년여성의 이야기로 다시 돌아가 보자. 몇 회기의 상담을 마치고 자신을 조금씩 이해하기 시작한 그녀가 하루는 내게 이런 이야기를 했다.

"선생님, 지금이라도 늦지 않았을까요? 자기가 원하는 삶을 살라고 하셨는데, 처음엔 그게 뭔지 몰라 막막했어요. 내가 뭘 할 수 있을까? 아무래도 모르겠더라고요. 그런데 가만히 생각해 보니, 미술 시간이면 기분이 좋았던 학창 시절이 떠올랐어요. 선생님께 칭찬도 들었고요. 아, 바로 이건가? 그림을 그려볼까? 이런 생각이 드는데…, 이 나이에 어떻게…. 자신도 없고요…."

이랬던 그녀가 지금은 개인전을 몇 번이나 연 주부 화가가 되어 있다. 망설이고 망설이다, 처음 동네 화방을 찾아 쭈뼛거리며 문을 열던 그녀가 이렇게 환하고 활기차게 변할 줄, 그때는 누가 알았으랴.

"이제 남은 인생은 어떻게 살고 싶은가?"

"내가 진짜 원하는 삶은 무엇이었을까?"

이것은 단지 목표나 취향의 문제가 아니다. '진짜 나'로 살아가고자 하는 더 본질적인 내면의 질문이다. 그러면 진짜 나로 산다는 것은 무엇일까? 남들에게 잘 보이려 애쓰지 않고 있는 그대로의 나를 용납하면서 자연스럽게 사는 것이 아닐까? 살면서 마음 한구석에 쌓아둔 아픔과 상처의 꾸러미를 조금씩 풀어내 덜어내고 가벼워지는 것이 아닐까? 그것이 내면의 목소리에 귀를 기울이고, 자신의 그림자와 만나는 일이 될 것이다.

자신의 힘든 부분을 말할 수 있는 것은 자신의 어두운 그림자를 인정하는 것이며, 문제에 압도되지 않는 자유를 누리는 것이다. '가끔은 혼자이고 싶다'라고 말하는 중년의 마음, 다람쥐 쳇바퀴 돌 듯 살아온 삶에서 벗어나 혼자만의 공간에서 오롯이 자신만을 위한 시간을 보내고 싶은 중년의 마음은 잃어버린 나를 찾고 싶은 내적 자율성에 대한 열망에서 나온다.

중년은 삶의 방향을 재설정하고, 진정한 자기 자신과 다시 연결되어야 하는 시기임에 틀림없다. 그러나 여전히 "다른 사람이 어떻게 생각할까?"라는 감정적 반응에 갇혀 자기 욕구와 신념을 표현하지 못한 채 살아간다. 이 시기의 많은 사람들은 부모와의 관계, 자녀와의 관계, 배우자와의 관계 속에서 반복적으로 정서적 갈등을 경험한다. 부모에게는 여전히 죄책감을 느끼고, 자녀에게는 과잉보호 혹은 과도한 거리 두기를 반복하며, 배우자와는 갈등보다 침묵으로 일관하는 경우도 많다. 이 모든 관계의 이면에는 종종 자신을 제대로 표현하지 못하거나, 반대로 자기감정에만 몰입해 상대의 입장을 돌아보지 못하는 미분화 상태가 자리 잡고 있다.

중년은 이제 더 이상 타인의 기대에만 맞춰 살 수 없다. 그렇다고 자기 고집만으로 관계를 밀고 나갈 수도 없다. 자아분화는 그러한 이분법을 넘어 '성숙한 거리두기와 진심 어린 연결'을 동시에 추구하는 내적 자율성을 가능케 한다. 보웬은 자아가 건강하게 분화된 상태가 '주변의 감정에 휘둘리지 않으면서도 자기 자신으로 존재할 수 있는 능력'이라고 했다. 관계 속에서도 나를 잃지 않고 나답게 살아갈 수 있는 힘이 자아분화다. 이 분화의 수준이 낮은 사람은 타인의 기대에 지나치게 민감하거나, 반대로 관계를 회피하며 자기감정을 잘 알지 못한다. 반면, 분화 수준이 높은 사람은 타인과의 관계를 유지하면서도 자기 생각과 감정과 신념을 분명히 인식하고 표현할 수 있다.

진정한 나로 산다는 것은 사람들과의 관계를 피하여 혼자 살고자 하는 고립도 아니고, 관계를 위해 자신을 포기하는 타협도 아니다. 관계 안에서 '나'를 지키며 살아가는 것이다. 자아분화는 관계를 끊는 것이 아니다. 오히려 진짜 연결을 가능하게 하는 내면의 힘이다. 자기감정을 명확히 알고 말할 수 있으며, 타인의 감정을 받아들이되 휘둘리지 않는 성숙한 자세다. 그때 비로소 우리는 누군가에게 맞추는 삶이 아니라, 내가 선택한 삶을 살아갈 수 있다.

나로 살기 위한 자아분화의 실천

그렇다면 우리는 어떻게 자율적인 삶을 살아갈 수 있을까? 진정한 나로 살아가기 위한 몇 가지 구체적인 길을 찾아보자.

- **감정에서 한 걸음 물러서기 :** 감정은 우리 안에 있는 중요한 신호이지만 늘 진실한 것은 아니다. 누군가의 말에 욱하는 반응이 올라올 때, 또는 지나치게 불편하고 민감해질 때, 잠시 한 걸음 물러나 자신에게 물어보자. 심호흡을 하고 3초 정도 타임아웃 하는 것도 좋은 방법이다. '지금 내 감정은 어디서 왔을까?' 상황을 분별하기 위해 감정을 억누르는 것이 아니라, 감정을 '관찰'할 수 있는 거리를 갖는 것임을 기억하자.
- **'나는'으로 시작하는 표현 훈련하기 :** 중년은 자기 생각을 말하는 것이 쉽지 않다. 가족과 주변을 먼저 생각하느라 양보하고 참아온 시간이 길었기 때문이다. 그러나 이제는 "당신 때문에"가 아니라 "나는 이렇게 느껴", "나는 이렇게 생각해"로 말하는 연습이 필요하다. 이는 비난이 아니라 자기의 생각과 느낌을 설명하고 드러내는 건강한 소통의 방법이다. 상대의 감정이 상하지 않으면서 나의 생각과 느낌을 전달할 수 있는 '나－전달법'은 자연스럽게 감정의 경계를 설정해 주는 좋은 소통의 길이 된다.
- **기대가 아닌 선택으로 관계 맺기 :** 누군가의 인정을 받기 위해 나를 억누르는 관계는 오래 지속될 수 없다. 타인의 기대에 맞추기 위해 나를 포기하면 결국 상대를 과도하게 의존하고 결과도 탓하게 된다. '이 관계는 내가 원해서 선택한 것'이라는 자기 인식은 상대에게 끌려다니는 수동적 삶이 아니라 스스로 선택한 것에 책임지는 자율적인

삶을 살 수 있게 한다. 이것이 중년 이후 삶의 질을 바꾸는 중요한 전환점이 될 것이다.

- **내면의 중심 찾기 :** 자율적인 삶은 혼자 있음의 고요를 통해 깊어진다. 소란하고 분주한 일상에서 벗어나 일정한 거리를 두고 사색할 시간을 확보하는 것은 내 안의 진짜 목소리를 들을 수 있는 좋은 기회다. 기도, 산책, 일기, 독서 같은 정적인 활동을 통해 고요한 내면에 귀 기울이는 것은 마음의 중심을 잡고 내면세계를 정돈하여 삶의 질서를 세우는 일이 될 것이다. 내 안의 진짜 목소리를 들을 수 있는 혼자만의 시간을 두려워하지 말라. 그 고요한 시간 안에서 우리는 사회적 역할이 아닌 '존재로서의 나'와 다시 만날 수 있기 때문이다.

우리 부부는 아이들이 커서 각자의 시간을 보내기 시작할 무렵부터 여름휴가를 캠핑으로 보내고 있다. 우리 부부가 매년 여름 찾아가는 휴가지가 여러 곳 있는데, 소백산맥의 시원한 계곡을 끼고 자란 푸른 나무가 울창한 단양이 그 중 자주 찾는 곳이다. 깊은 숲에 텐트를 치고 수일을 보내노라면 복잡하게 얽혀 있던 머릿속이 맑아지고 정연해짐을 느낀다. 소박하고 단순한 삶을 살 수 있는 시간이다.

자연이 펼쳐준 크고 넓은 품에서 인위적인 것을 최소화하며 지내는 동안, 우리는 가장 값진 것들을 느끼고 채운다. 아침을 깨우는 새소리로 시작된 하루는 종일 들어도 거슬리지 않는 물소리를 배경 삼아 자연스럽게 몸과 마음에 스며든다. 말이 필요 없는 잔잔한 소통의 시간이다.

초록으로 펼쳐진 대자연의 품 안에서 내 영혼은 한없이 겸손해진다. 매 순간이 기도와 묵상이 되는 시간에, 그동안 한없이 좁아진 몸과 마음에 용서가 싹트고, 이해와 관용이 채워진다. 창조주가 베풀어준 자연 속의 배움이 영혼에 생기를 불어넣는다. 나를 만나고 세상을 품게 되는 큰 선물이다. 이 고요하고 내밀한 시간은 중년의 나를 더 새롭고 창조적인 에너지로 넉넉히 충전시켜 준다.

이제 중년은 자신과 여행을 시작해야 한다. 가족도 친구도 그 자리에 낄 수 없다. 오롯이 혼자만 걷는 여행의 길이 필요하다. 군더더기를 빼고 본질을 향해 걷는 순례자처럼, 때로는 자발적인 외로움과 고독의 시간을 즐길 수 있기를….

존재로서 살아가는 시간

중년은 더 이상 역할이 아니라 '존재'로서 살아가야 하는 시간이다. 살아온 시간만큼 겪어온 수많은 이야기가 있다. 가슴에 깊이 묻어두거나 바람에 훌훌 털어버리기도 했지만, 여전히 수시로 삶을 흔들어대는 상처 난 마음이 있다. 내 존재를 챙길 겨를도 없이 삶에 매여 살다 보니, 이제 와서 나를 찾는다는 것이 참 생경한 일이다. 그러나 해보지 않아서 낯선 것일 뿐, 할 수 없는 일은 아닐 것이다.

오랫동안 함께 일했던 선배의 이야기다. 선배는 매해 여름휴가 때마다 혼자서 도보 여행을 했다. 오십 중반의 나이, 아담한 체구에 내성적이고 소극적으로 보였던 그녀가 무더운 여름에 동해의 해안도로를 끼고서 사나흘을 혼자 걷는다는 것은 실로 놀라운 일이었다. 보통 삼척에서 출발해서 고성 통일전망대까지 걷는데, 쉼 없이 걷다 보면 너무 힘들어서 쓸데없는 생각은 안 하게 되고, 그냥 오롯이 자기만 챙기게 된다고 했다. 걷다가 힘들면 마을에 들어가 잠시 쉬기도 하고, 찐 옥수수도 사 먹으며 길 따라 물 따라 그저 걷는 것이다. 내가 너무 신기해서 "선배, 왜 그렇게 걸어요?" 하고 물으니, "걷다 보면 내가 더 잘 보여"라며 빙긋이 웃었다.

주변에 많은 것들이 나를 가로막고 서 있어서 내가 보이지 않는다. 때론 곁가지를 치우고 나의 알맹이를 찾아보는 일이 필요할 것 같다. 더 나이 들기 전에 꽤 괜찮은 나를 만나는 일이 좀 더 자주 있으면 좋겠다. 지나온 세월에 묻어둔 슬픈 이야기를 훌훌 날려버려야 새 날을 맞이할 수 있지 않을까.

나는 상담을 하면서, 아직도 과거 수십 년 전의 유년 시절에 묶여 그 시절의 아이로 살고 있는 중년들을 종종 만난다. 나이가 들었다고 모두 성숙한 어른이 되는 것은 아니다. 책임감이 있고 성공적으로 무언가를 이루었어도 마음 한구석은 여전히 어린 시절에 머물러 해결되지 못한 유년기의 두려움, 상처, 결핍에 따라 반응하기도 한다. 예민한 성격 때문이 아니라, 내면의 상처를 입은 아이가 여전히 지금의 삶을 살아가고 있다는 신호일 것이다.

적절히 소화되지 않고 고스란히 내면 깊숙이 박혀 지금까지 영향을 주고 있는 아픔이 누구에겐들 없으랴. 누구나 지나온 삶을 되돌아보면 단순한 기억의 차원을 넘어 수치심과 죄책감, 부끄러운 실패로 마음이 어두워지기도 한다. 그러나 중년은 인생을 되돌아보는 차원이 아니라 과거의 나와 새로운 관계를 맺는 시기이다. 지금까지 외면했던 내면의 상처와 마주하며, 그 상처의 영향력이 더 이상 현재의 내 삶을 통제하지 못하도록 내 마음에 경계를 세워야 한다.

어려운 시간을 버티며 살아온 중년의 나를 이해하고 안아 주는 것이 새로운 관계 맺음의 시작이 될 것이다. 자신의 과거와 화해하지 않으면 그 과거를 반복하며 살아가게 된다고 한다. 그때는 그럴만한 이유가 있었을지 모른다. 작고 미력한 우리가 어떻게 인생의 모든 걸 이해할 수 있었으랴. 흐르는 강물처럼 어제의 물은 어제의 물일 뿐, 오늘의 물은 아닌 것이다.

삶은 늘 새롭고 내일은 내일의 해가 뜰 것이기에, 과거를 놓아주는 지혜를 구해보자. 현재의 삶을 살기에도 인생은 너무 짧지 않던가. 내가 어찌할 수 없었던 슬픈 과거도 삶의 일부로 이해하고 품을 수 있다면 고통의 시간을 통과한 자신을 대견히 여기며 화해의 손을 내밀 수 있으리라. 사느라 힘들어 깨지고 부서졌던 삶의 기억들을 연민의 마음으로 바라보자. 아쉬움과 부끄러움, 후회와 미련도 애쓰고 살았던 내 삶의 조각이었기에, 이제 그런 중년의 나와 기꺼이 화해할 수 있기를….

3부

내게도 기회가 남아 있을까?

08

중년의 뇌는 가장 훌륭하다

가장 훌륭한 시는 아직 씌어지지 않았다
가장 아름다운 노래는 아직 불려지지 않았다
최고의 날들은 아직 살지 않은 날들

가장 넓은 바다는 아직 항해되지 않았고
가장 먼 여행은 아직 끝나지 않았다
불멸의 춤은 아직 추어지지 않았으며
가장 빛나는 별은 아직 발견되지 않은 별

무엇을 해야 할지 더 이상 알 수 없을 때
그때 비로소 진실로 무엇인가를 할 수 있다
어느 길로 가야 할지 더 이상 알 수 없을 때
그때가 비로소 진정한 여행의 시작이다

_나짐 히크메트(Nazim Hikmet), '진정한 여행'

내 뇌가 왜 이러지?

아침 출근길에 엘리베이터를 기다리다 뭔가 허전한 마음이 드는 순간, 예외 없이 빠뜨린 물건이 생각나 다시 집에 들어간 경우가 있지 않은가? 사무실에 거의 도착해서야 핸드폰을 두고 온 것이 생각나 집에 있던 가족들을 괴롭혔던 적은 없는가? 가스레인지 위에 올려둔 김치찌개가 새까만 재가 될 때까지 아무 생각 없이 전화를 붙들고 시간을 보낸 적은 없는가? 왜 이렇게 깜박깜박하는 걸까? 우리는 그럴 때마다 머리를 한 대 때리고 싶을 정도로 자신이 한심하고 속상한 마음이 들곤 한다. 여럿이 모여 이야기를 나누다 보면 어김없이 처음 주제와 상관없는 삼천포로 빠지기 일쑤고, 흐름에 맞지 않게 엉뚱한 단어를 말해도 그냥 모두 알아듣는다. 그러려니 하는 모습이 웃기면서도 신기할 때가 많다.

나이가 들면서 어느 순간 이름이 생각나지 않고, 이야기의 맥락을 잃기도 하며, 집중력이 예전 같지 않은 경우가 자연스럽게 생긴다. 대화를 나누다가도 "내가 방금 무슨 이야기를 하고 있었지?"라며 길을 잃는 경우도 있다. 마치 재채기가 나올 듯 말 듯 할 때 느낄 법한 그런 감각이다. 이렇게 중년의 뇌가 생각의 맥락을 잃어버리고 궤도를 벗어나 방황하는 가장 흔한 경험이 '설단 현상'이다. 이는 소리와 개념을 연결하는 과정이 약해져 해마에 저장된 이름을 꺼내는 데 시간이 걸리는 현상이며, 자주 쓰지 않는 근육이 서서히 약해지는 것과 같은 이치다. 혀끝에서는 맴도는데 이름이나 단어가 떠오르지 않는 것이 그 예다. 분명 잘 아는 사람인데, 심지어 가까운 친구의 이름조차 순간적으로 생각나지 않는다.

나이가 들면 정보 처리 속도가 느려지고 집중력이 떨어지며, 암기력도 예전 같지 않다고 느낀다. 이 때문에 사람들은 뇌도 몸처럼 나이가 들면 단순히 늙어간다고 생각한다. 그런데 기억을 못 하는 것은 대부분 저장된 정보의 과잉으로 인한 인출의 어려움 때문이다. 이름을 기억하지 못하는 건 우리 머릿속에 있던 이름이 사라진 것이 아니다. 그저 정보 더미의 바닥에 깔려 있을 뿐이다. 책이 빽빽하게 꽂혀있는 책꽂이에서 어떤 책을 찾으려고 애쓰는 것과 같다고 보면 된다. 그러니 기억해야 할 이름을 잊는다는 건 정상적인 노화 과정의 한 부분이라고 생각해도 좋을 것이다.

우리는 건망증과 망각 너머에 숨겨져 아직 발견되지 않은 중년의 뇌를 만나야 한다. 그러면 오랜 시간 내가 알아주지 않았을 뿐, 분명히 존재하는 중년의 내 뇌는 이렇게 말할 것이다.

"깜박깜박해도 중년의 나는 아직 스마트하다."

중년의 뇌에 대한 오해와 진실

많은 사람들이 나이 들면서 머리가 나빠진다고 느낀다. 우리는 태어날 때 만들어진 뇌세포가 시간이 가면 죽고 더 이상 새로 생기지 않는다는 뇌에 대한 잘못된 믿음을 오랫동안 가지고 살아왔다.

1913년 에스파냐의 신경학자이자 노벨상 수상자인 산티아고 라몬 이 카할(Santiago Ramon y Cajal)은 현미경으로 신경세포의 구조를 처음 밝혀내면서, "다 자란 뇌의 신경 경로들은 고정되어 불변한다. 모든 것이 죽을 수는 있어도, 그 무엇도 다시 재생될 수는 없다"라고 단언했다. 이것이 100년 동안 신경과학의 정설로 자리를 굳혔다. 그래서 성인이 되고 나면 뇌는 점차 퇴화할 뿐, 다시 성장하지 않는 기관이라고 여겨졌다. 중년 이후의 학습이나 변화는 더디거나 어렵다고 생각했고, 뇌 손상은 곧 영구적인 손실을 의미한다고 믿었다. "늙으면 배우는 것도 회복하는 것도 불가능하다"라는 통념이 뇌과학이라는 이름으로 정당화되었던 것이다. 하지만 1990년대 후반부터 새로운 연구들이 활발하게 진행되면서 오래된 이 믿음이 흔들리기 시작했다. 해마(hippocampus)와 같은 특정 부위에서 성인도 새로운 신경세포를 만들어낸다는 사실과, 기존의 세포들이 새로운 방식으로 연결되고 배열을 바꾸면서 뇌가 계속 변화한다는 사실이 밝혀진 것이다. 이것을 '신경가소성'(Neuroplasticity)이라고 부른다. 이 발견은 단순한 의학적 사실 이상의 의미를 가진다. 나이가 들어 중년을 지나도, 심지어 노년에 이르러도 우리의 뇌는 경험과 학습, 만남과 도전 속에서 새로운 길을 낼 수 있다는 것이다.

한번 상상해보자. 숲속에 난 오솔길은 사람들이 다닐 때마다 점점 더 단단하게 다져지고, 반대로 오랫동안 아무도 다니지 않으면 금세 잡초와 덤불이 길을 덮어 버린다. 뇌도 마찬가지다. 우리가 반복해서 생각하고 배우고 시도하는 것들은 뇌 속에 굵은 길을 낸다. 새로운 자극과 배움을 통해 전혀 다른 길이 만들어지기도 한다. 사람의 발걸음이 숲에 새로운 길을 내듯, 나이가 든 중년의 뇌도 언제나 새롭게 연결되어 성장할 수 있는 것이다.

뇌졸중으로 한쪽 몸을 쓰지 못하게 된 환자가 수년간의 꾸준한 재활 훈련 끝에 다시 걷게 되는 경우를 종종 실제로 보았다. 이것은 손상된 부위가 원래대로 회복된 것이 아니라, 뇌가 새로운 길을 찾아 기능을 대신하도록 연결을 바꾼 것이다. 과거의 뇌과학으로는 이 놀라운 회복력을 설명할 수 없었지만, 오늘날의 신경가소성 개념으로는 충분히 이해할 수 있다. 이 사실은 중년에게 깊은 위로와 희망을 준다. "나는 이미 머리가 굳어버렸다"라고 체념할 것이 아니라, "여전히 배우고 성장할 수 있다"라는 새로운 기대를 할 수 있기 때문이다. 우리의 뇌는 멈추지 않았다. 중년 이후의 삶도 멈추지 않는다.

중년을 새롭게 발견하다

불과 백 년 전만 해도 '중년'이 지금처럼 자주 쓰이는 말은 아니었다. 일제강점기 당시 우리나라 사람들의 평균수명은 겨우 37.4세에 불과했기 때문이다. 인생이 짧고 단조로웠다. 삶의 주기를 굳이 나눈다면 '아이, 젊은이, 늙은이' 세 단계로 충분했기에, 오늘날과 같은 '중년의 시간'은 존재하지 않았던 셈이다. 그러나 지금은 상황이 다르다. 2023년 한국인의 평균수명이 83세에 이르고, 2030년에는 여성의 평균수명이 90세를 넘길 것이라고 전망한다.

평균수명은 단순히 현재 살아 있는 사람들의 평균 나이를 계산하는 것이 아니라 현재의 사망률을 바탕으로 미래를 추정하는 값이다. 따라서 1920년대의 평균수명이 37세였다고 하지만, 실제로 대부분의 사람들이 30대에 죽었다는 뜻은 아니다. 유아 사망률이 매우 높아 평균이 낮게 잡힌 것이다. 살아남은 사람들은 60에서 70세까지 살기도 했다. 어쨌든 평균연령이 37세에서 83세로 늘어났다는 것은 실로 대단한 일이 아닐 수 없다. 이렇게 인생의 길이가 두 배 이상 늘어나면서 인생 주기 안에 '중년'이라는 시기가 분명하게 자리를 잡게 되었다. 이제 중년은 짧게 스쳐 가는 시기가 아니다. 인생에서 가장 길고도 의미 있는 시간으로 인식되고 있다.

그렇지만 평균수명의 연장은 동시에 새로운 두려움도 불러왔다. 치매 발병률이 급격히 증가했다는 사실이다. 수명이 길지 않았던 과거에는 치매가 발병하기 전에 생을 마감하는 경우가 많았다. 하지만 수명이 늘어나 자연스러운 노화의 결과로 치매가 발병하게 되면서, 치매가 장수사회의 그림자가 되어 버렸다. 치매에 걸린 부모님을 돌보는 힘겨운 중년의 마음에 "언젠가 나도 기억을 잃을지 모른다"라는 불안과 두려움이 찾아오기도 한다.

하지만 과학적 연구는 우리에게 전혀 다른 이야기를 들려준다. 치매 발병의 기전을 밝히고 치료하는 과정에서 발전된 뇌과학은 중년에게 새로운 희망을 보여주었다. 진보된 뇌 영상 촬영술, 유전자 분석, 장기 추적 연구를 통해 밝혀진 사실은 놀랍기만 하다. 중년의 뇌가 생각보다 훨씬 더 유능하고 재주가 많다는 것이다. 뇌가 세월에 따라 단순히 쇠퇴하는 기관이 아니라, 중년의 뇌는 오히려 나이 들면서 더 깊은 통찰과 균형 잡힌 판단을 할 수 있다고 한다. 망각과 건망증 속에서도 뇌가 새로운 방식으로 자신을 단련하고, 전혀 다른 자원을 동원하는 힘을 길러가는 것이다.

과학적 연구가 밝힌 중년의 뇌는 어떤 강점을 가지고 있을까?

첫째, 문제 해결 능력이다. 중년의 뇌는 다양한 경험과 축적된 지식을 바탕으로 단순한 정답이 아니라 상황에 맞는 지혜로운 해답을 찾아낸다. 수학 문제처럼 빠른 계산능력은 떨어질지 몰라도 인생의 복잡한 문제를 푸는 데는 오히려 강점을 드러낸다.

둘째, 공감과 통찰의 능력이다. 나이가 들수록 인간관계의 뉘앙스를 더 잘 읽고, 타인의 감정을 이해하는 힘이 커진다. 젊을 때는 놓치던 감정의 결을 발견하고, 누군가의 말 뒤에 숨어 있는 사정을 읽어내는 능력이 커지는 것이다.

셋째, 복합적 사고의 힘이다. 젊은 뇌가 직선적으로 빠르게 달린다면, 중년의 뇌는 여러 경로를 동시에 살펴보며 연결하는 능력을 발휘한다. 서로 다른 분야의 지식을 종합하고, 전혀 관계없어 보이는 요소들을 엮어 새로운 해석을 내놓는 능력은 오히려 중년에 더 강해진다.

이처럼 중년의 뇌는 단순히 느려지는 것이 아니다. 방향을 달리하며 더 깊고 넓은 사고로 나아가고 있는 것이다. 한국 현대문학을 대표하는 소설가 박완서 선생을 생각해보자. 그녀는 1970년, 마흔이 넘은 나이에 소설가로 데뷔했다. 당시는 많은 여성들이 가정과 생계를 위해 자신의 꿈을 접어야 했던 시절이다. 『나목』으로 시작된 그의 문학은 중년의 삶에서 우러나온 경험과 통찰을 바탕으로 한국 현대문학에 큰 족적을 남겼다. 늦게 시작했지만 그만큼 깊이 있는 이야기를 남긴 것이다. 젊은 시절의 빠른 두뇌 회전이나 화려한 언어 감각 때문이 아니었다. 전쟁과 가난, 여성으로서의 삶, 가족을 향한 깊은 애정과 같은 중년의 체험이 그의 문학에 깊이를 더했다. 그에게는 오히려 인생의 풍요로운 층위를 지나온 중년의 뇌가 있었기에 독자에게 오래도록 감동을 주는 이야기를 쓸 수 있었다. 그녀의 삶을 통해, 중년은 더 이상 늦은 시간이 아니라 오히려 더 풍성한 삶의 이야기를 바탕으로 새로운 가능성의 문을 열 수 있다는 것을 알게 된다.

더 이상 중년을 두려워하지 않기를 바란다. 중년의 뇌가 바뀌어 가는 과정을 올바르게 이해한다면, 중년을 새로운 기회의 시간으로 받아들일 수 있기 때문이다. 이름이 떠오르지 않아 잠시 머뭇거리는 순간도, 대화 중에 맥락을 잃는 순간도 중년의 뇌가 더 큰 그림을 그리기 위해 잠시 쉬어가는 과정이라고 생각해도 좋겠다.

중년은 쇠퇴의 길목을 서성이는 시기가 아니다. 성숙과 지혜가 무르익는 시간이다. 중년의 뇌는 지금도 여전히 유능하다. 여전히 성장하며, 여전히 더 깊어지고 있다.

⚘ 가장 뛰어난 중년의 뇌

나이가 들수록 뇌는 쇠퇴한다는 생각이 일반적으로 퍼져 있지만, 뇌 스캔, 유전자 분석, 신경전달물질 연구를 통해 그동안 신비에 둘러싸였던 뇌를 훤히 들여다보게 되면서, 중년의 뇌에 대한 놀라운 사실이 실제로 밝혀지고 있다. 우리의 고정관념과 다르게 중년의 뇌는 놀랍도록 유능하고 재주가 많다는 것이다.

미국의 저널리스트 바바라 스트라우치(Barbara Strauch)는 『가장 뛰어난 중년의 뇌』(The Secret Life of the Grown-up Brain)에서 이런 사실을 그녀 특유의 화법으로 이야기한다. 중년의 뇌는 단순히 느려지는 기관이 아니라 인생 경험과 지혜가 응축되어 가장 뛰어난 성과를 낼 수 있다는 것이다. 그녀는 뇌과학 분야의 전문가는 아니었지만, 직접 연구자들을 만나 중년의 뇌에 무슨 일이 일어나고 있는지 질문하여 그 결과를 쉽고 경쾌하게 전달하였다. 뉴욕타임스 과학 담당 편집자로 활동하면서 최신 뇌과학 연구를 누구보다 가까이서 접한 경험은 그녀가 중년의 뇌를 새로운 관점으로 조명하는 바탕이 되었다.

중년의 뇌는 그동안 과소평가되어왔다. 일부 기능은 느려지지만, 어떤 기능은 유지되거나 오히려 이전보다 더 좋아져 절정에 머물기도 한다. 그 예로, 신호 전달을 담당하는 수초, 즉 미엘린(myelin)은 50세 전후에 절정에 달해 사고와 판단의 효율이 높아지며, 공포와 분노를 담당하는 편도체(amygdala)는 안정화되어 감정 통제 능력이 증가한다. 세상을 보는 관점 역시 달라져 사소한 일에 흔들리지 않고 삶을 수용하는 힘이 커진다. 또한 중년의 뇌는 기억력이 떨어지거나 정보 처리 속도가 느려지는 자연적인 현상은 차치하더라도, 실제로 상당히 독특하고 뛰어난 능력을 가지고 있음이 밝혀졌다.

첫째, 인지적 비축분(cognitive reserve)이다. 이 능력은 뇌에 손상이나 변화가 생기더라도 기능을 유지하거나 회복할 수 있는 예비력이라고 볼 수 있다. 뇌가 순간적으로 정보를 떠올리지 못하더라도 다른 경로를 활용하여 필요한 정보를 꺼내 쓸 수 있는 능력으로, 경험과 학습, 다양한 활동을 통해 축적된다. 독서, 글쓰기, 악기 연주, 새로운 기술 습득, 여행, 문제 해결, 사회적 교류 등 삶 속에서 반복적으로 쌓이는 활동이 뇌의 '예비 배터리'를 만들어 준다. 이

덕분에 중년의 뇌는 기억력이 조금 느려지더라도 복잡한 사고와 유연한 판단에서 뛰어난 능력을 발휘할 수 있는 것이다.

둘째, 양측편재화(bilateralization)이다. 이것은 중년 이후 한쪽 뇌만 쓰던 기능을 양쪽 뇌가 함께 활용하는 현상을 뜻한다. 마치 물건을 한 팔로 드는 것보다 양팔을 사용해 들면 훨씬 수월해지는 원리이다. 젊을 때는 한쪽 뇌가 주로 정보를 처리하지만 중년이 되면 양쪽 뇌가 동시에 작동하면서 부하를 나누고, 사고와 기억을 보다 안정적이고 효율적으로 수행할 수 있다. 한쪽 뇌가 잠시 막혀도 다른 쪽 뇌가 보완해 주므로 건망증 같은 현상도 심각한 문제가 되지 않는다.

셋째, 뇌 가소성(neuroplasticity)이다. 이것은 뇌의 구조와 기능이 경험과 환경에 따라 변화하고 적응하는 능력이다. 반복적인 학습과 경험은 신경망을 굵고 튼튼한 '광케이블'처럼 강화하여 정보 전달 속도를 높이고 회복력을 증가시킨다. 좁은 길을 넓히면 많은 차가 효율적으로 지나갈 수 있는 것처럼, 특정 분야의 활동에 집중하면 관련 회로가 정교하고 효율적이게 되어 사고 속도와 판단력이 향상된다. 이러한 뇌 가소성 덕분에 중년 이후에도 뇌는 계속 성장하고 발전할 수 있다.

중년의 뇌는 이상의 세 가지 특징이 결합되면서, 단순히 느려진 뇌가 아니라 경험과 지혜가 축적되고 회로가 효율화되며, 필요할 때 최적의 능력을 발휘하는 최고의 상태로 자리한다. 기억력이 순간적으로 느려지거나 단어가 잠시 떠오르지 않아도 뇌는 복잡한 문제를 유연하게 해결하고, 세상을 넓은 시각으로 바라보며 안정적으로 대응할 수 있게 되는 것이다.

모든 세포가 노화되지만, 뇌는 죽을 때까지 성장할 수 있다. 특히 여성의 뇌는 60대까지도 계속 발전하며, 나이가 들었다고 해서 기억력이 무조건 감퇴하거나 뇌가 퇴화하는 것은 아니다. 오히려 더 성숙해지기도 한다. 세계적인 석학과 노벨상 수상자의 평균연령이 58세라는 사실은 중년에게 기억의 부품들이 닳는다 해도 뇌가 재조직되어 의사결정과 사고에서 최상의 상태를 발휘할 수 있다는 것을 보여주는 실례라고 할 수 있다.

중년은 뇌가 가장 빛나는 시기다. 바바라 스트로치의 말처럼 중년의 뇌는 더 똑똑하고, 더 침착하며, 더 행복하다. 피부는 늘어져도 정신은 성숙하고 있으며, 20대의 나보다 지금의 내가 더 지혜롭고, 30대의 나보다 지금이 더 좋은 사람이기 때문이다.

종단연구로 중년 뇌를 새롭게 보다

그동안 중년 이후의 뇌는 주로 단면연구(cross-sectional study)를 통해 연구되었다. 단면연구는 서로 다른 연령대 집단을 한 시점에서 비교하는 방식이다. 예를 들어 25세와 55세를 비교해서 중년이 더 느리다고 결론을 내리는 방식이다. 이런 비교는 세대 차이, 교육 환경, 문화적 배경의 차이를 반영했을 뿐, 실제로 한 사람의 뇌가 시간이 지나면서 어떻게 변하는지는 알려주지 못한다. 이 한계를 극복하는 방법이 바로 종단연구(longitudinal study)다. 종단연구는 같은 사람들을 수십 년 동안 추적 조사하면서 그들의 뇌와 인지능력이 실제로 어떻게 변하는지를 기록한다. 단면연구가 '여러 세대가 함께 찍힌 단체사진'이라면, 종단연구는 '한 사람의 일생을 담은 다큐멘터리 영화'라고 생각하면 된다.

중년의 뇌가 영리할 수 있다는 사실을 새롭게 이해할 수 있는 종단연구가 많이 소개되고 있다. 그 가운데 하버드대학교의 '성인 발달 연구'(Grant Study)는 1938년부터 시작되어 80년 이상 이어져 온 세계에서 가장 오래된 종단연구 가운데 하나다. 이 연구는 20대부터 90대까지의 남성들을 대상으로 신체 건강, 정신 건강, 사회적 관계, 직업적 성취 등을 추적 조사하였다. 연구 결과, 중년 이후에도 어휘력, 문제 해결 능력, 사회적 판단력 등은 오히려 향상되거나 유지되는 경향을 보였으며, 특히 정서적 안정성과 사회적 지지가 이러한 능력의 유지와 향상에 중요한 역할을 한다는 것이 밝혀졌다.

스탠퍼드대학교의 '노화 및 기억 연구'(SAMS)는 중년 이후의 뇌와 기억 능력의 변화를 추적하는 연구로, 2022년에 시작되어 약 7년 주기로 참가자들을 재조사하고 있다. 이 연구는 타우 PET 스캔을 활용하여 뇌의 타우 단백질 축적을 관찰하고, 기억력과 뇌 건강의 변화를 추적한다. 연구 결과, 중년 이후에도 경험 기반의 지혜로운 선택 능력은 향상되며, 이는 경험적 지식과 사회적 상호작용을 통해 뇌가 재구성되고 있음을 알려주고 있다.

이러한 연구들은 중년 이후 뇌가 단순히 쇠퇴하는 것이 아니라 경험과 사회적 관계를 통해 지혜와 통찰력이 향상되는 시기임을 강조한다. 따라서 중년의 뇌는 '경험의 데이터베이스'를 기반으로 더 깊고 넓은 사고를 가능하게 하며, 언어 능력, 문제 해결력, 사회적 판단력, 통찰력 같은 영역에서 오히려 성숙해진다는 것이다. 즉, 젊은 시절의 뇌가 속도와 민첩성에서 강점을 보였다면, 중년의 뇌는 경험과 지혜를 바탕으로 더 깊고 균형 잡힌 사고를 가능하게 한다는 것을 보여준다.

중년의 뇌에 대한 편견을 깨트린 대규모 성인인지 발달연구가 바로 '시애틀 종단연구'(Seattle Longitudinal Study)다. 펜실베이니아 주립대학교의 심리학자인 셰리 윌리스(Sherry Willis)와 남편 워너 샤이(K. Warner Schaie)가 진행한 이 종단연구는 1956년 시작되어 40년 이상 6천 명의 성인을 추적한 연구로, 20-90세 건강한 남녀를 대상으로 7년마다 반복해서 다음의 능력들에 대해 조사했다.

- **어휘력 :** 말을 구사하는 능력
- **단어기억력 :** 단어를 기억하는 능력
- **계산능력 :** 숫자를 계산하는 능력
- **공간정향력 :** 도형과 공간 인식 능력
- **지각-반응속도 :** 특정 신호를 인지(지각)하는 속도
- **귀납추리력 :** 정보를 분석하여 결론을 찾는 추론 능력

어휘력은 얼마나 많은 단어를 이해하며 그것과 비슷한 동의어

를 얼마나 많이 아는지를 통해 살폈다. 단어기억력은 얼마나 많은 단어를 기억하는지를, 계산력은 사칙연산을 얼마나 빠른 속도로 할 수 있는지를 측정하여 살폈다. 공간정향력은 어떤 도형이나 사물을 회전시키거나 뒤집었을 때 모습을 보고 원래 모습을 알아맞힐 수 있는지를 통해 살폈다. 지각-반응속도는 특정 신호가 나타났을 때 얼마나 빨리 버튼을 누를 수 있는지, 귀납추리력은 주어진 정보와 자료에서 얼마나 논리적으로 결과를 추론할 수 있는지를 통해 살폈다.

과연 사람의 일생에서 개인의 인지능력은 언제 가장 정점에 오르며, 그 기능이 감퇴하는 건 언제부터일까? '시애틀 종단연구'에서 제시한 연령별 인지능력 결과 그래프를 보면, 기존 예측대로 25세에 정점에 이르렀다가 나이가 들수록 가파르게 떨어지는 인지능력이 있는데, 그것이 바로 지각-반응속도와 계산능력이다. 주어진 정보에 민첩하게 대응하는 능력과 숫자를 계산하는 능력은 역시나 젊었을 때 가장 뛰어났다.

그런데 이 결과에서 흥미로운 점은 나머지 네 가지 능력이다. 어휘력, 공간정향력, 단어기억력, 귀납추리력은 50대까지도 완만하게 증가하는 경향을 보였다. 종단연구 결과, 실제로 이 네 항목에 대해서는 참가자 대부분이 20대의 수치보다 45세에서 60세일 때, 즉 흔히 말하는 '중년'이 됐을 때 더 높은 점수를 기록했다. 이것은 청년기 이후 중년에 이르기까지 여러 인지능력이 계속해서 발달할 수 있음을 보여주는 증거다.

이 연구는 나이 든 뇌가 모든 기능이 퇴화된다는 고정관념을 깨고, 오히려 살아온 시간과 경험의 축적으로 인해 더 깊고 균형 잡힌 사고를 할 수 있다고 말해준다. 시애틀 종단연구를 비롯한 장기간 추적 연구들은, 속도나 계산능력은 젊은 시절에 비해 감소할 수 있지만, 어휘력, 기억력, 공간정향력, 귀납적 추리력 등 많은 인지능력은 중년 이후에도 유지되거나 향상될 수 있음을 보여준다. 이러한 능력의 배경에는 중년이 쌓아온 인지적 비축분이 자리한다. 즉, 오랜 경험을 통해 축적한 지식과 판단 능력이 단순한 정보 처리 속도를 넘어 문제를 종합적으로 분석하고 창의적으로 해결하는 힘으로 발휘된다는 것이다. 또한 중년의 뇌는 다양한 사회적 관계망과 안정적인 정서의 기반 속에서 통찰력과 지혜를 더욱 강화할 수 있다.

결국 중년은 젊은 시절의 민첩성과 속도에 비견될 수 없는 더 소중한 삶의 경험을 토대로 사고력을 확장하고 성숙한 판단을 내릴 수 있는 황금 같은 시기이다. 그리하여 중년의 뇌는 살아온 세월 속에서 숙성된 지혜와 통찰을 통해 더 영리해질 수 있다.

성장이 끝난 뇌의 회로 바꾸기

새로운 무언가를 배우는 일은 언제나 힘겨운 도전이다. 그러나 그 도전이 바로 뇌를 새롭게 연결하는 과정이 된다. 나이가 들어도 배우기를 힘써야 하는 이유는 뇌가 성장하고 변화하는 과정에서 뉴런과 뉴런의 접합부인 시냅스가 사용되지 않으면 사라지고, 활동 없이 그대로 두면 연결이 이루어지지 않아 퇴화하기 때문이다. 그래서 중년의 뇌는 쓰거나 없어지거나, 둘 중에 하나라고 볼 수 있다.

나이가 들어 새로 배우는 것이 어려운 이유는 뇌 자체가 바뀌지 않아서가 아니라 좌절을 버틸 인내심이 부족하기 때문이다. 이것은 마인드셋(mindset)의 문제다. 마인드셋이란 사람이 어떤 상황을 바라보고 해석하며 행동하는 사고방식이나 마음가짐을 뜻한다. 이것은 무엇이 가능한지, 어떻게 행동할지 결정하는 내적인 틀이다.

고정형 마인드셋은 자신의 능력, 성격, 지능이 타고난 채 바뀌지 않는다고 믿고서, 실패를 두려워하거나 도전을 피하는 경향을 말한다. 반면 성장형 마인드셋은 노력과 학습을 통해 성장하고 발전시킬 수 있다고 믿는 것이다. 따라서 실패를 학습의 기회로 보고 도전을 적극적으로 받아들인다. 미국의 심리학자 케럴 드웩(Carol Dweck)은 "자신을 어떻게 생각하느냐에 따라 앞으로의 삶이 달라진다"라고 말하며, 성장형 마인드셋이 중년 이후 삶의 질과 뇌 건강에 결정적 영향을 미친다고 지적한다.

최근의 뇌과학은 중년의 뇌가 단순히 쇠퇴하는 기관이 아니라 오히려 새로운 방식으로 성숙하는 전환점이라는 놀라운 소식을 전한다. 스웨덴 연구팀(P. Svenningsson 외, 2024)에 따르면, 중년기에 접어들면서 기억을 담당하는 해마의 부피가 조금 줄어들기도 하지만, 뇌가 여러 영역을 더 넓게 연결하며 정보를 처리하는 방식이 달라진다. 그래서 속도는 조금 느려질지 모르지만, 맥락을 파악하고 지혜롭게 판단하는 능력은 더 강해진다고 밝혔다.

마음의 상태 또한 뇌 건강에 큰 영향을 미친다. 영국의 장기 추적 연구(M. Duggan 외, 2024)에 따르면, 삶의 만족감과 행복감이 높은 중년일수록 기억력이 더 오래 유지된다고 한다. 뇌가 단순히 신경세포로만 작동하지 않고 정서와 태도에 의해 크게 좌우되기 때문에, 우울감을 느껴도 마음이 긍정적이고 삶에 대한 만족이 크면 기억력 저하가 덜하다는 것이다.

생활 습관 역시 뇌의 힘을 지키는 중요한 열쇠다. 호주 연구팀(V. Valenzuela 외, 2023)은 40~50대 성인을 대상으로 조사한 결과, 독서, 여가 활동, 새로운 학습, 사람들과의 교류 등 다양한 활동을 활발히 하는 사람들이 뇌의 인지적 비축분을 더 많이 쌓는다는 사실을 밝혀냈다. 이는 마치 예비 배터리를 준비해두는 것과 같아서, 뇌에 작은 손상이 오더라도 쉽게 무너지지 않고 기능을 유지할 수 있다. 이처럼 최근 연구 결과를 통해, 뇌는 중년 이후에도 계속 성장하고 발전할 수 있으며, 경험과 학습, 반복적인 활동을 통해 신경망을 강화할 수 있다는 사실이 밝혀지고 있다.

2023년 4월, KBS 뉴스에 소개된 프랑스의 피아니스트 콜레트 메이즈(1914-2023)의 삶이 대표적인 예다. 1914년 태어난 그녀는 다섯 살 때부터 피아노를 연주했고, 100년이 넘도록 피아노 앞에 앉았다. 2001년에 첫 음반을 발매한 뒤, 그녀가 108세가 되던 2023년에 7집 앨범 '피아노와 108년'을 발표했다. 슈만과 드뷔시 등 낭만주의 작곡가의 음악을 사랑했던 그녀는 "아침에 카페오레를 마시는 것처럼 음악은 내 영혼과 마음의 양식"이라고 말하곤 했다.

콜레트 메이즈의 삶은 중년 이후 뇌의 특징을 극명하게 보여준다. 평생 매일 몇 시간씩 피아노를 연주하면서 자신의 신체와 뇌를 꾸준히 자극함으로써 뇌 가소성을 극대화했고, 반복적인 연습과 음악적 경험을 통해 인지적 비축분을 축적한 것이다.

피아노라는 활동은 단순한 취미가 아니라 삶의 활력으로 작용하며, 뇌가 새로운 회로를 만들고 기존 회로를 강화하는 과정을 수십 년 동안 지속하도록 만들었다. 또한 음악을 연주하면서 두 손과 두 반구를 동시에 활용하는 과정은 양측편재화를 자연스럽게 촉진하였다.

108세까지 건강하게 연주를 이어간 그녀의 삶은 뇌가 단순히 나이와 함께 쇠퇴하는 것이 아님을 보여준다. 나이가 들어도 경험과 반복적인 활동, 그리고 집중적인 학습을 통해 뇌는 여전히 성장하고, 최적의 상태로 사고와 감각을 발휘할 수 있다. 그녀가 피아노와 함께한 삶은 중년 이후에도 뇌가 놀랍도록 유능하고 재주가 많다는 사실을 여실히 증명한다. 108세의 피아니스트는 아침마다 피아노 연습을 하면서 이렇게 말했다고 한다.

"피아노는 마치 친구와 같습니다. 저는 항상 피아노의 존재를 느껴야 하고 소리를 들어야 해요. 기력을 다해서 건반을 누를 수 없는 날이 올 때까지 연주를 포기하지 않는 것, 그게 저의 꿈이랍니다."

09

중년의 지능은 팔방미인이다

⚘ 머리가 좋다는 것

“우리 애가 머리는 좋은데 노력을 안 해요”

많은 부모들이 이런 말로 공부 안 하는 자녀에 대한 아쉬운 마음을 토로하곤 한다. 사실 공부를 안 하는 이유는 다양하다. 게으르다, 흥미가 없다, 지겨워한다, 이해력이 부족하다 등의 실제적인 이유가 있음에도 불구하고, 일단 아이가 머리가 좋다는 것은 학습에 대한 기본 능력이 있다는 것이다. 그렇기 때문에 언제든 정신만 차리면 공부를 할 거라고 믿고 싶은 부모들에게 조금의 위안이 되기도 한다. 이렇게 '머리가 좋다'라는 말은 그 사람의 능력을 평가하는 자연스러운 기준이 된다.

우리는 "저 사람은 머리가 좋은가 봐", "나는 원래 수학 머리가 없어" 하는 식의 말을 일상에서 자주 한다. 또한 머리가 좋으면 일반적으로 지능이 높다고 생각한다. 지능이 학업 성취나 직업 선택, 사회적 성공과도 직결된다고 믿는다. 따라서 사람들은 자연스럽게 지능을 중요하게 여겨왔다. 특히 20세기 초에 지능 연구가 본격적으로 시작되면서, 지능이 곧 '사람의 능력과 가능성을 가늠하는 잣대'로 자리 잡았다. 당시에는 지능이 선천적으로 타고난다는 생각이 지배적이었다. 다시 말해, 지능은 유전적으로 결정되며, 일생 동안 거의 변하지 않는 속성으로 여겨진 것이다. 그러다 보니 환경과 후천적인 노력의 가치를 크게 보지 않았고, 어린 시절 한 번의 검사로 얻은 IQ 점수를 평생 자신의 지적 능력의 척도라고 믿었다. 또한 지능을 머리의 좋고 나쁨과 동일하게 보고, 똑똑함, 영리함과 같은 단순한 개념으로 이해했다. 그러나 지능에 대한 이러한 관점은 인간이 보여주는 다양한 재능과 삶의 변화를 설명하기에는 턱없이 부족한 시각이었다. 우리는 살아가면서 새로운 기술을 배우고, 경험을 통해 더 지혜로워지고, 때로는 예상치 못한 영역에서 능력을 발휘하기도 한다.

그렇다면 지능은 정말로 타고난 유전자의 한계에만 묶여 있는 것일까? 아니면, 지능도 환경과 경험 속에서 자라나고 변화할 수 있는 것일까? 이 질문은 이후 지능 연구에 대한 다양한 관점을 열어주었고, 다중지능 이론이나 정서지능 개념이 등장하는 배경이 되었다.

지능이란 무엇인가

우리는 '지능'이라는 말을 일상에서 너무 자주, 너무 쉽게 써왔다. 그러나 엄밀히 말하면 지능을 한 가지로 정의하기는 어렵다. 학자들은 지능을 '문제를 인식하고 해결하는 능력', '환경에 적응하고 새로운 상황을 만들어내는 능력', '학습과 경험을 통해 지식을 축적하는 능력' 등 여러 방식으로 설명한다. 중요한 점은 지능이 한 번 정해진 상태로 머물러 있는 것이 아니라, 나이, 경험, 교육, 사회적 맥락, 정서 상태 등에 의해 변화될 수 있다는 것이다.

지능 연구는 20세기 초부터 활발해졌다. 이후에는 서로 다른 관점에서 지능을 정의하고 측정하게 되었다.

- 스피어먼(Spearman)은 지능의 공통 요소, 즉 다양한 인지 과제들에서 나타나는 공통분모를 '일반지능'(g)이라고 불렀다. 이것을 간단히 말하면, 어떤 사람이 수학 문제, 어휘 문제, 추리 문제에서 모두 높은 성과를 보인다면 그 배경에 g가 흐르고 있다는 설명이다. g이론은 지능을 하나의 중심 능력으로 보는 관점으로, 인간이 발휘하는 다양한 재능(예 : 음악, 운동, 대인관계)을 설명하기 어렵다는 한계가 있다.
- 서스턴(Thurstone)은 지능을 여러 개의 '일차적 정신 능력'(primary mental abilities)으로 보았다. 예를 들어 어휘력, 수리력, 공간 지각력

등 독립적인 능력군으로 나눈 것이다. 이 시각은 '지능도 여러 갈래'라는 생각을 확장하는 데 기여했다.

- 카텔(Cattell)과 혼(Horn)은 지능을 두 가지 큰 범주로 나누었다. '유동성 지능'은 새로운 문제를 풀고 빠르게 사고하는 능력으로, 나이가 들면 상대적으로 감소하기 쉽다. 반면 '결정화 지능'은 경험과 학습을 통해 쌓인 지식과 숙련으로, 중년 이후에도 유지되거나 증가하는 경향이 있다. 이 구분은 연령과 지능의 변화를 이해하는 데 특히 유용하다.
- 스턴버그(Sternberg)는 지능을 학업적 과제를 해결하는 능력(전통적 IQ와 가까운 능력 개념), 새로운 상황에서 독창적으로 문제를 해결하는 능력, 일상생활과 직장에서 실제로 효과적으로 행동하는 능력으로 보았다. 지능이 단순한 시험 점수가 아니라, 실제 생활에서의 적응력과 문제 해결력에 깊이 연결되어 있음을 강조한다.
- 가드너(Howard Gardner)는 전통적인 지능 개념이 지나치게 좁다고 보고, 인간이 발휘하는 여러 종류의 지능을 제안했다. 가드너의 핵심 주장은 사람이 '서로 다른 방식으로 똑똑하다'는 것이다. 다중지능이론은 교육과 상담과 직업 선택에서 개인의 다양한 강점의 발휘를 중요시한다.
- 정서지능(Emotional Intelligence)은 감정의 인식, 이해, 조절, 활용 능력을 뜻한다. 메이어와 살로베이가 처음 정의했고, 이후 대중화되면서 직장과 대인관계에서의 성공을 설명하는 데서 중요한 변수로 다뤄졌다. 특히 중년기는 감정 조절과 대인관계의 기술이 삶의 질에 큰

영향을 미치므로, 정서지능이 실용적 관점에서 매우 중요한 지능으로 다뤄진다.

IQ의 함정

IQ(지능지수) 검사는 처음엔 아동의 학습 능력과 교육 필요를 파악하기 위해 개발되었다. 지능지수, 흔히 IQ(intelligence quotient)라고 부르는 것은 '어떤 사람이 같은 연령대의 사람들에 비해 얼마나 잘하는가'를 수치로 표현한 것이다.

지능검사는 프랑스에서 처음 시작되었다. 1880년 프랑스 정부는 모든 아이가 학교에 다닐 수 있도록 의무교육을 시행했다. 같은 연령의 아이 중에 똑똑한 아이가 있는가 하면 학습이 부진한 아이가 있어서, 교사들이 제대로 이해하지 못하는 학생을 찾아 보살펴야 했다. 1904년 프랑스 파리의 시장과 시의회 의원들이 당시 뛰어난 심리학자 알프레드 비네(Alfred Binet)에게 학습 부진을 겪고 있는 아이들을 판별하여 보충수업을 시키려는 목적으로 학습 능력을 예측할 수 있는 측정 도구를 만들어 달라고 요청했다. 이렇게 해서 고안한 측정 도구인 '지능검사'에서 지능지수(IQ)가 산출된 것이다. 그리하여 '얼마나 영리한가?'라는 추상적인 논의와 직관적인 평가가 측정 가능한 IQ로 설명되기 시작했고, 이때부터 지능이 수량화되기 시작하였다. 신체적 성장을 키와 몸무게로 측정하는 것처럼 정신적인 능력을 IQ로 측정하게 된 것이다.

그러나 주로 언어 수학능력을 기준으로 모든 사람을 한 줄로 정렬시킬 수 있게 되면서, 발달이 느린 아이들을 돕기 위해 만들어진 검사가 오히려 지능이 뛰어난 사람을 걸러내는 도구로 사용되었다. 결과적으로 차별이 생기게 되었다. 우월한 지능을 가진 사람은 다른 능력도 뛰어날 거라는 편향된 생각을 확산시켰다. 지능검사가 남용되어 인간을 차별하고 인권을 침해하는 도구로 전락되기도 했다. 최고의 성적을 올린 가장 똑똑한 학생이 인생에서도 가장 성공할 것이라는 가정 하에 지능에 의해 인간을 위계화하고, 학업성적, 인간의 성공, 사회계층, 신분 결정의 척도로 보게 된 것이다.

IQ는 학교의 교과목을 수행할 수 있는 능력, 논리력, 언어력 등의 인지능력만을 강조하고, 현실 세계에서의 문제 해결 능력을 가늠하는 것과는 거리가 있다. IQ는 특정 시점에서의 언어 이해력, 논리 추리력, 작업기억, 처리속도 등 인지능력의 상대적 수준과 학업성취나 특정 직업 수행에서 예측력이 있는 반면, 창의성, 실용적 문제 해결, 대인관계 능력, 동기, 성실성, 가치관, 삶의 지혜를 측정할 수는 없다.

중년기는 삶의 경험과 사회적 기술, 정서적 성숙이 극대화되는 시기이다. IQ 점수 하나로 중년 개인의 삶 전체를 판단할 수는 없다. 젊은 시절에는 빠른 문제 해결력이 중요한 순간들이 있었다면, 중년에는 풍부한 경험과 다양한 지식이 더 중요한 힘을 발휘하는 일이 많다. 예를 들어 직장에서 복잡한 인간관계를 관리하거나, 인생의 중요한 결정을 내리거나 가정과 직업을 균형 있게 조정하는 능력에서는 단순히 빠른 사고력보다 경험과 통찰이 더 큰 역할을 한다.

다중지능의 관점은 중년의 재능을 재배치하고 성장의 가능성을 예측해 볼 수 있다. 한 사람이 학창 시절에는 논리 · 수학 능력이 뛰어났어도, 중년 이후에는 대인관계 능력, 음악적 취미, 자연과의 교감 등 다른 지능 영역에서 능력을 발휘할 수도 있다. 뇌는 완전히 고정된 기계가 아니기 때문에 학습과 훈련을 통해 새로운 능력이 계발되기도 한다. 또한 지능은 단일한 '값'이 아니라 여러 형태로 존재하며, 삶의 맥락과 함께 다르게 적용된다.

중년은 삶을 재구성하는 시기다. 우리가 가진 다양한 '지능의 팔레트'를 이해하면 중년의 뇌를 새롭게 설계하고 삶의 구도를 다시 배치할 수 있는 실마리를 찾게 될 것이다.

모든 것을 잘하기보다 나답게 빛나는 일

앞서 말한 것처럼, 우리는 흔히 지능이라고 하면 시험 성적이나 IQ 점수를 떠올린다. 비네 시대의 관점으로 보면, 인간의 머릿속에 마치 컴퓨터 한 대가 들어 있는 것과 같다고 가정하여, 하나의 영역에서 뛰어난 사람은 다른 영역에서도 잘할 거라고 생각했다. 반대로 하나에서 부족하면 다른 영역에서도 그렇다고 여겼다. 즉, '하나를 잘하는 사람은 모든 것을 잘하고, 하나를 못 하는 사람은 무엇을 해도 못 한다'라는 인식이 지배적이었다.

하지만 우리는 일상에서 이 가정이 얼마나 잘못된 것인지를 안다. 예를 들어, 세계적인 축구선수 손흥민의 뛰어난 경기 감각을 IQ 점수로 설명할 수 있을까? 수학을 잘하는 사람이 반드시 음악에도 재능이 있다거나, 뛰어난 운동선수가 영어까지 잘한다는 보장은 없다. 인간의 능력은 하나의 단일 지능으로 설명되기에는 너무나 복합적이고 다채롭다. 이 한계를 뛰어넘어 지능을 설명한 사람이 바로 하버드대학교의 심리학자 하워드 가드너(Howard Gardner, 1943~)다. 최근에 신경계와 관련된 과학적 데이터가 축적되어 두뇌작용에 대한 과학적 연구가 활발하게 이루어졌고, 그 연구의 결실이 바로 다중지능이론(Multiple Intelligences Theory)으로 나왔다. 그는 기존의 문화가 지능을 너무 좁게 해석하고 있으며, 단일한 능력이 아니라 다수의 능력이 인간의 지능을 구성하고 있다고 주장한다.

다중지능은 우리의 머릿속에 마치 여러 대의 컴퓨터가 들어 있는 것과 같다고 보는 것이다. 한 컴퓨터가 잘 작동한다고 해서 다른 컴퓨터도 똑같이 뛰어날 필요가 없는 것처럼, 한 영역의 지능이 탁월하다고 해서 다른 지능도 자동으로 높을 것이라고 예측할 수 없다는 것이다. 다중지능이론은 인간이 서로 독립적인 여러 지능을 가지고 있으며, 그 조합이 사람마다 다르다는 사실을 밝혀낸 것이다. 어떤 이는 언어지능이, 어떤 이는 음악지능이,

또 다른 이는 신체운동지능이 두드러질 수 있는 것이다.

비네 시대에 없었던 인지과학과 신경과학의 발전, 그리고 마음에 대한 다원론적인 견해는 다중지능이론의 토대가 되었다. 이렇게 다중지능이론은 우리에게 새로운 가능성을 깨닫게 해준다. 높은 IQ 점수를 받지 못했더라도 다른 영역에서 빛나는 재능을 발휘할 수 있다. 언어와 수학적 논리만으로는 인간의 모든 능력을 결코 설명할 수 없다. 오히려 인간은 상대적으로 독특한 여러 지능을 동시에 소유한 존재이며, 이 다양한 지능이 삶 속에서 균형 있게 발휘될 때 비로소 행복과 성취를 경험하는 것이다.

나는 저마다의 재능과 달란트를 발휘하며 곳곳에서 자기다운 삶을 살아가는 사람들을 보면 참 멋지다고 생각한다. 학창 시절에는 공부를 못했어도 일류 헤어디자이너가 되어 명성을 떨치는 사람을 만난 적이 있다. 그녀의 당당하고 기품 있던 모습이 아직도 기억에 선하다. 타고난 운동 능력으로 기량을 발휘하여 스포츠 관련분야의 전문가로 성공한 사람도 있었다. 어려서부터 교회 반주자로 봉사하다 피아노를 전공하여 대학교수가 된 피아니스트는 유튜브를 통해 자신의 연주를 사람들과 공유했다. 직장생활에 지쳐 다른 길을 찾던 패션 디자이너가 푸드 스타일리스트가 되어 즐겁게 제2의 인생을 사는 경우도 보았다. 그들은 모두 남들과 다른 길을 걷는 것을 두려워하지 않았고, 오히려 자신에게 맞는 옷을 입고 자기답게 사는 삶을 즐기면서 행복해했다.

'팔방미인'이라는 말이 있다. 어디서나 두루 능하고, 여러 방면에서 고루 잘하는 사람을 가리킨다. 우리는 학교나 직장, 혹은 인간관계 속에서 그런 사람을 부러워한다. 언제나 매사에 성실하며 말도 잘하고, 감정 표현도 능숙하며 일까지 잘 해내는 사람이다. 그런 사람을 보면 감탄이 나오고 부럽기까지 하다. 하지만 일본에서는 이 말이 '모두에게 잘 보이려는 사람, 한쪽에 깊이 뿌리내리지 못하고 상황에 따라 달라지는 사람'이라는 부정적인 뉘앙스가 담겨 있다고 한다. 우리나라에서는 다재다능하고 능력 있는 사람을 뜻하는 이 말이 일본에서는 한쪽에 집중하지 못하고 얕게 아는 사람으로 통한다니, 문화의 차이에 따라 관점이 이렇게 다르구나 싶다.

언뜻 보면 사소한 언어의 차이 같지만, 그 속에는 '능력'과 '정체성'을 바라보는 문화적 차이가 숨어 있다. 한국의 팔방미인은 다재다능함을, 일본의 팔방미인은 일관성과 집중을 강조한다. 그러나 나는 이 두 극단의 사이에서 '각자의 능력을 있는 그대로 발휘하는 것'의 가치를 말하고 싶다.

하워드 가드너는 지능을 여덟 가지로 설명한다. 언어지능, 논리·수학지능, 음악지능, 신체·운동지능, 공간지능, 인간친화지능, 자기성찰지능, 자연친화지능 등이다. 가드너의 다중지능이론은 인간의 지능을 단 하나의 잣대로 평가하지 않았다. 사람마다 고유한 조합으로 주어진 지능이 있으며, 그 각각이 세상을 이해하고 표현하는 방식이라고 말한다. 모두가 다재다능해야 한다는 이야기가 아니라 내 안에 이미 주어진 지능의 형태를 인식하고, 그것을 잘 발휘하는 것을 말한다. 어떤 사람은 말을 잘하고, 어떤 사람은 사람의 마음을 잘 읽고, 또 어떤 사람은 조용히 자신을 성찰하며 그만의 방식으로 세상에 기여한다. 그러므로 우리는 다중지능을 "모든 것을 다 잘할 수 있다"라는 낙관적 기대가 아니라, "누구나 다르게 잘할 수 있다"는 존중의 관점으로 이해할 수 있다.

진정한 팔방미인이란 모든 방면에서 뛰어난 사람이 아니라, 자신의 방향을 알고 그 방향으로 빛을 내는 사람일 것이다. 어디에 두어도 반짝이는 사람이 아니라, 자신이 선 자리에서 가장 자기답게 빛나는 사람일 것이다. 그것이 다중지능이 말하는 '지혜로운 팔방미인'의 모습일 것이다.

중년의 여덟 가지 지능

다중지능이론은 인간의 지능을 단순한 하나의 능력이 아니라 다채로운 여덟 가지 지능의 집합으로 말한다. 각 개인은 서로 다른 지능의 조합을 지니고 있으며, 삶의 맥락에 따라 이를 발휘할 수 있다. 이는 IQ 중심의 협소한 지능관을 넘어 인간 능력의 다양성과 잠재력을 드러내는 새로운 패러다임이라고 할 수 있다.

당신 안에 숨겨진 잠재적인 능력은 무엇이 있을까?

① '언어지능'은 말과 글을 다루는 능력이다. 시인, 소설가, 연설가, 교사

와 같이 언어를 통해 사고와 감정을 표현하는 이들에게서 두드러진다. 이 지능은 읽고 쓰는 능력뿐 아니라 스토리텔링과 설득, 타인과의 소통에서도 중요한 역할을 한다. 중년에 이르면 삶의 경험과 성찰이 언어적 표현에 깊이를 더해 보다 성숙한 소통을 가능하게 한다.

② '논리·수학지능'은 수와 추론을 통해 문제를 해결하는 능력이다. 수학자, 과학자, 프로그래머가 대표적 예에 해당한다. 이 지능은 분석적 사고와 패턴 인식에 기반하며, 체계적 문제 해결에 강점을 보인다. 중년기에는 일상의 재정 관리, 전략적 판단, 문제 해결 과정에서 발휘된다.

③ '음악지능'은 리듬, 멜로디, 음색을 인지하고 창조하는 능력이다. 작곡가, 연주자, 가수에게서 뚜렷하게 드러난다. 이 지능은 단순한 예술적 활동을 넘어 정서적 안정과 감정 표현에 큰 역할을 한다. 중년 이후 음악 활동은 뇌를 자극하며, 삶에 활력을 불어넣는 중요한 요소가 된다.

④ '신체·운동지능'은 몸을 통해 생각과 감정을 표현하고, 도구를 능숙하게 다루는 능력이다. 운동선수, 무용가, 장인, 외과 의사에게서 두드러진다. 중년에 체력은 다소 감소할 수 있으나, 오랜 훈련과 경험에서 비롯된 숙련도는 오히려 더 높은 가치를 지닌다.

⑤ '공간지능'은 사물을 시각화하고 공간을 조작하는 능력이다. 건축가, 디자이너, 화가, 항해사에게 필수적이다. 이 지능은 시각적 상상력과 방향 감각, 형태 이해를 포함한다. 중년 이후에도 공간적 사고는 여전히 유지되며, 여행 계획이나 생활환경을 창의적으로 꾸미는 데 기여한다.

⑥ '인간친화지능'은 타인의 감정을 이해하고 효과적으로 소통하는 능력이다. 상담가, 교사, 정치가, 리더에게서 두드러진다. 공감과 협력, 갈등 조정 능력과 깊이 연결된다. 중년은 다양한 인간관계를 경험하며, 이 지능이 더욱 성숙해지는 시기다.

⑦ '자기성찰지능'은 자기 자신을 이해하고 내면을 성찰하는 능력이다. 철학자, 심리학자, 영적 지도자가 대표적이다. 이 지능은 자아 인식과 자기 조절, 삶의 방향 설정에 중요하다. 중년은 인생의 의미와 정체성을 재정립하는 시기로, 자기성찰지능이 크게 확장될 수 있다.

⑧ '자연친화지능'은 자연을 관찰하고 분류하며 그 속에서 의미를 발견하는 능력이다. 농부, 생물학자, 환경운동가에게서 잘 나타난다. 이는 인간이 자연과 맺는 관계를 이해하는 능력으로, 생태적 감수성과도 연결된다. 중년 이후 자연 속에서 위로와 치유를 경험하는 것은 이 지능의 발현이라고 할 수 있다.

교회의 중년 부부 모임에서 다중지능을 검사하고 결과를 해석해준 적이 있다. 학창 시절에 검사했던 IQ를 자신의 능력이라고 믿고 수십 년을 살아온 중년들은 다중지능검사를 참으로 신기하게 생각했다.

평생 군인으로 복무하다 전역한 중년남성의 프로파일에서는 공간지능이 거의 만점에 가깝게 나왔다. 그는 군에서 주변의 지형과 지도를 분석하고 전술과 전략을 수립하는 업무를 탁월하게 수행하여 인정받았던 장교였다. 전역하여 교회에서 리더로 봉사하면서, 수련회나 야유회를 기획하고 인솔하는 일을 늘 기쁘게 감당했다. 그의 탁월한 공간지능이 프로파일을 통해 확인되는 순간, 그는 유레카를 외치며 즐거워했다. 그동안 살아온 궤적을 구체적인 데이터로 확인하여 자신의 능력을 객관적으로 알게 되었기 때문이다.

오랫동안 IT 회사에서 개발자로 일했던 중년남성은 다른 지능에 비해 음악지능이 상당히 높게 나와 주변 사람을 놀라게 했다. 유치원을 운영하는 그의 아내 역시 음악지능이 상당히 높게 나왔다. 그들이 평상시 잉꼬부부로 잘 지냈던 이유가 서로 음악지능으로 소통하고 공감했던 결과가 아니었을까 싶었다.

교회 중년 리더의 대부분은 자신의 고유한 독립지능과 함께 인간친화지능과 자기성찰지능이 비교적 높은 수준이었다. 오랫동안 신앙 안에서 자신을 돌아보며 사람들을 섬기는 노력들이 쌓여 이루어진 결과였을 것이다. 그날 자기도 모르던 숨은 능력을 발견한 중년들은 마치 아이처럼 들떠 행복해했다.

중년은 인간 친화적 환경 속에서 주변의 사람들과 좋은 관계를 맺으며 살아가는 것이 어느 때보다 중요한 시기다. 그런 점에서, 중년의 여덟 가지 지능 가운데 중년에 빛을 더 발하는 지능이 세 가지 있다. 인간친화지능, 자기성찰지능, 자연친화지능이다. 젊을 때는 현실적 목표를 이루기 위한 실제적인 지능이 더 요구되지만, 인생의 진지한 물음 앞에 선 중년의 시간은 삶의 의미를 찾기 위한 내적 차원의 능력이 더 중요해지기 때문이다.

인간친화지능이 뛰어난 중년은 타인의 감정과 행동을 이해하고 파악하는 능력을 통해 가족과 친구와 이웃과 잘 어울리고 행복한 관계를 맺을 수 있다. 논리 · 수학지능으로 잘 살아온 중년의 수학자가 인간친화지능을 힘써 발휘하게 되면 주변 사람들과 교류하며 더 잘 지낼 수 있게 될 것이다.

자기성찰지능이 높다는 것은 자신을 잘 이해한다는 것이다. 자기의 장점과 단점을 알고 기분, 기질, 욕구를 이해하기 때문에 자기를 통제하고 관리할 수 있다. 그런 점에서 음악지능이 뛰어난 중년의 연주자가 자기성찰지능으로 깊이를 더하면 내면의 울림을 자아내는 선율로 더 큰 감동을 선사할 것이다. 이런 중년이 많다면 세상은 얼마나 안정되고 온화하며 평안할까?

자연친화지능은 일과 성공에 매달려 젊음을 소진한 중년의 마음에 산소를 공급할 것이다. "남편이 나이가 들더니 언제부턴가 길을 가다가 꽃만 보면 사진을 찍어요"라던 중년여성의 말을 듣고 같이 웃은 적이 있다. 중년남성들이 '나는 자연인이다'에 열광하는 이유가 무엇일까? 나이가 들면 인간은 자연의 품에 안기고픈 귀소본능이 발동되는가 보다. 복잡하고 답답한 도시를 떠나 한적한 오솔길을 걸으며 산그늘 아래서 쉬고 싶은 마음이 드는 것이다. 중년의 마음을 파고드는 정체를 알 수 없는 감정의 일종이다. 창조주의 품 안에서 마냥 쉬고 싶은 피곤한 중년의 마음은 너무나 자연스러워 애처롭기까지 하다.

어찌 보면 인간친화지능, 자기성찰지능, 자연친화지능이야말로 인생의 시간이 갈수록 깊이를 더해가는 중년의 진정한 능력이 아닐까? 중년의 원숙함과 깊이를 더해주는 이 세 가지 지능을 더 소중히 갈고 닦으면 좋겠다. 사람들과 어우러져 따스한 온기를 나누고, 자연의 넉넉한 품에서 배우고 깨달은 겸손함으로 자신을 성찰하는 중년, 이 얼마나 멋지고 아름다운가. 이렇게 자신 안에 있는 여러 지능을 조화롭게 발휘하며 사는 중년은 다채로운 색이 어우러진 한 폭의 풍경화처럼 그윽한 아름다움을 자아낼 것이다.

10

끝까지 하나님을 놓지 않으면

재능보다 큰 힘

우리는 성공한 사람들을 보면 흔히 머리가 남다르거나 환경이 좋아서, 혹은 운이 따라주어 그 자리에 올랐다고 생각한다. 하지만 자세히 들여다보면 그게 전부가 아님을 알게 된다. 어떤 사람은 어려운 환경 속에서도 자신이 원하는 길을 끝까지 걸어간다. 매일 반복되는 업무를 묵묵히 이어가고, 지치고 넘어져도 다시 일어나며, 작은 목표라도 꾸준히 지켜나간다. 눈에 띄는 성과가 없더라도 이런 '조용한 버팀'이 결국 삶을 지탱하는 힘이 되는 것이다. 중년의 삶을 돌아보면 우리에게도 이런 힘은 이미 있다. 직장에서 맡은 일을 꾸준히 해내고, 자기 삶을 지키기 위해 작은 습관을 이어가며, 지쳐도 다시 일어나 매일의 생활을 지속해가는 힘이다. 이 평범한 하루하루 속에서, 우리는 보이지 않지만 강한 능력을 길러왔다.

분야에 상관없이 성공한 사람들에게서 보이는 특별한 공통점이 있다고 한다. 놀라울 만큼 회복력이 강하고 근면하다는 점, 그리고 자신이 원하는 바가 무엇인지 깊이 이해하고 있다는 점이다. 그들은 방향을 알고 있었고, 결단력이 있었으며, 무엇보다도 열정과 결합된 끈기를 가지고 있었다. 똑같은 환경, 똑같은 조건에서 어떤 사람은 탁월한 성취를 이루고, 또 어떤 사람은 그저 그런 자리에 머문다. 심지어 특별한 재능도 좋은 배경도 없이 열악한 상황에서 출발했음에도 불구하고 크게 성공한 사람들이 있다. 그 차이를 만든 것은 머리나 환경이 아니라 끝까지 나아가는 힘이었다.

이런 힘에 주목한 사람이 펜실베니아대학 심리학과 교수 앤절라 더크워스(Angela Duckworth)였다. 세계적인 경영컨설팅 회사 맥킨지 컴퍼니에서 처음 직장 생활을 시작했던 그녀는 고액의 연봉을 받는 컨설턴트보다 아이들을 가르치는 것이 천직이라는 걸 깨닫고, 모두가 부러워하는 자리를 박차고 박봉의 뉴욕 공립학교 수학교사가 된다. 그녀는 그곳에서 자신의 삶이 전환되는 중요한 경험을 한다. 수업시간에 수학적 재능이 있는 학생들은 습득과 이해가 빨랐지만 기대만큼 좋은 성적이 나오지 않은 반면, 고전했던 학생 중에 대다수는 좋은 성적을 받았다. 수업 내용을 이해하지 못했던 아이들이 내용을 반복해서 보고, 쉬는 시간에 설명을 요청하며 찾아오는 노력이 결국 좋은 성적으로 나타났던 것이다.

수년 동안의 교직 경험을 통해, 더크워스는 성적이 우수한 학생과 그렇지 못한 학생들 사이의 차이는 지능이나 선천적인 재능이 아니라, 어려운 문제 앞에서 쉽게 포기하지 않고 꾸준히 연습하며 끝까지 몰입하는 힘이라는 것을 알게 된다. 이 발견은 그녀로 하여금 "성공을 결정짓는 진짜 요인은 무엇인가?"라는 질문을 던지게 만들었다. 그 답을 찾고자 심리학 연구로 방향을 틀게 되었다. 다양한 현장에서 인간의 의지와 자기절제, 그리고 재능보다 목표 달성을 예측할 수 있는 역량, 즉 '그릿'(Grit)을 주제로 연구를 진행하게 된다.

10년이 넘는 종단연구를 통해 재계, 예술계, 의학계, 법조계 지도자들을 만나, 그들의 분야에서 성공한 사람들이 갖고 있는 특별한 공통점으로 '지속적인 열정과 쉽게 포기하지 않는 끈기', 즉 그들이 그릿을 가지고 있다는 것을 알게 되었다.

평생 열등감에 시달리던 아들러(Adler)가 자신의 문제를 심리학적 통찰로 승화한 것처럼, 사람은 자신이 갖고 있는 문제를 해결하고픈 욕구 때문에 그 문제에 더 몰입하는 것인지도 모른다. 그런 것이 그릿이 될 수도 있다.

그녀의 연구가 저명한 학술저널에 기고되고 많은 언론의 조명을 받게 되면서 그 독보적인 연구를 인정받아, 창의적이며 미래에 잠재력이 큰 연구자에게 수여하는 상, 일명 '천재에게 주는 상'이라고 불리는 맥아더 펠로상을 수상하게 된다.

그녀는 저서 『그릿』(Grit)의 서문을 "평범한 나는 어떻게 '천재의 상'을 받았나?"라고 시작한다. 그녀의 아버지는 천재성과 재능에 관심이 많았고, 자식들이 모두 천재가 아니라며, 자식들의 머리가 뛰어나지 않아서 장차 성공하는 데 지장이 생길까 봐 염려했다고 한다. 관심은 언제나 '천재'에 있었지만, 결정적일 때는 "그런데 너는 천재가 아니잖아"라고 말했던 아버지였다. 그렇게 천재가 아니라는 말을 들으며 자랐던 여자아이가 천재에게 주어지는 상을 수상했다. 그것도 '성공은 타고난 재능보다 열정과 끈기에 달려 있다'라는 사실을 밝혀내서 받게 된 상이었다. 그녀는 어린 시절의 아이로 돌아가, 아버지에게 이런 말을 하고 싶다고 했다.

"아버지, 제가 천재가 아니라고 하셨죠. 하지만 하나만 말씀드릴게요. 아버지가 자신의 일을 좋아하는 만큼 저도 자라서 제 일을 좋아할 거예요. 저는 그냥 직업이 아니라 천직을 찾을 거예요. 매일 스스로에게 도전하고 넘어지면 다시 일어나고, 가장 똑똑한 사람은 못 되더라도 가장 집념이 강한 사람이 되려고 노력할 겁니다. 아버지, 길게 보면 재능보다 끝까지 하겠다는 집념이 더 중요할지 몰라요."

그녀는 자신의 삶을 비롯하여 수많은 분야의 전문가들이 이룬 성공의 비결을 '강한 집념, 그릿(grit)'이라고 했다. "평균보다 떨어지는 IQ, 특별할 것 없는 재능, 불우한 가정환경, 이 모든 불리한 조건을 극복하고 성공을 일구어낸 사람이 있는가 하면, 최고의 조건을 갖춘 부모의 뒷받침, 선천적인 재능 등 성공할 수 있는 모든 조건을 갖춘 것 같아 보이는 사람들이 그저 그런 성취에 머물고 마는 까닭은 무엇일까?"라는 그녀의 말을 빌어, 중년의 진정한 힘이 어디에 있는가를 생각해보기로 하자.

중년의 숨은 능력

정확한 시기는 기억나지 않지만, 어린 시절 TV에서 본 영화였는데 아직도 기억에 남아 있는 한 장면이 있다. 깊은 산 속에서 평생 도자기를 빚으며 혼자 살던 도공의 이야기였던 것 같다. 아침부터 저녁까지 쉬지 않고 정성을 들여 빚은 도자기를 조심스럽게 가마에 넣고, 몇 날 며칠을 쉬지 않고 불을 때며 굽는 장면이 참 인상적이었다. 드디어 심혈을 기울여 구운 도자기를 가마에서 꺼내는 날, 구운 도자기를 하나씩 살펴보다 망치로 도자기를 부숴버리는 것이 아닌가. 그 아까운 도자기를 망설임도 없이 깨버리다니, 어린 나는 정말 이해할 수 없었다. 지금 생각해보니 흠 없는 완벽한 도자기를 만들기 위한 피눈물 나는 집념이 아니었을까 싶다.

사회학자 댄 챔블리스는 승부욕 강한 수영선수가 이룬 성취를 관찰하며 '탁월성의 일상성'이라는 개념을 말했다. 최상의 기량은 수십 개의 작은 기술을 배우고 연습을 통해 만들어진 습관이 전체 동작으로 종합해서 나온 결과물이지, 특별한 재능의 결합이 아닐 수 있다는 것이다. 인간의 업적이 실은 평범해 보이는 무수히 많은 개별 요소의 합이라고 한다면, 하나의 작품을 만들기 위해 무수히 많은 도자기를 빚고 굽고 선별하는 지속적인 열정과 끈기의 조합이 그릿인 것이다. 그 도자기 장인은 바로 그릿의 전형이었다.

앤절라 더크워스가 정의하는 '그릿'은 단순한 끈기만을 뜻하지 않는다. 그것은 열정과 끈기의 결합이다. 순간적인 흥미나 단기적 열정을 넘어 장기간 특정한 목표에 몰입할 수 있는 힘, 그리고 어려움과 실패 속에서도 포기하지 않고 다시 일어서는 힘을 말한다. 다시 말해, 그릿은 단순히 열심히 노력하는 태도를 넘어 의미 있는 목적을 향한 꾸준한 몰입과 인내의 지속성을 포함하는 개념이다.

더크워스는 미국 웨스트포인트 육군사관학교의 생도들과 세일즈맨들과 CEO들을 대상으로 연구한 결과, 그릿이 학업, 비즈니스, 스포츠 등 다양한 분야에서 성공의 핵심 요소임을 밝혔다. 즉, 실험군의 지능보다 끈기가 학력과 직업에 훨씬 더 큰 영향을 미쳤고, 성취를 이루겠다는 끈질긴 태도가 유전적 요소보다 수행 능력에 더 큰 영향을 주었다. 진정한 천재는 재능보다 오히려 인내력을 통해 이루어지며, 장기적 목표를 달성하기 위해 마음에 품은 고집스러운 열정, 그리고 이런 열정을 바탕으로 한 끈기가 재능, 소질, 지능보다 학습 결과를 좌우한다는 것이었다.

그릿은 포기하지 않고 노력하는 힘, 역경과 실패 앞에서 좌절하지 않고 끈질기게 견딜 수 있는 마음의 근력을 의미한다. 성장(growth), 회복력(resilience), 내재적 동기(intrinsic motivation), 끈기(tenacity)의 조합으로, 이 특성이 성공을 결정짓는 가장 중요한 요소가 되는 것이다. 재능이 기술을 만드는 데 기여할 수는 있지만, 그것을 성취로 연결하는 힘은 결국 반복된 노력에서 비롯된다. 따라서 성공은 재능의 크기보다 얼마나 오래 끝까지 버틸 수 있는가에 달려 있다. 그런 의미에서 그릿은 결국 우리 삶의 성취를 결정짓는 핵심적인 힘이라고 볼 수 있다. 열정과 끈기가 결합된 이 내적 에너지가 있을 때, 우리는 단순히 잘하는 수준을 넘어 의미 있는 목표를 끝까지 완성해 나갈 수 있다.

더크워스는 천재를 '매일 조금씩 될 때까지 탁월성을 추구하는 사람'이라고 정의한다. 그릿이 높은 사람은 실패와 좌절에도 불구하고 계속해서 도전하며, 자신의 목표를 향해 꾸준히 나아간다. 그러므로 성공의 비결은 타고난 재능이 아니라 끈기와 열정, 즉 그릿에 있다. 그녀는 우리 사회에 만연한 재능에 대한 과도한 믿음을 깨고, 꾸준한 노력과 열정이 더 중요하다는 새로운 희망을 제시한다. 그래서 그릿은 중년에게 더 의미가 있다.

내 주변에는 중년의 숨은 능력, 그릿으로 충만한 사람들이 많이 있다. 누구나 부러워할 만한 대단한 성취를 이룬 것은 아니지만 주어진 조건에서 끝까지 최선을 다하며, 포기하지 않고 자기의 삶을 살아내는 멋진 사람들이다. 그들은 평생 일하던 회사를 퇴직하고도, 이후의 진로를 위해 낯선 분야일지라도 배우기를 주저하지 않는다. 뜻하지 않던 질병이 찾아왔을 때 큰 충격과 힘겨운 투병의 고통을 겪었지만, 일어나서 다시 몸을 챙기고 관리하며 일상을 살아낸다. 사랑하는 가족을 떠나보낸 상실의 슬픔을 가슴에 담고서, 그래도 살아내기 위해 고단한 몸을 일으켜 세운다. 그런 면에서 '그릿'이라는 개념은 단지 젊은 세대의 학업이나 직업적 성취에만 국한되지 않고, 오히려 인생의 오후를 지나고 있는 중년의 삶에 더 깊이 스며드는 주제일 것이다.

중년은 인생의 전환기다. 젊은 시절의 열정과 패기가 서서히 잦아드는 대신, 삶의 무게와 현실적 책임이 더욱 크게 다가오는 시기다. 자녀양육과 부모 부양, 직업적 성취와 불안정한 미래, 그리고 다가오는 노년을 향한 막연한 두려움이 복합적으로 얽혀 있다. 이때 중요한 것은 새로운 재능을 발굴하는 것이 아니다. 이미 주어진 자리에서 꾸준히 버텨내며 살아낸 힘, 내 안에 있었지만 미처 깨닫지 못하고 살았던 바로 그 힘을 발견하는 것이다.

중년은 젊음의 패기와 에너지로 전력 질주했던 시간을 뒤로 하고, 그동안의 경험을 발판 삼아 더 중요한 가치를 향해 인생을 전환할 수 있다. 더크워스가 말한 '열정과 끈기의 결합'은 단순히 개인적 성취를 넘어 가족과 공동체를 위한 헌신, 더 큰 의미를 향한 몰입으로 확장될 수 있는 것이다.

중년의 삶에는 그동안 경험했던 실패와 좌절의 순간이 많이 있다. 젊음을 바쳐 일했던 직장에서 점점 위기감을 느끼고, 장성한 자녀와의 관계에서 서운함이 쌓이며, 병약한 부모 앞에서 무력감을 느낄 수도 있다. 그럴 때마다 상황에 굴복하지 않고 다시 일어서야 하는 이유는 어깨를 짓누르는 삶의 무게 앞에서도 실패가 배움의 장이 될 것이고, 좌절은 오늘 한 걸음을 내딛는 디딤돌이 될 것이라고 믿기 때문이다. 이제 중년들이 자기의 삶을 견인해온 내면의 힘에 의미를 부여하고 스스로를 다독이며, 남은 날들을 위한 새로운 열정을 다시 품을 수 있기를 소망한다.

그릿 넘치는 사람들

낮에 정신없이 일할 때는 모르다가 저녁이 되면 앉아 있기도 힘들 만큼 체력이 바닥일 때, '이제는 예전 같지 않다'라는 생각이 종종 든다. 그럴 때마다 나이가 들어도 여전히 열정적으로 사는 사람들이 은근 부러워진다. 선천적으로 강한 체력과 넘치는 에너지를 타고난 사람들도 있지만, 대부분의 중년은 활력과 힘이 예전만 못하다. 그래서 건강 정보에 귀를 기울이고, 몸에 좋다고 하는 것에 돈을 쓰곤 한다.

젊고 팔팔한 자녀들 눈에는 작고 힘이 없어 보이는 중년의 부모들이다. 그러나 과연 그게 전부일까? 평상시에는 그저 그런 중년이지만, 그러나 위기의 순간이 찾아오면 특유의 묵직한 힘으로 고비를 넘기고 어려움을 돌파해 젊은 세대를 놀라게 하곤 한다. 이것이 중년의 위력이 아닐까. 중년은 이처럼 눈에 보이는 에너지는 줄어들지 몰라도, 그 대신 단단한 마음의 근육과 깊은 인내심으로 무장된 사람들이다. 그들 안에는 시간이 길러낸 끈기와 집중력, 끝까지 밀어붙이는 힘이 숨어 있다. 한때 뜨겁게 타올랐던 열정을 삶의 굴곡 속에서도 식히지 않고 지켜내는 힘이 있다. 삶의 복잡한 무게를 견디며, 여전히 자신의 길을 묵묵히 걸어가는 사람에게서 우리는 그릿의 진가를 본다.

펩시콜라를 생산하는 펩시코(pepsico)의 전 CEO 인드라 누이(Indra Nooyi)는 내면의 힘으로 세상을 바꾼 그릿 넘치는 사람 중 하나다. 그녀는 인도 남부의 평범한 가정에서 태어나 인도에서 대학을 마친 뒤 미국으로 건너왔다. 이방인으로서, 그리고 여성으로서 미국 기업 사회의 중심에 선다는 것은 결코 쉬운 일이 아니었다. 그러나 사회적 편견과 차별을 극복하고, 1994년에 입사한 사람이 2006년에 마침내 CEO에 올랐다. 그리고 펩시코의 엄청난 변화를 20년 넘게 이끌어온 인물이 되어, 세계에서 가장 영향력 있는 여성 중 한 사람으로 인정받게 된다. CEO로 일하는 12년 동안 매출을 80퍼센트 넘게 성장시켜, 음료 시장 부동의 1위 코카콜라의 아성을 100년 만에 무너뜨렸다.

CEO가 되기 전, 부사장이던 인드라 누이는 회사를 뒤흔드는 결정을 내렸다. 당시 펩시코의 주력 사업은 피자헛과 KFC였고,

두 브랜드는 회사의 효자 노릇을 하며 막대한 매출을 올리고 있었다. 하지만 그녀는 과감히 이 자회사를 매각하자고 제안했다. 대신 과일주스 브랜드 트로피카나와 스포츠음료 게토레이를 보유한 회사를 인수하자는 계획을 세웠다. 임직원들의 반응은 싸늘했다. 코카콜라가 이미 시장의 대부분을 차지하고 있는데, 음료 사업을 더 키우겠다는 건 무모한 일이라는 반응에도 그녀는 흔들리지 않았다. "우리의 본질은 음료 회사입니다. 초심으로 돌아가, 하나라도 제대로 합시다." 당장 눈앞의 현실을 바라보던 임직원들과 달리, 그녀의 시선은 이렇게 다른 곳을 향하고 있었다. 탄산음료가 건강에 해롭다는 인식이 퍼져가던 시기에, 그녀는 '웰빙'과 '건강'을 중시하는 소비 트렌드를 누구보다 먼저 읽었다. 과일주스와 스포츠음료 시장은 아직 크지 않았지만, 그녀는 그 안에서 미래의 가능성을 보았다.

결과는 놀라웠다. 피자헛과 KFC의 매각은 오히려 펩시의 판로를 넓히는 계기가 되었다. 그동안 맥도날드나 버거킹은 펩시코를 경쟁사로 여겨 자사 매장에서 펩시 제품을 취급하지 않았지만, 펩시코가 외식사업에서 손을 떼자 이들이 펩시 음료를 매장에 들이기 시작한 것이다. 또한 게토레이, 트로피카나, 퀘이커오츠를 인수한 것은 건강한 음료에 대한 소비자들의 관심이 커지는 흐름과 맞물리면서 엄청난 시너지 효과를 냈다. 그로부터 10년 뒤, 펩시코는 마침내 코카콜라의 매출을 추월하여 음료 시장의 새로운 1위로 자리 잡았다.

그녀는 불신의 눈으로 자신을 바라보던 사람들에게 이렇게 말했다.

"아침에 일어나면 세상이 매일 바뀌고 있다는 건강한 공포를 느껴야 합니다. 이 공포를 이겨내려면 바뀌는 세상보다 더 빨리 변하고 누구보다 기민하게 움직이세요. 적응 단계에 오래 머무는 것보다는 더 많이 실패하더라도 더 빨리 움직이는 게 낫습니다."

모두가 반대하는 의견을 혼자서 주장하는 것이 과연 쉬웠을까? 지지해주지 않는 사람들 속에서 그 결정을 추진하는 것이 과연 수월했을까? 얼마나 큰 용기, 얼마나 많은 인내의 과정이 필요했을까? 수많은 반대와 실패의 가능성 앞에서도 자신이 옳다고 믿은 방향을 향해 꾸준히 걸어갈 수 있는 능력과 실행력, 즉 그릿의 놀라운 결과였을 것이다.

성공을 타고난 재능의 결과라고 생각하며 주어진 조건에 안주하는 사람들에게 그녀는 이렇게 말한다.

"두 배로 생각하라. 두 배로 노력하라. 그것이 가진 것 없는 보통 사람이 성공하는 비결이다."

나이 들수록 그릿도 성장한다

나의 그릿 점수는 얼마나 될까? 그릿 척도를 통해 열정 점수와 끈기 점수를 측정할 수 있다. 나이가 들면 젊었을 때보다 체력 조건을 비롯한 대부분의 능력이 저하되는 것이 일반적인 현상이다. 그런데 놀랍게도 그릿 점수가 연령대별로 어떻게 달라지는가를 측정한 연구 결과를 보면, 그릿 점수는 60대 이상에서 가장 높았고 20대에서 가장 낮게 나왔다. 이 결과를 통해, 나이가 들수록 그릿도 성장한다는 놀라운 사실이 밝혀졌다.

지능지수와 반대로, 그릿 지수가 70대에 가장 높은 이유가 무엇일까? 그것은 연령이 높을수록 최근 세대에 비해 지속적 열정과 끈기를 강조하는 가치 규범의 시대와 문화 속에서 성장했기 때문이다. 결국 시대의 분위기와 문화가 그릿을 결정하는 요인이 될 수 있는 것이다.

수십 년 동안 연구 대상자를 추적한 종단연구는 그릿이 높은 사람들의 특징을 잘 설명해준다. 그들은 시간이 쌓여가면서 인생 철학이 생기고, 거절당하거나 실망한 뒤에도 툭툭 털고 일어서는 법을 배우고, 얼른 포기해야 할 하위 목표들과 더 고집해야 할 상위 목표의 차이를 알게 되었기 때문이다. 그래서 나이가 들면서 열정과 끈기를 유지하는 능력이 발달한다는 것이다. 또한 살아온 시간을 통해 잊을 수 없는 인생의 교훈을 얻고, 변화무쌍한 상황에 적응해가며 새로운 사고방식과 행동을 습득하기 때문에, 인생 경험이 쌓이면서 성실성, 자신감, 배려심, 평정심이 발달한다는 것이다. 그래서 나이가 들수록 그릿이 강해질 수밖에 없는 것이다.

이런 의미에서 2014년에 상영되어 전 국민의 심금을 울렸던 영화 『국제시장』은 중년의 그릿을 가장 잘 그려낸 영화가 아닌가 싶다. 이 영화는 1950년대부터 2010년대까지 한 세대의 희생과 가족사랑, 그리고 시대의 상처를 담아낸 대한민국 근현대사 드라마다. 그 속에는 격변하는 시대 속에서 생존을 위해 몸부림치며, 가족을 위해 자신의 삶을 희생하면서 가장으로 살아온 우리 시대의 아버지가 있다.

주인공 윤덕수는 어린 시절 한국전쟁의 피난길에서 아버지와 생이별한다. 흥남 철수 작전의 혼란 속에서 아버지는 가족을 배에 태운 뒤 자신은 사지에 남는다.

"덕수야, 니가 이제 집안의 가장이다. 가족 잘 챙기라."

아버지가 남긴 그 말은 어린 덕수의 인생을 통째로 바꾸어놓는다. 그날 이후 그는 '가장'이라는 굴레를 쓰고 평생을 버텨야 했고, 그의 인생은 가난과 책임의 무게로 가득했다.

부산의 국제시장에서 잡화를 팔며 가족의 생계를 꾸려가던 그는, 동생을 대학에 보내기 위해 자신의 꿈을 접고 파독 광부로 떠난다. 낯선 이국땅 깊은 탄광 속에서 석탄 가루를 뒤집어쓰고 매일 어둠과 싸운다. 좁고 위험한 갱도 안에서 땀과 눈물이 뒤섞인 처절한 시간을, 가족을 살리겠다는 일념으로 목숨을 걸고 버틴다. 그곳에서 사랑하는 여인을 만나 결혼하지만, 행복의 시간은 길지 않았다. 다시 가족을 위해 돈을 벌 목적으로 베트남으로 향한다. 연일 포탄이 떨어지는 전쟁터에서도 여전히 가족을 그리며 목숨을 건 노동을 이어간다. 이렇게 그의 인생은 희생의 연속이었고, 자신의 삶을 뒤로 밀쳐두고 살아가는 동안 세월은 흘러, 어느덧 그도 중년이 되었다.

덕수의 삶을 지탱한 것은 자신을 위한 꿈이 아니라 가장의 책임과 의무였다. 그 시대의 가장들이 그랬던 것처럼, 그는 한 번도 자신이 원하는 삶을 살지 못했다. 어려운 현실 속에서도 가장의 무게를 묵묵히 감당하며, 자신이 맡은 책임을 끝까지 해내던 우리 시대의 가장 덕수도 어느덧 세월이 흘러 노인이 되었다. 그러나 그는 여전히 부산 국제시장의 낡은 가게를 지키고 있다. 자식들은 각자의 삶을 살아가며 고집스럽기 그지없어 보이는 아버지를 외면하지만, 그는 여전히 가족의 중심에서 묵묵히 버틴다. 가게를 정리하자는 자녀들의 권유에 쉽게 결단하지 못하는 이유는, 그곳이 단순한 생계의 터전이어서가 아니다. 가족을 위해 버텨낸 자기 인생이 담긴 곳이기 때문이다.

영화의 마지막 장면에서, 가족들이 만나 즐겁게 웃고 떠드는 소리를 뒤로하고 방으로 들어간 덕수는 빛바랜 아버지 사진을 바라보고서, 평생 한 번도 꺼내지 못했던 진심을 토로하며 아이처럼 운다.

"아부지, 내 약속 잘 지켰지예?, 이만하면 내 잘 살았지예? 근데예, 내 진짜 힘들었거든예."

이 말은 평생 가장의 책임을 짊어지고 살아온 한 세대 아버지들의 공통된 고백이기도 하다. 가족을 위해 굳세게 살아온 그때 그 시절, 가장 평범한 아버지의 가장 위대한 이야기 『국제시장』은 결국 한국의 중년들, 말보다 행동으로 사랑했고 끈기와 인내로 가족을 지켜왔던 가장들의 삶을 깊이 있게 바라보게 한다.

"명심히 들으라. 내 없으면 장남인 니가 가장인 걸 알지야? 가장은 어떤 일이 있어도 가족이 제일 우선이다. 알았지야? 가족들 잘 지키라."

아버지가 어린 덕수에게 마지막으로 남긴 운명 같은 그 말은 시대를 초월하여 지금까지 모든 가장들의 마음에 메아리처럼 울리고 있다.

견딤은 쓰임을 낳는다

나에게는 청년기에 회심하고 소명을 받아 신학을 공부한 후 시골교회 목사로 부임한 동생이 있다. 7살짜리 아들, 30대 초반의 사모와 같이 30명도 채 안 되는 시골교회에서 목회를 시작했다. 시간이 가면서 젊은 성도들은 일자리와 자녀교육을 위해 거의 도시로 떠나고, 교회엔 70대를 훌쩍 넘긴 노인만 남게 되었다. 주일학교 수련회, 청년부 모임, 제자훈련을 하고 싶었던 젊은 목사의 꿈은 23년 동안 단 한 번도 이루어지지 않았고, 부모처럼 섬기던 분들을 하나둘 하늘나라에 보내드리기만 했다.

그렇게 시간이 흘러 5년, 10년, 15년, 20년이 지나가면서 목회자로서의 자존감은 바닥으로 추락하고, 천성이 밝고 활기찼던 동생의 모습엔 점차 그늘이 드리워지는 것 같았다. 그래도 티 내지 않고 목사로서 살고자 애썼던 동생은 도시로 나간 자녀들 대신 편찮으신 노인들을 병원에 모셔다드리고, 철마다 봉고차에 태워 바람 쐬게 해드리고, 외로운 노인들을 심방할 때 간식을 넣어드리며, 아들딸도 못하는 일을 세심하게 했었다.

몇 년에 한 번꼴로 청빙의 기회가 오긴 했지만, 이상하게도 마지막에 틀어지기가 수차례였다. 결국 하나님께선 그로 하여금 23년을 한 곳에서 버티며 목회하게 하셨다. 목회를 시작할 땐 일곱 살이던 조카가 대학을 졸업하고 스물아홉 청년이 될 때까지, 동생은 아주 작은 시골교회 목사로서 긴 시간을 살아야 했다.

그러던 어느 해 연말, 평상시 입버릇처럼 "목사님이 내 장례 치러주소" 하셨던 90세 성도님이 위중하다는 소식이 들렸다. 자식들보다 더 자주 병문안을 갔던 동생은 늘 그랬듯이 장례를 정성스럽게 섬겼다. 그리고 장례를 마친 동생에게서 내게 전화가 왔다. 동생은 한동안 말을 잇지 못하더니 이 한마디를 했다.

"누나, 나 약속 다 지켰어요."

전화기 너머로 눈물 어린 동생의 목소리가 들렸다. 바로 그 분이 교회에 남아 있던 마지막 성도였던 것이다. 아, 20년 목회의 열매가 이것이란 말인가?

"하나님, 너무 하신 거 아니에요? 한눈팔지 않고 주님만 보고 평생 살아온 동생한테 어떻게 이렇게 하실 수 있으세요?"

나는 쓰린 마음에 하나님께 따지듯 울며 기도했다. 그러나 그런 아픈 시간을 지나는 동안에도 동생은 어느 때보다 더 초연하고 담담했다.

"누나, 다 뜻이 있을 거예요. 너무 상심하지 마요."

오히려 나를 위로했다. 그렇게 힘겨운 연말이 지나고 새해가 되었다. 동생이 대전에 있는 교회에서 청빙 받을지도 모른다는 이야기를 엄마에게 들었을 때, 나는 여느 때처럼 큰 기대를 하지 않았다. 그동안 그런 희망 고문 같은 일들이 많았기 때문이다. 그런데 놀랍게도, 얼마 지나지 않아 정말로 꿈같은 일이 벌어졌다. 마음을 다 내려놓고 지원한 교회에서 순조롭게 청빙 결정이 났고, 채 한 달도 지나지 않아 부임하게 된 것이다. 그 교회 전임 목사가 갑자기 고향으로 내려가는 바람에 급하게 목회자 청빙을 하게 된 것이었다고 했다.

대전이 고향인 우리 가족은 너무 기뻤다. 20년간 아들의 목회를 위해 눈물로 기도하시던 어머니는 이제 죽어도 여한이 없다고 하셨다. 우리 형제들도 하늘을 날아갈 듯 행복했다. 목사로서 마지막까지 교회와 성도를 지켰던 동생의 목회를 하나님께서 기쁘게 받으셨다는 확신이 들었고, 끝까지 순종의 길을 걸은 동생이 자랑스러웠다.

동생이 부임하게 된 교회는 그동안 어려움이 많았다고 했다. 그래서 성도들이 하나둘 떠나고, 얼마 남지 않은 성도들이 매일 새벽기도를 하며 목회자를 기다리고 있었다고 했다. 동생이 부임하고서 예배가 회복되며, 떠나갔던 성도들이 다시 돌아오고 있다는 기쁜 소식이 들려왔다. 간절히 목회자를 기다리며 기도하던 성도들과 마지막 한 성도까지 귀하게 여기며 돌봤던 목사가 만나, 매주 기쁨으로 예배드리는 교회가 된 것이다. 그곳에서 이제 쉰다섯이 넘은 중년의 목사가 마치 처음 목회하는 것처럼 설레는 마음으로 사역을 하고 있다.

나는 동생의 목회를 통해서, 성공과 실패라는 단편적인 인간의 잣대로 잴 수 없는 하나님의 깊은 섭리를 생각하게 되었다. 어떤 목회가 성공한 목회이며, 어떤 목회가 실패한 목회일까?

나는 한동안 동생이 실패한 목회자가 될까 봐 두려운 적이 있었다. 그래서 조바심도 났고 하나님을 원망한 적도 있었다. 그러나 이제 조금은 알 것 같다. 목회는 성공(成功)이 아닌 성직(聖職)으로 해야 한다는 것을…. 하나님의 카이로스의 시간을 기다리며 거룩한 소명자의 길을 묵묵히 걷는 것이 진정한 목회자의 길이라는 것을….

오늘도 인고의 시간 속에서 묵묵히 자리를 지켜내는 중년들을 위해 들려주고 싶은 글이 있다.

견딤은 인생이라는 나무의 강도를 나타내는 인내의 나이테입니다. 인생이라는 나무를 더욱 단단하고 아름답게 하기 위한 필요조건입니다. 현실적인 고통을 받아들일 수 있는 견딤의 힘을 통해 미래를 환히 밝힐 수 있습니다. 견딤은 미래의 나를 준비하는 과정입니다. 견딤이 쓰임을 결정합니다. 내게 견딤이 있어야 귀하게 쓰이는 결과를 가져옵니다.

_정호승 산문집, 『내 인생에 용기가 되어 준 한마디』 중에서.

천년을 버티는 집을 지으려면 천년을 견딘 소나무가 필요하다고 한다. 천년 동안의 견딤을 통해 앞으로 천년을 쓰이게 된다는 말일 것이다. 우리 인생도 목회도 견딘 만큼 쓰이게 된다는 사실을, 나는 동생의 목회 여정을 통해 보게 되었다. 견디며 살아온 중년의 시간은 그래서 더욱 값지고 아름답기만 하다.

영적인 그릿이 있다

살다 보니 인생의 큰 풍파 없이 평온하고 잔잔한 일상을 누리며 사는 게 정말 큰 복이라는 생각이 든다. 오랫동안 교회 사역을 하면서 이런 생각이 더 확고해지는 것 같다. 참으로 많은 성도들을 만났고 숱한 삶의 스토리를 나누며, 인생이라는 길이 마치 수많은 가지가 제각기 뻗어가는 것처럼 다르다는 것을 알게 된다. 그래서 그 사람의 인생을 살아보지 않고서는 누구도 쉽게 그 삶을 안다고 할 수 없으며, 이래라 저래라 할 수 없겠구나 싶다. 그러니 나이가 들수록 입은 닫고 귀는 열라는 게 맞는 말 같다.

중년은 나름 열심히 산다고 살아온 세대여서, 어딜 가고 누굴 만나도 할 말이 참 많다. 웬만한 일은 겪어봤고 살아봐서, 머리가 아닌 몸으로 체득한 산 경험이 많기 때문일 것이다. 그래서 그런 사람들이 모여 각자의 경험을 나누고 몸소 살아낸 생생한 이야기를 실시간으로 공유하는 교회 공동체는 아주 특별한 곳인 것 같다. 자기 삶의 좁은 바운더리를 넘어 다양한 사람의 인생을 간접으로 경험할 수 있는 체험의 현장이다. 신앙이라는 울타리 안에서 인생의 희로애락을 함께 느끼고 함께 겪는 곳, 그래서 교회는 참 많은 배움이 있는 곳이다.

교회의 많은 공동체가 그러하듯 세상적인 시각으로는 큰 매력이 없지만, 신앙의 눈으로 보면 너무 아름답고 특별한 공동체가 우리 교회에도 있다. 그곳에는 감당할 수 없는 어려움 속에서도 순결한 믿음의 불씨를 품고서 오늘을 살아가는 그릿 넘치는 사람들이 있고, 지옥 같은 현실 속에서도 천국을 살아내는 '그릿' 넘치는 공동체가 있다.

K 권사는 교직에서 은퇴하여 그토록 바라던 쉼의 시간을 얼마 보내지도 못한 어느 날 루게릭병 진단을 받았다. 처음에는 단순한 근육 약화로 시작된 병세가 서서히 진행되면서 걷는 것이 불편해지더니, 손가락이 굳어 움직일 수 없게 되기까지 그리 오랜 시간이 걸리지 않았다. 어느새 혀의 근육까지 굳어가면서 말조차 할 수 없게 되었고 숨을 쉬는 것도 힘이 들었다. 어린 아기 밥만큼 아주 작은 분량의 식사 한 끼를 먹는데도 한 시간이 걸리고, 물 한 모금도 빨대로 천천히 마셔야 하는 상황이 됐다. 산소호흡기를 의지해야 간신히 잠을 청할 수 있는 삶이 되었지만, 그녀의 마음은 결코 절망에 머물지 않았다.

그녀는 굳어진 손가락 대신 팔목을 간신히 움직여 허공에 글씨를 써가면서도 사람들과의 소통을 포기하지 않았다. 힘겹게 써 내려가는 몇 글자 속에도 여전히 살아 숨 쉬는 영혼의 열정이 있었다. 가족 중에 아무도 걷지 않는 신앙의 길을 병든 몸으로 혼자서 당당히 걸어가고 있는 자신을 가리켜 '독립군'이라 부르며, 믿음의 전선을 홀로 지켜내는 용사처럼 하루하루를 살아냈다. "몸은 갇혀 있어도, 내 영혼은 자유롭다"라는 듯, 그녀의 얼굴에는 언제나 환한 미소가 있었다.

놀라운 것은, 이렇게 움직임이 불편한 상황에서도 그녀는 소그룹 공동체 모임을 포기하지 않았다는 것이다. 외부출입이 힘든 상황을 고려하여 공동체가 매주 그녀의 집에 모였다. 함께 찬양 부르고 말씀을 나누며, 각자 정성껏 준비한 식사를 함께 즐기는 그 공동체는 누가 보아도 천국이었다. 그녀는 나를 만날 때마다 촉촉한 눈망울로 이렇게 말하곤 했다.

"상처 입은 사람들을 더 보내주세요."

힘겹게 써 내려간 글씨 한 줄 속에는 육체의 고통으로도 꺾을 수 없는 하나님을 향한 열정과 사랑이 가득 담겨 있었다. 그녀의 집 문을 열고 들어서는 순간 아이처럼 해맑은 눈빛으로 환하게 웃고 있는 아픈 천사를 보게 되면 "이곳이 천국이구나" 하는 고백이 절로 흘러나오곤 했다. 그 공동체의 멤버들 역시 삶의 무게로 지친 이들이었지만, K 권사 앞에서는 그 누구도 감히 자신의 고통을 고통이라고 말할 수 없었다. 가장 큰 고통을 짊어진 그녀가 가장 깊은 평안과 기쁨을 보여주었기 때문이다.

나는 그녀의 삶을 통해 '고통이 고통을 위로한다'라는 사실을 목격했고, '진정한 기쁨은 고통의 부재가 아니라 하나님의 임재'

라는 사실을 깨닫게 되었다.

그 공동체의 멤버들도 고단한 몸과 지친 마음으로 문을 열고 들어와 그릿 넘치는 공동체의 위로와 격려 속에서 힘을 얻어 씩씩하게 문을 박차고 다시 자기 자리로 돌아가는 사람들이다. 그들에게서 나는 '영적인 그릿'을 본다. K 권사에게서도 당연히 영적 그릿을 본다. 그것은 단지 힘겨운 삶을 그냥 버티는 것이 아니고, 하나님을 향한 신뢰를 끝까지 붙드는 영적인 끈기와 인내의 여정이다. 고통스러운 상황을 이기려는 힘이 아니라, 그 속에서도 하나님을 놓지 않으려는 힘인 것이다. 몸이 굳어가도 믿음은 오히려 더 단단해지고, 호흡이 가빠질수록 영혼은 더욱 자유해진다. 마음대로 움직일 수 없는 갇힌 몸으로도 아름다운 찬양을 부를 수 있는 그녀는 분명 영적 그릿이 넘치는 사람임에 틀림없다.

다만 환난 중에도 즐거워하나니 이는 환난은 인내를 인내는 연단을 연단은 소망을 이루는 줄 앎이로다 _롬 5:3-4

4부

상실이 파도쳐도 살아갈 수 있는가?

11

비우고 버리고 가볍게 여행하기

나 하늘로 돌아가리라
새벽빛 와 닿으면 스러지는
이슬 더불어 손에 손잡고

나 하늘로 돌아가리라
노을빛 함께 단 둘이서
기슭에서 놀다가 구름 손짓하면은

나 하늘로 돌아가리라
아름다운 이 세상 소풍 끝내는 날,
가서, 아름다웠다고 말하리라

_천상병, '귀천'

비우고 가벼워지기

결혼한 사람은 누구나 처음 살림을 장만하며 설레던 시절이 있다. 작은 신혼집을 마련하고 살림살이를 하나씩 들이면서 둘만의 공간을 채워가던 시절은 즐거웠다. 그렇게 해서 차곡차곡 쌓인 세간들이 지금은 세월이 흘러 설렘이 아니라 짐이 되어버렸다. 그때는 분명히 필요해서 산 물건들인데, 이제는 버리자니 아깝고 두자니 짐이 되는 물건들이 집안에 얼마나 많은가.

살아온 시간만큼 살림살이가 늘듯이, 인생의 잡동사니도 시간이 가면서 쌓여간다. 단출했던 살림이 나도 모르는 사이에 쌓여가는 것처럼 말이다. 버려야지 하면서 결국엔 못 버리는 해묵은 살림처럼, 훌훌 털어버리고 싶은 삶의 부산물들은 또 얼마나 많은가.

일본 최고의 정리 컨설턴트이자 베스트셀러 작가인 곤도 마리에(Marie Kondo)는 『인생이 빛나는 정리의 마법』에서 "잡동사니를 버리면 인생이 달라진다"고 말한다. 그를 통해 정리법을 배우고 실천한 많은 사람들이 물건을 정리한 후에 집안이 말끔해진 것은 물론이고, 더 놀라운 것은 일과 가정을 비롯한 인생 전반이 좋아졌다는 것이다. 집안을 정리하면서 자신의 사고방식과 삶의 방식은 물론이고 인생까지도 극적으로 달라졌다는 말이다.

정리로 인생이 바뀐다니, 과연 그럴 수 있을까? 그것은 정리를 통해 '과거를 처리'하기 때문이다. 물건을 정리하면서 인생에서 무엇이 필요하고 필요하지 않은지, 무엇을 해야 하고 무엇을 그만두어야 하는지를 확실히 알게 되기 때문이다.

"자신이 무엇에 둘러싸여 살고 싶은가?"

곤도 마리에가 던지는 이 질문은 인생의 변곡점에 서 있는 중년에게 더욱 진지한 울림으로 들려온다.

중년은 다양한 역할과 관계 속에서 부대끼며, 털어버리지 못해 내면에 켜켜이 쌓여 있는 감정의 침전물이 많다. 부정적인 감정의 찌꺼기를 계속 끌고 가다 보면 인생이 무거워지고 어두워지게 된다. 내가 원치 않던 것들을 끌어안고서 언제까지 힘겹게 살 것인가?

새로운 힘과 에너지를 얻기 위해서는 낡은 것과의 이별이 필요하다. 그래야 새로운 공간이 만들어진다. 중년의 시간은 집착하고 움켜쥐는 것이 아니라, 비우고 가벼워져야 잘 보낼 수 있다. 정신없이 달려오던 걸음을 잠시 멈추고, 주변을 둘러보며 천천히 비워내고 정리할 것들을 찾아보자. 언젠가 소중한 사람들과 아끼던 물건과도 작별해야 하는 시간이 다가오기 때문이다.

곤도 마리에의 정리법에는 아주 재미있는 기준이 있다. 정리는 수납이 아니라 '버리기'에서 시작된다는 것이다. 그러면 어떤 기준으로 버릴 물건을 골라야 하는가? 그녀가 물건을 버릴지 말지 결정하는 기준은 "유용한가?"가 아니다. "(지금) 설레는가?(Spark Joy)"다. 물건 한 점 한 점을 손에 들었을 때 느끼는 감정, 특히 '설렘'을 기준으로 남길 것과 버릴 것을 정하라는 것이다. 설레지 않는 물건은 과감히 버리라는 것이다.

"이것이 내게 (지금도) 기쁨을 주는가?"

그녀가 물건을 버릴지 말지 결정하는 이 기준은 어쩌면 삶의 방향성을 묻는 질문이기도 하다. 이 사람, 이 기억, 이 선택이 지금의 나에게 설렘을 주는가? 내가 지금 붙들어야 할 삶의 가치, 감정, 사람은 누구인지, 무엇을 다시 품고 싶고, 무엇을 떠나보내야 하는지를 자기 마음에게 물어야 한다.

정리는 인생을 되돌아보는 행위이며 미래를 설계하는 과정이다. 정리하는 물리적 행위가 삶의 리셋(reset)으로 연결되는 것이 정리의 진정한 의미다. 중년의 정리는 단순히 공간을 정돈하는 것이 아니다. 삶의 구조를 다시 짜고 시간을 배치하는 일이다. 중년의 정리는 마음을 비우며 가벼워지는 일이다. 더 많은 것을 소유하기 위해 경쟁하던 방식에서 본질을 추구하며 더 깊이 살고자 하는 것이다. 더 이상 설레지 않는 삶의 조각들에게 작별을 고하고, 지금의 나에게 필요한 것들만 곁에 두는 것이 비우고 가벼워지는 중년의 지혜다. 좋은 추억, 소중한 만남, 애써왔던 시간들은 인생 끝날까지 곁에 두기로 하고, 후회와 아쉬움, 고통으로 얼룩진 아픔의 시간들은 미련 없이 떠나보낼 수 있기를….

어찌 보면, 정리를 통해 가려내야 할 것은 버릴 물건이 아니라 남길 물건일 것이다. 자신을 설레게 하는 물건을 골라내는 작업을 통해 비로소 자신이 무엇을 좋아하고 무엇을 원하는지 확실히 알 수 있다. 그러므로 중요한 것은, 진짜 소중한 것을 남기기 위해 '잘 버리는 것'이다. 당신의 마음을 설레게 하는 것을 남기기 위해 삶의 부산물을 고르고 정리하는 것은 미룰 일이 아니다. 마음 설레는 물건으로 채워진 당신의 공간과 삶을 상상해보라. 그것이 정말 당신이 원하는 것이 아닐까?

여행하는 인간

바쁘고 치열하게 살던 사람들에게 여행은 가장 좋은 휴식의 기회가 된다. 각자 가지고 있는 여행에 대한 정의가 있지만, 문요한은 『여행하는 인간』에서 "여행은 삶에 탄력을 주는 치유와 재충전의 시간이고, 자신의 한계 바깥으로 나아가는 배움과 도전이며, 인생의 새로운 단계로 넘어가는 전환의 의식"이라고 말한다. 그는 인간이 왜 여행을 갈망하고, 여행이 우리에게 무엇을 주는지를 '여행하는 인간'(Homo Viator)이라는 말로 설명한다. 그가 마흔 중반의 중년이 되었을 때, 19년 차 정신과 의사로서의 심각한 매너리즘과 무기력으로 무너져갈 즈음, 그를 구출해준 것이 바로 여행이었다. 안식년을 가지고서 세계 곳곳을 여행하며 영혼의 희열을 경험한 그는 삶이 다시 새로워지기를 원하는 사람들에게 여행을 권한다.

중년은 지나온 시간을 평가하고 남은 인생을 향한 새로운 여행이 시작되는 시간이다. 어찌 보면 여행이 곧 삶이고, 삶이 곧 여행이라는 말이 맞다. 그래서 여행 이야기가 인생 이야기처럼 들린다. 사람마다 추구하는 여행의 스타일이 있고 방법이 있듯이, 인생도 마찬가지다. 삶으로의 여행을 떠나는 사람, 즉 삶을 하나의 여행이라고 보고 여행처럼 살아가는 사람이 바로 여행하는 인간(Homo Viator)인 것이다. 이 말은 라틴어로 '그의 길 위에서 있는 사람'을 뜻한다. 진정한 여행자란 단순히 세계 각국을 떠돌아다니는 사람을 말하는 것이 아니다. '평생 자기 길을 찾아 길 위에 있는 사람'을 말한다는 것이다. 삶을 하나의 여행이라고 본다면 우리는 모두 여행자이며, 삶이란 우리가 잠시 머물렀다가 원래 있어야 할 곳으로 돌아가는 '일시적인 여정'이라고 할 수 있다.

어릴 적에 어른들이 부르던 노래를 종종 뜻도 모르고 따라 했던 적이 있었다. 가수 최희준 씨가 불렀던 '하숙생'이라는 노래가 그 중 하나인데, 중년의 나이가 되고 보니 이제야 비로소 그 가사가 얼마나 심오한지를 깨닫게 된다. 모든 것이 헛되고 헛되다고 했던 전도서의 말씀을 떠올리며, 어느 해 가을엔 이 노래를 수시로 흥얼거리기도 했었다.

인생은 나그네길
어디서 왔다가 어디로 가는가
구름이 흘러가듯 떠돌다 가는 길에
정일랑 두지 말자 미련일랑 두지 말자
인생은 나그네길
구름이 흘러가듯
정처 없이 흘러서 간다

인생은 벌거숭이
빈손으로 왔다가 빈손으로 가는가
강물이 흘러가듯 여울져 가는 길에
정일랑 두지 말자 미련일랑 두지 말자
인생은 벌거숭이
강물이 흘러가듯
소리 없이 흘러서 간다

이 노래 속에 담긴 하숙생의 삶은 어쩌면 이용규 선교사가 『내려놓음』에서 말했던 '천국 노마드'(heavenly nomad)의 삶이 아닐까. 노마드(nomad)는 원래 유목민을 뜻하며, 고정된 거처 없이 계절과 환경에 따라 이동하며 사는 사람들을 말한다. 단순한 장소의 이동뿐 아니라 삶의 방식과 태도를 말하며, 세상의 헛된 가치를 내려놓고 믿음의 순례자가 되어 하늘나라 유목민으로 살아가는 삶이다. 인생의 전반부에 힘겹게 쌓아 올리고 움켜쥔 것들을 이제 손에서 스르르 놓아주고 비우는 것을 통해 참된 평안과 자유를 맛보게 하시는 섭리다. 그렇게 인생을 여행하는 중년은 잠시 머무는 이 땅에 집착하기보다 넓은 시야로 삶을 바라볼 수 있다. 그토록 가슴 저미는 이별도 영원의 시간 안에서 소리 없이 흘러간다는 것을 안다. 이 노래는 마치 소풍 나온 이 세상에서 친구 손잡고 잘 놀다가 언젠가 부르신 곳으로 돌아갈 때를 기다리는 중년의 주제곡이 아닐까.

상실을 겪지 않고 사는 사람은 없다

오늘 흘러가는 강물이 어제의 물이 아니듯, 우리 삶도 매 순간 흐르며 변해간다. "오늘도 어제와 다르고, 내일도 오늘과 다르리라." 정현종 시인의 이 시처럼 우리는 늘 다른 삶 다른 시간을 살고 있다. 그런 의미로 우리는 매일 새로운 상실을 경험한다. 내 몸 안에서 어떤 세포는 죽어가고 어떤 세포는 생겨나며, 오늘의 내가 어제의 나를 떠나보내고 있다. 이렇게 우리는 매 순간 이별하며, 삶이 곧 상실이고 상실이 곧 삶인 일상을 살고 있다.

'상실'이라는 말은 중년의 삶에서 가장 주된 이슈가 된다. 과거의 익숙했던 것들을 보내고 새로운 인생의 국면을 맞이하려면, 원치 않지만 이별해야 하는 것들이 생긴다. 중년에게 이별과 상실은 점점 익숙한 풍경이 되어가는 것이다. 나이가 든다는 것은 어쩌면 상실에 조금씩 적응해가는 것이 아닐까. 이전과 같지 않은 건강, 외모, 관계, 사회적 역할로 중년의 삶이 무거운 이유는 이런 다양한 상실을 마주하며 적응해가야 하기 때문일 것이다.

사역하면서 상실을 경험한 성도를 많이 만났다. 연로하신 부모님을 떠나보내는 일은 중년에게 자연스러운 과정이다. 그러나 그 슬픔은 아주 개별적이기 때문에 각자의 독특한 방식으로 상실을 경험한다는 것을 알게 되었다. 남들은 모두 호상이라 말해도, 부모와의 오랜 애착과 연결의 고리가 단절되는 아픔은 생각보다 단순하지 않았다. 병원에 거의 가본 적이 없던 건강했던 성도가 어느 날 암을 진단받고 힘겨운 투병을 시작하며 기도를 부탁할 때, 그를 위해 할 수 있는 일이 아무것도 없다는 무력감과 안타까움으로 함께 쩔쩔매기도 했었다.

불의의 사고로 자녀를 먼저 떠나보내는 고통은 인간이 느낄 수 있는 가장 극단의 통증과 아픔을 동반하는 일이었다. 자신의 젊음을 갈아 넣어 피땀 흘려 이룬 자리를 내려오는 가슴 무너지는 고통과 절망을 누가 쉽게 안다고 할 수 있겠는가. 그래서 모든 상실은 아주 개별적이고, 상실에 반응하는 모습도 각기 다를 수밖에 없는 것이었다.

그럼에도 불구하고, 중년의 상실은 단순한 '끝'이 아니다. 삶의 풍경이 조용히 혹은 갑자기 바뀌는 것이라고 할 수 있다. 젊은 시절의 상실이 '앞으로 회복할 시간과 기회가 있다'라는 희망으로 해석된다면, 중년의 상실은 의미가 사뭇 다르다.

이미 인생의 절반 이상을 지나온 중년에게 상실은 단순히 하나의 사건이 아니다. 그와 함께 지나간 시간, 되돌릴 수 없는 젊음, 그리고 그 시간을 살았던 나 자신이 함께 사라진다는 것을 의미한다. 자녀가 독립하며 집을 떠날 때, 부모와 사별할 때, 세월의 무게에 지쳐 몸과 마음이 약해져갈 때, 오랫동안 다니던 직장을 그만두어야 할 때와 같은 순간들은 '무언가를 잃었다'라기보다 '내 삶의 문이 닫혔다'라는 불안과 두려움으로 다가온다. 그래서 중년의 상실은 물리적인 결핍을 넘어 정체성과 존재의 문제로 해석될 수 있다.

"이제 나는 무엇으로 살아갈 것인가?"

"남은 시간 동안 무엇을 붙들고, 무엇을 내려놓을 것인가?"

하지만 이런 질문은 역설적으로 중년 이후의 길을 여는 소망의 문이 되기도 한다. 중년의 상실은 막다른 길을 뜻하는 표지판이 아니라 다른 길로 들어서는 이정표가 될 수 있기 때문이다. 그 길을 걷는 동안 과거에 집착하던 것을 내려놓고, 보다 본질적이고 의미 있는 삶의 가치를 붙들 수 있기 때문일 것이다.

12

상실과 비탄을 헤아려 보기

상실과 슬픔의 기원

인간이 겪는 상실의 고통은 어디에서 기인한 것일까? 아동 발달과 분리-개별화(separation-individuation) 이론으로 잘 알려져 있는 헝가리 출신 정신의학자 마가렛 말러(Margaret Mahler)는 인간이 평생 경험하는 상실감의 뿌리를 유아기의 초기 경험에서 찾는다.

아기는 태어날 때 처음엔 심리적으로 '엄마와 하나'라는 공생 단계에 머물러 있다가, 생후 4-5개월 이후에는 점차 엄마와 자신이 분리된 존재라는 것을 깨닫기 시작한다. 아기가 '나'와 '엄마'가 다르다는 것을 깨닫는 순간, 동시에 '엄마와 완전히 하나였던 상태'를 잃는 상실감을 처음 경험하게 된다. 이 독립의 시작이 곧 상실의 시작이 되는 것이다. 말러는 이 최초의 상실 경험이 평생의 인간관계와 애착 패턴에 깊은 흔적을 남긴다고 보았다. 성인이 되어서 겪는 상실은 유아기에 무의식적으로 경험한 '엄마로부터의 분리'와 그때 느꼈던 두려움, 불안, 그리움을 되살린다. 즉, 우리는 새로운 상실을 겪을 때마다 내면 깊은 곳에서 가장 최초의 상실, 엄마와의 심리적 분리 감정을 다시 만나게 된다는 것이다.

중년에 겪는 다양한 상실은 마치 또 한 번 '심리적 분리'를 강요받는 것과 비슷하다. 이 시기의 고통이 깊게 느껴지는 이유 중 하나는, 그 상실이 어린 시절 최초로 경험한 상실감과 무의식적으로 맞닿아 있기 때문이다. 애착 이론의 창시자로 알려진 존 볼비(John Bowlby)는 상실을 애착 대상을 잃었을 때 나타나는 심리적 · 정서적 반응으로 설명했다. 상실의 본질을 단순한 사건이 아니라 인간의 생존과 정체성에 깊게 뿌리내린 애착 관계의 붕괴라고 본 것이다. 그래서 상실의 고통이 단순한 슬픔이 아니라 애착 시스템이 붕괴될 때 나타나는 본능적 반응이라고 보았다.

인간은 생애 초기부터 안전기지(safe base) 역할을 하는 애착 대상, 즉 주로 부모와의 관계 속에서 안정감을 얻는다. 이 애착 대상은 단순히 사람을 일컫는 것이 아니라 나를 지켜주는 심리적 울타리를 말한다. 따라서 그 대상을 잃는 것은 단순한 부재가 아니라 존재의 근간이 흔들리는 경험이 되는 것이다. 사람은 애착 대상을 통해 안전과 정체성을 느끼기 때문이다. 그래서 그 대상을 잃으면 심리적 기반이 무너지고, 다시 안전감을 회복하기까지 시간이 필요하다.

중년의 상실은 평생 유지해온 애착 대상 혹은 애착 역할의 상실과 맞닿아 있다. 특히 부모의 죽음은 '나를 무조건적으로 지켜주던 최후의 안전기지'를 잃는 경험이어서 존재의 뿌리가 흔들리는 것 같은 느낌을 준다. 그런데 신앙인에게 상실은 단순히 불행이나 실패가 아니다. 하나님과의 관계 속에서 새로운 의미로 해석될 수 있는 영적 여정이라고 볼 수 있다.

에덴동산에서의 타락과 죄로 인해 하나님과의 친밀한 교제를 잃어버리게 된 사건은 모든 상실의 기원이 되었다. 이 사건 이후 우리는 죽음, 관계의 깨어짐, 고통과 같은 다양한 상실을 경험하게 되었다. 그러나 기독교 신앙 안에서 상실은 하나님의 부재가 아니라 오히려 하나님의 임재를 더 깊이 경험하는 자리가 될 수 있다. 예수님의 십자가 사건이 인류가 경험한 근원적인 상실을 부활을 통하여 구원의 완성이라는 새로운 의미로 변화시켰기 때문이다. 이로 인해 우리는 상실을 단순히 회피하거나 부정하지 않고 부활의 소망 속에서 해석할 수 있다.

중년에 겪는 상실을 통해서는 하나님 안에서 나의 정체성을 재발견하고 영원한 것을 붙들 수 있게 된다. 그래서 중년의 상실은 끝이 아니라 하나님께 더 가까이 나아가고 부활과 영원한 소망을 붙드는 통로가 된다. 그 여정 속에서 우리는 잃은 것보다 더 깊고 영원한 것을 얻게 된다.

우리는 어머니의 자궁으로부터 떨어져 나오는 상실을 겪으며 인생을 출발한다. 이를 통해, 상실 없이 삶이 시작될 수 없듯이, 상실을 동반하지 않는 성장도 있을 수 없다는 것을 알게 된다. 상실이 주는 배움을 통해 우리가 삶에서 하찮게 여기던 것들이 얼마나 중요한 것이었는지를 깨닫게 되는 것이다. 그런 의미에서 상실은 영적 성장의 기회다. 죽음이 있기에 삶이 아름답다고 한 프란츠 카프카의 말처럼, 상실 앞에서 비로소 삶이 의미 있다는 것을 깨닫고 삶과 진실하게 대면하게 된다. 그리하여 이전과 다른 삶의 기회를 얻고, 새로운 영적 성장을 이루어갈 수 있게 된다.

상실은 삶의 도처에 있다

내게는 전도사 사역을 시작하면서 구입한 작은 차가 있었다. 원거리 출퇴근 길을 비가 오나 눈이 오나 늘 함께 했고, 구석구석 심방을 다닐 때마다 나의 발이 되어준 소중한 친구였다. 그 작은 차 안은 나의 휴식처이자 세상에서 가장 편안한 나만의 공간이었다. 새벽부터 늦은 밤까지 어딜 가든 함께였던 친구이기도 했다. 그런데 은퇴한 남편이 캠핑을 위해 차를 구입하면서, 아쉽지만 내 작은 차는 처분하기로 결정했다. 차를 떠나보낼 생각만 해도 가슴이 먹먹해졌다. 며칠 뒤 어느 날, 사무실에 있는데 남편에게서 문자가 왔다. 차를 사겠다는 사람이 있어서 방금 차를 팔았다는 것이었다. 순간 눈물이 핑 돌았다. 아니 나한테 그 차가 어떤 찬데…. 전도사로서 첫발을 내디디며 두렵고 떨리던 첫 출근길부터 오늘까지, 사역의 애환과 기쁨, 그리고 추억이 담긴 찬데….

남편은 한동안 시무룩하고 우울해하는 나를 보면서, 그렇게까지 힘들어할 줄은 몰랐다며 미안해했다. 헤어질 준비도 하기 전에 너무 빨리 다가온 갑작스러운 이별은 내게 큰 슬픔을 가져왔다. 그 후 한참 동안 길을 가다 비슷한 차를 보기만 해도 그리움이 밀려왔다. 더 크고 좋은 차를 타고 다니면서도 기쁘지 않았다. 시간이 흐른 지금, 어디서나 똘똘하고 야무지게 자기 길을 달리고 있을 그 친구를 가끔 추억하며 아련한 마음을 달래고 있다.

상실은 이렇게 삶의 도처에 있다. 사랑하는 사람의 죽음에서부터 아끼던 물건을 잃어버리는 것까지, 상실에는 다양한 스펙트럼이 존재한다. 상실은 단순히 무언가를 잃는 사건을 뜻하는 것이 아니다. 우리에게 의미와 가치를 지닌 사람, 관계, 대상, 능력, 기회, 혹은 정체성의 일부가 사라지는 경험이다. 나의 경험을 돌이켜보면, 12년간 타고 다녔던 차를 잃은 상실의 사건을 겪으며 슬픔을 느낀 것은 내 사역의 스토리가 담긴 존재가 사라진 것 때문이었다. 가끔 그리워하는 애도의 과정을 통해, 이제는 아련한 추억으로 마음속에 품게 되었다.

모든 사람은 각자의 독특한 방식으로 상실을 경험한다. 우리가 사랑을 경험하는 것과 마찬가지로, 상실 또한 자신만의 구별된 방식으로 맞이하게 된다. 개인이 경험하는 슬픔은 자기만의 것이며, 우리 각자는 자신만의 고유한 방법으로 슬픔을 맞이한다. 상실은 삶의 일부다. 태양이 지고 다시 떠오르듯, 슬픔도 우리 마음속에서 순환하며 삶을 새롭게 바라보게 한다.

상실의 종류

상실의 유형은 다양하다. 당신은 최근에 어떤 상실을 겪었는가?

- **물질적 상실 :** 중요한 애착을 가지고 있는 물리적 대상이나 친숙한 환경을 상실하는 것이다. 특히 애완동물의 상실은 유사 인간관계의 특징을 내포하고 있어서 최근에 더 주목되고 있는 상실의 한 종류다.
- **관계의 상실 :** 다른 사람과 경험을 공유하거나, 정서적, 신체적으로 함께 있는 것의 종말을 말한다. 우리는 변화하는 세상에서 일시적이든 영구적이든 관계의 상실을 항상 경험할 수밖에 없다. 이사, 전학, 이혼, 사별 등으로 인한 상실이 관계의 상실에 포함되며, 죽음은 가장 강렬한 관계의 상실이다.
- **심리적, 내적 상실 :** 이 상실에는 자신이 중요하게 여기던 정서적 이미지, 가능성, 가치관, 신념, 미래의 특별한 계획, 용기, 믿음, 존경심 같은 상실이 있다.

- **기능적 상실 :** 몸의 근육이나 신경계의 어떤 기능을 잃는 것이다. 특히 장애나 질병으로 인한 기동성과 자율성의 상실은 '내가 해낼 수 있다'라는 감각이 없어지는 것이다. 노화 과정, 청력이나 시력의 상실, 신체의 절단 등이 이런 상실에 포함되며, 갱년기 폐경은 여성으로서의 가치와 젊음의 상실이라는 갱년기 우울증의 요인이 되기도 한다.
- **역할의 상실 :** 은퇴, 결혼, 사별, 이직, 졸업 등, 어떤 특정한 사회적 역할과 익숙한 지위의 상실을 의미한다. 특히 실직과 이직은 중년남성들에게 역할의 혼미를 가져오고, 중년의 위기를 초래하기도 한다.
- **체제의 상실 :** 자녀의 분가, 독립, 구조조정 등 조직 구성원이 떠나감으로 인해 생기는 상실을 말한다. 남은 사람은 떠난 구성원의 빈자리에 적응해야 하는 어려움이 있다.
- **모호한 상실 :** 상실의 상태가 언제 종결될지 모르고 지속되는 것으로 실종이 대표적이다. 생사 여부를 확인하지 못한 채 시간이 흐르는 일인데, 붕괴나 침몰 같은 사건으로 생길 수 있다. 사실 가장 힘든 상실의 유형이다.

상실에 대한 비탄의 시간

코로나가 시작된 해에, 나는 친정아버지와 제부를 한꺼번에 떠나보내는 아픔을 크게 겪었다. 젊어서는 호기롭게 호령하며 사셨던 아버지셨다. 그러나 노년에 두 번의 큰 수술을 받은 후 기력이 쇠약해진 탓인지 순한 양이 되셨다. 아버지에 대한 원망과 상처가 많았던 우리 4남매의 응어리진 마음이 눈 녹듯 조금씩 녹아 내리고 있을 즈음, 아버지가 갑자기 폐렴에 걸리셨다. 치료를 잘 받으면 회복될 거라는 기대를 저버리고, 서둘러 우리 곁을 떠나셨다. '아! 죽음이란 게 이런 거였나?' 싶어 당황했다. 서로 "사랑한다, 고맙다"라는 인사 한 마디 나눌 시간도 주어지지 않은 채, 그토록 빨리, 갑자기 떠나셨기 때문이다. 그런데 아버지를 잃은 슬픔을 채 추스르기도 전, 암과 사투를 벌이며 수년을 악착같이 견뎌주던 나의 제부도 수개월 만에 우리 곁을 떠나갔다. 한 해에 사랑하는 이를 연달아 떠나보낸 우리 가족은 코로나보다 더 무서운 고통과 슬픔을 겪어야 했다.

사람은 자기가 경험한 만큼 안다고 했던가. 그동안 수없이 많은 성도들의 장례를 섬기고 그들을 위로했던 나였는데, 이 낯설고 어색한 감정을 어떻게 해야 할지 주체할 수 없었다. 감정은 결코 머리로 이해할 수 없다는 것을 그때 알았다. 가슴이 타들어 간다는 것이 어떤 느낌인지, 내 의지로 눈물이 전혀 통제되지 않을 수 있고, 게다가 그렇게 많이, 그렇게 아무 때나 터질 수 있다는 것도 그때 알았다.

사랑하는 사람을 떠나보내는 큰 충격 앞에서 사람들은 평상시와 전혀 다른 감정을 느낀다. 이것을 비탄(grief)이라고 하며, 비탄은 상실로 인해 나타나는 고통스럽고 복잡한 심리, 정서, 신체, 행동, 관계적 반응 일체를 일컫는다. 슬픔, 불안, 두려움, 분노, 절망, 좌절, 죄책감, 외로움, 그리움과 같은 감정, 그리고 충격, 혼란, 집중력 저하, 수면장애, 악몽, 공허함, 심장 조임, 현기증, 탈진, 소화불량, 피곤함, 두통 등은 상실에 대해 몸 전체가 슬퍼하기 때문에 나타나는 비탄의 반응이다.

상실의 깊이와 폭은 헤아릴 길이 없다. 그 충격은 당장에 오롯이 전해지기보다 시간이 지나면서 서서히 찾아든다. 상실 초기에 경험하는 무감각한 느낌은 치명적인 첫 충격으로부터 우리를 보호하는 일종의 감정적 마취 상태다. 마치 자신이 영화 속의 배우가 된 것 같거나 슬로모션으로 움직이는 것 같다. 이런 것이 상실에 대한 방어 장치다. 들리는 소리와 보이는 형체와 자신의 움직임이 달라지고, 우리의 의식 상태는 완전히 바뀐다. 애정을 많이 쏟았던 중요한 관계의 상실은 그만큼 더 고통스럽다. 그런 만큼 충격적인 상실을 온 몸으로 겪으며 비탄하는 건 당연한 일이다.

상실의 충격이 그 베일을 조금씩 걷으며 마비가 풀리기 시작하면 내면 깊은 곳에서 형용할 수 없는 고통이 솟구쳐 오른다. 완전히 생경하고 섬뜩하리만치 괴로운 감정들도 덩달아 찾아든다. 상실 앞에서 비탄하는 것은 그 자체로 자연스러운 과정이며, 애도는 상실의 슬픔을 표현하는 것에서 시작된다.

그렇다면 슬픔이란 무엇일까? 넓은 의미로 보면, 심각한 상실을 경험할 때 그것에 반응하여 생기는, 정상적이지만 당혹스러운 감정의 덩어리를 말한다. 죄책감, 수치감, 외로움, 불안, 공포, 당혹, 공허함, 절망, 분노, 무력감 등은 슬픔의 또 다른 이름일 수 있다.

사랑하는 이의 죽음에 대해 가슴 찢어지는 비통함과 함께 죄책감과 수치심을 느끼는 사람들도 있다. 그 중에서 죄책감(guilty)은 상실에 대한 책임감을 전제로 하는 감정이다. 자신이 그 상실에 일조했거나 상실을 재촉했을 수 있다는 생각이다. 오랫동안 시달려온 질병에서 마침내 놓여났을 때, 불행한 결혼생활이 마침내 끝났을 때, 사람들은 부담을 덜어버리면서도 죄책감을 느낀다. 후련함과 죄책감 사이를 오가며, 상실에 대한 책임감으로 '만약 …했었더라면'을 끊임없이 되뇌고 생각한다. 만일 조금만 다르게 뭘 했더라면 재앙을 피할 수 있었거나 연기시킬 수 있었을 거라고 생각한다. 그러나 대부분의 경우, 이러한 죄의식은 과장되거나 불필요한 경우가 많다. 슬픔과 관련된 대부분의 죄책감은 무의미하며, 건설적으로 슬퍼하는 것을 방해하는 경우가 많다.

때때로 상실로 인한 분노(anger)가 죽은 사람이 아니라 가족이나 의료진에게, 심지어 하나님께 쏟아지기도 한다. 하나님께서 암이 온몸에 퍼지지 않도록 도와주고 자녀가 당한 불의의 사고를 막아줄 수 있는 분이라는 본원적인 믿음을 가지고 있기 때문에, '불행한 일을 허용하신 하나님'을 향하여 분노하는 것이다. 이러한 반응은 상실의 책임을 전가하고 원망할 대상을 찾는 현상이다. 이때의 분노는 믿음의 차원이 아니라 슬픔의 표현이며, 상실에 대한 필연적인 반응이다. 슬픔으로서의 분노는 애통을 적절히 처리하는 과정으로 이해되어야 한다.

많은 사람들이 상실 이후에 부정과 긍정이 섞인 복합적인 감정을 경험한다고 한다. 극심한 고통 중에 있던 사람이 떠나고 난 후에 느끼는 안도감은 사랑하는 사람의 고통이 끝난 것에 대한 안도감과 자신의 고통이 끝난 것에 대한 안도감일 수 있다. 깊은 절망, 동요, 조바심, 무감각, 쾌감 상실, 이전에 중요하게 여겼던 일에 대한 무관심 등은 지극히 정상적인 증상들이다.

어떤 부모가 자식을 잃고서 자식에 대한 간절한 그리움으로 몸부림치지 않겠는가? 어떤 자녀가 부모를 잃고서 세상에 버려진 듯 불안하고 두렵지 않겠는가? 배우자의 죽음에서 통렬한 외로움을 겪지 않을 사람이 어디 있을까? 그런 상실을 겪고 나면 인생의 의미에 의문을 품게 된다. 그러므로 슬픔 가운데 있을 때 느끼는 감정은 그 어떤 것도 잘못된 것이 없다. 감정은 그저 감정일 뿐이다. 감정은 어떤 것일지라도 항상 감정 그 자체로서 가치가 있다.

신앙 안에서 슬퍼하기

20세기 기독교 지성을 대표하는 C. S. 루이스가 쓴 『헤아려 본 슬픔』(A Grief Observed)은 쉰이 넘은 늦은 나이에 만나 깊고도 극적인 사랑을 나누었던 아내 조이를 떠나보내는 그의 슬픔을 가득 담고 있다.

루이스는 오랫동안 결혼과 무관한 삶을 살아왔다. 옥스퍼드와 케임브리지의 강의실, 책과 원고지, 몇 명의 문학적 동료들이 그의 세계의 전부였다. 그는 사랑을 회의적으로 보았고, 결혼은 자신과 거리가 먼 영역이라고 여겼다. 그러나 루이스의 인생은 예고 없이 다가온 한 사람으로 인해 송두리째 바뀌었다.

조이 데이비드먼(Joy Davidman)은 미국에서 건너온 여인이었다. 유대인 가정에서 태어나 무신론자로 자랐지만, 삶의 고단함과 진리에 대한 갈망 속에서 기독교 신앙을 받아들였다. 그녀는 시인이자 소설가였으나, 현실은 척박했다. 알코올 중독과 불륜에 빠진 남편 때문에 무너져가는 삶 속에서 문학과 신앙의 대화를 나눌 수 있는 이를 찾았고, 그 편지의 수신인이 바로 루이스였다. 두 사람은 편지를 통해 깊은 우정을 쌓아갔다. 서로의 영혼은 지적 교류 속에서 서서히 맞닿았고, 마침내 조이는 두 아들과 함께 영국으로 이주했다. 그들의 우정은 신앙과 문학의 동반자 관계로 시작되었으나, 시간이 흐르면서 깊은 사랑으로 변모해 갔다.

1956년 조이의 체류 비자가 만료되자, 루이스는 그녀와 시민 결혼을 하여 법적 부부가 되었다. 그러나 결혼 직후 뜻밖에도 조이가 말기 암 진단을 받았고, 의사들이 그녀에게 선고한 여생은 불과 몇 달이었다. 루이스는 병실에서, 교회의 축복 가운데 그녀를 아내로 맞아들였다. 그 후 조이는 기적처럼 회복되어 몇 년간의 시간을 루이스와 함께 할 수 있었다. 그 시기의 두 사람은 서로의 세계를 깊이 공유했다. 시와 책을 나누었고, 함께 여행했으며, 매일의 일상을 기쁨으로 누렸다. 그러나 조이는 결국 결혼한

지 3년 만에 세상을 떠났다. 이때 루이스는 자신을 '죽음의 신이 연적인 팔자'라고 말하며, 무자비한 상실로 인해 짧은 기간이나마 믿음을 상실하기도 했다. "나는 한평생을 살아도 얻기 어려운 사랑을 불과 몇 해 안에 받았다"라며, 루이스는 짧았던 자신의 결혼 생활을 회고했다.

루이스가 사랑하는 이를 잃은 뒤의 절망과 혼란, 하나님께 던진 질문, 그리고 상실의 심연 속에서 고백한 비탄의 마음을 여기에 옮겨 본다.

하나님이 어디 계시는가? 다른 모든 도움이 헛되고 절박하여, 하나님께 다가가면 무엇을 얻는가? 면전에서 꽝하고 닫히는 문, 그리고 나서는 침묵. 창문에는 불빛 한 점 없다. 지금은 정말 빈집 같다. 지금 그분의 부재는 무엇을 의미하는가? 왜 그분은 우리가 번성할 때는 사령관처럼 군림하시다가, 환난의 때에는 이토록 도움을 주시는 데 인색한 것인가? 아내를 잃음과 더불어, 나는 만나는 모든 사람들에게 계면쩍음을 불러일으키는 존재가 되었다. 직장에서나 모임에서나 길에서나 사람들을 만나면, 그들은 '그 일에 대해 이야기할지 말지' 갈피를 잡지 못한 채 내게 다가온다. 아내를 잃은 홀아비는 아마도 나병 환자들처럼 특별요양소에 격리되어야 하는 것인지도 모른다. 처음엔 그녀와 내가 행복했던 장소들, 우리가 자주 갔던 카페나 좋아했던 숲에 가기가 몹시 두려웠다. 그녀가 없다는 사실은 마치 하늘과 같아서 모든 것들을 뒤덮고 있다. 내게 종교적 진리에 대해 말해주면 기쁘게 경청하겠다. 종교적 의미에 대해 말해주면 순종하여 듣겠다. 그러나 종교적 위안에 대해서는 말하지 말라. '당신은 모른다'고 나는 의심할 것이다.

상실을 겪으며 슬픔의 골짜기를 지나가는 사람들은 누구나 공감할 수 있는 문장이지 않은가. 이것은 믿음의 문제가 아니라 인간 본연의 모습이다. 사랑하는 사람의 부재는 온 세상을 뒤덮을 만큼의 고통과 슬픔이며, 경험해보지 않고서는 결코 알 수 없다.

상실에 반응하는 우리의 감정, 생각, 행동을 잘 이해하는 것은 건강한 애도를 위한 준비가 된다. 애도는 상실을 통과하고 넘어가서 또 다시 가치 있는 삶으로 돌아오는 여정이다. 애도의 과정으로 진입하기 위해, 상실에 대한 비탄은 반드시 필요하다. 상실로 인한 당연한 슬픔을 거부하고 피하게 되면 언젠가 값비싼 대가를 치르게 된다. 그러나 슬픔을 억압하지 않고 자연스럽게 표현하면 상실에서 벗어나, 점차 다른 사람이나 대상에게 다시 관심과 애착을 가지며 일상을 회복하게 된다. 믿는 사람들에게 슬픔이란 상실에 의해 심각하게 변형되고 도전받은 믿음의 체계가 다시 회복되는 과정이기 때문에, 신앙 안에서 슬퍼하는 것은 우리를 더 온전하게 만드는 과정이기도 하다.

"Her absence is like the sky, spread over everything."

"그녀의 부재는 하늘과 같다. 온 세상 위에 드리워져 있다."

_C. S. 루이스, 『헤아려 본 슬픔』

13

애도의 여정에 조용히 동반하기

애도의 속도

암 진단을 받은 남편의 투병 과정을 통해 사별의 경험을 들려주는 『애도 수업』의 저자 캐시 피터슨(Cathy Peterson)은 유충이 고치를 잃어버린 채 나비가 되어 날아가는 것처럼, 상실자들은 상실을 겪기 이전의 삶으로 돌아갈 수 없다고 이야기한다. 나비가 고치를 벗고 나왔을 때와 같이 물기 가득한 슬픔에 젖은 날개를 접어야 하고, 슬픔에 적응하면서 문제를 해결해야 하는 시간이 다가온다는 것이다. 이럴 때는 곁에 있는 것이 어떤 말보다 힘이 되고, 한 번 안아주는 것이 큰 위로가 된다고 한다. 교훈적인 말이 아닌, 옆에 있어주는 것이 가장 필요한 순간이라는 것이다. 윤득형 교수는 이와 같은 맥락으로 세월호 유가족을 상담하던 경험을 통해 쓴 그의 책 『죽음의 품격』에서, 애도의 소중한 가치로 '함께하기'와 '추억하기'를 말해준다.

"아들의 유품을 정리하며 오열하고 있을 때, 곁에 다가와 조용히 손을 잡아주던 자원봉사자의 손길이 얼마나 따뜻하고 위로가 되었던지, 아직도 그 손길을 잊을 수 없어요"

그는 유가족의 이 말을 인용해, 누군가의 슬픈 현장에 함께 있어 주는 것은 그 자체로 큰 힘과 위로가 된다고 한다. 세월호 사건 이후 단 한 번도 아이에 대해 묻는 사람이 없을 때, 한 봉사자가 아이가 살아있을 때 어떤 아이였는지를 아버지에게 물었다.

"아이에 대해 이야기하라면 아마 밤을 새워서라도 이야기할 수 있을 거예요"

그날 아버지는 모처럼 환한 얼굴로 아이에 대해 마음껏 이야기했다. 이런 것처럼, 유가족들이 말로써 자신의 감정을 표현하도록 적절한 질문을 하는 것은 가슴 속에 고인 슬픔을 표현할 수 있는 자연스러운 기회를 선물하는 것이다. 마음을 들어줄 이에게 날마다 새롭게 올라오는 감정들, 고인과의 추억, 지난 시간과 변화된 자신의 삶에 대한 이야기를 나누는 것은 애도를 위한 좋은 방법이다. 고인에 대한 이야기를 금기시하거나 감정 표현을 억압하는 것은 오히려 애도(哀悼)를 지연시켜 언젠가 더 큰 위기를 겪게 하기 때문이다.

애도(mourning)는 상실한 대상과의 감정적인 결속과 애착을 서서히 푸는 과정이며, 우리의 마음 안에 상실한 대상을 재배치하고 관계와 삶의 관점을 새로 부여하기 위해 정서적인 공간을 만드는 것이다. 상실에 대한 비탄 반응은 자연적으로 겪게 되지만, 애도는 적극적인 노력과 인내와 시간이 요구되는 과정이다. 그러므로 상실 사건 이후 곧바로 애도의 과정으로 들어갈 수는 없다. 고통을 표현할 시간이 필요하고, 다시 제자리로 돌아올 시간도 필요하다. 그러므로 비탄과 애도의 시간은 사람마다 다르다. 상실 대상과의 관계, 애착의 정도에 따라 애도의 시간표가 각기 다르기 때문이다.

윤득형 교수는 슬픔에도 빠르기가 있다면, 사별 이후 겪는 슬픔은 가장 느린 속도인 '라르고'(largo)라고 표현한다. '폭넓게, 느릿하게'라는 의미와 '표정을 아주 풍부하게 연주하라'는 뜻이 포함된 라르고의 슬픔은 사별로 인한 복잡한 감정이 빠르게 해결되는 것이 아니라는 것을 잘 설명해준다. 사별자는 생각보다 더 긴 영혼의 광야를 걸으며 힘든 시간을 보낸다. 이때 경험하는 슬픔(grief)은 단순히 슬픈(sad) 감정이 아니라 외로움, 죄책감, 후회감 등 모든 감정을 포함한다. '표정은 풍부하게'라는 라르고의 뜻처럼, 애도의 과정에서 마음속에 있는 숨겨지고 억눌린 다양한 감정들을 풍부하게 표현할 수 있어야 한다.

눈물이 마를 때까지 울어라

정신과 의사이자 죽음학 연구의 선구자인 엘리자베스 퀴블러 로스(Elisabeth Kubler-Ross)는 상실을 단순한 병리적 현상이 아니라 인간적이고 존엄한 과정이라고 설명하면서, 상실과 비탄은 더 이상 숨겨야 할 수치가 아니라 누구나 겪는 삶의 일부라고 말했다. 그녀는 눈물의 샘이 마를 때까지 울라고 권한다. "30분 울어야 할 울음을 20분 만에 그치지 말라. 눈물이 전부 빠져나오게 하라. 그러면 스스로 멈출 것이다. 마지막 눈물 한 방울까지 흘리고 나면 기분이 홀가분할 것이다"라고 말한다. 사람들이 울음을 참는 이유는 한 번 울면 결코 멈출 수 없을 것이라는 두려움 때문인데, 사실은 그렇지 않다는 것이다. 정작 피할 것은 쏟아내야 할 눈물이 충분히 빠져나오기 전에 눈물을 억지로 멈춰버리는 것이라고 했다. 흘리지 못한 눈물은 슬픔의 샘을 훨씬 더 깊게 채운다.

감정은 누르고 생각하지 않으면서 시간이 지난다고 해결되는 것이 아니다. 마음속에 가두어 놓았던 슬픔이 터져 나오지 못하면 다른 쪽에서 문제가 생긴다. 숨겨지고 억눌리고 표현되지 않은 감정들은 우리 삶에서 언젠가 다른 모습으로 드러나게 돼 있다. 감정을 건강하게 다루지 않으면, 그 감정은 언젠가 다른 상실을 겪을 때 애도되지 못한 이전의 경험과 합세하여 우리를 더 괴롭히게 된다.

어려서부터 유난히 엄마와 친밀했던 중년여성이 중병이 든 엄마를 지극정성으로 돌보다 갑작스레 떠나보냈다. 항암을 수차례

받고 고비를 넘기셨던 엄마가 돌아가시고 나서, 그녀는 한동안 꼼짝도 하지 않았고 집 밖으로 나오지도 못했다. 슬픔이 터지면 주체하지 못할 것 같아 그 누구도 만날 수 없던 것이다. 가족들 앞에서는 괜찮은 척했지만, 마음 한구석은 늘 외롭고 공허했다. 그럴 때마다 마음을 달래기 위해 술을 마셨고, 결국 술이 없으면 견딜 수 없는 지경이 되고 말았다. 괴로운 마음을 잠시 잊게 해주는 술이 그녀의 유일한 탈출구가 된 것이다.

슈나이드만(Shneidman)은 "애도는 인간이 경험할 수 있는 가장 심오한 것이다. 사랑하는 사람의 상실을 슬퍼하고 그 사람의 기억을 계속해서 소중히 여기는 심오한 능력은 우리 고귀한 인간의 특징 중 하나다"라며, 슬픔을 다루어가는 애도의 여정이 반드시 있어야 한다고 강조한다.

중년은 인생의 중턱에서 많은 상실을 경험하는 시기다. 이때의 상실들은 단순한 사건이 아니다. 자기 삶의 한 부분을 이루던 것들을 잃는 경험이다. 그래서 중년이 큰 상실을 경험했을 때, 그의 슬픔은 시간이 지난다고 저절로 해결되는 것이 아니다.

애도 과정의 네 가지 과업

심리학자 워든(William Worden)은 애도를 하나의 과정으로 보았다. 이 과정에서 우리가 해야 할 네 가지 중요한 과업을 제시했다. 이것은 상실 후에 진행되는 시간표가 아니다. 사람마다 각자의 방식으로 애도를 경험하며, 그 과정에서 겪어야 하는 과제라고 이해하는 것이 좋겠다. 각각의 과제는 그 나름의 의미와 이유가 있다.

① **현실을 인정하기 :** 사랑하는 사람이 정말로 떠났다는 사실을 머리와 가슴으로 받아들이는 단계다. 이때 우리의 마음은 '아직 아닐 거야'라는 부정과 '그럴 리 없어'라는 혼란 속에 머물게 된다. 처음에는 믿기 어렵고, 아직도 문을 열면 들어올 것 같고, 전화벨이 울리면 '혹시 그가 아닐까' 하는 생각을 한다. 이런 부정은 초기의 자연스러운 반응이다. 그러나 결국에는 "이제 다시는 함께할 수 없다"라는 현실을 인식해야 애도의 길이 열린다.

그는 죽었고, 다시는 돌아오지 못한다는 사실을 직면하고, 현실을 받아들이는 것은 차가운 이성으로 강요한다고 될 수 있는 일이 아니다. 오히려 눈물과 한숨 속에서 '이제는 이전의 그 삶으로 돌아갈 수 없다'라는 사실을 인정하는 용기가 생겨야 가능하다. 장례에 참여하고, 유품을 바라보고, 마지막 인사를 나누는 일들은 그 고통스러운 현실을 천천히 마음에 새기게 한다. 상실의 현실을 믿지 않거나 과소평가하면, 애도의 다음 단계를 잘 겪을 수 없다.

② **슬픔을 충분히 느끼기 :** 상실의 고통을 회피하지 않고 슬픔을 충분히 느끼는 것이다. 중년의 상실은 단순한 슬픔을 넘어, 슬픔, 허무, 분노, 미안함, 그리고 앞으로의 삶에 대한 두려움 등 복합적인 감정을 동반한다. 이런 감정을 충분히 느끼고 표현하는 과정이 필요하다.

우리는 '괜찮아 보여야 한다'라는 사회적 기대 때문에 종종 감정을 억누른다. 남들이 우리의 고통을 봐주지 않으면, 우리는 고통을 숨겨야 하는 것으로 생각한다. 울고 그리워하고 분노하고 허무함을 느끼는 모든 감정은 건강한 애도의 과정이다. 이 과정은 약해지는 것이 아니다. 고통 속에서 자신의 마음과 정직하게 대면하는 것이다. "그만하면 됐어. 울지 마!"라는 메시지가 만연된 사회 분위기는 당연하고 자연스러운 괴로움을 서둘러 끊어내게 하여, 명분 없고 불필요한 괴로움까지 덤으로 얻게 한다. 슬픔을 에둘러 가는 길은 없다. 눈물을 통과한 슬픔만이 회복으로 길을 내기 때문이다.

③ **새로운 삶에 적응하기 :** 고인이 없이 살아가는 새로운 삶의 방식을 배우는 것이다. 상실 이후의 삶은 익숙했던 풍경 속에서 중요한 부분이 사라진 채 다시 살아가는 일이다. 부모님의 부재 속에서 명절을 준비하고, 배우자가 없는 집에서 저녁을 맞이하고, 오래 몸담았던 회사 대신 낯선 일터에서 하루를 시작해야 할 수도 있다.

새로운 환경에 적응한다는 것은 고인이 없는 환경에서 살아간다는 것을 말한다. 그 적응 여부는 '고인과의 관계가 어떠했는가'와 고인이 했던 역할에 따라 다르다. 새로운 일상에 적응하며 생활 전반에서 고인이 맡았던 역할을 대신하거나, 혼자서 감당해야 하는 변화가 생긴다. 이것은 단순히 생활뿐 아니라 정체성의 변화와도 맞물린다. 고인과 애착이 강하고 고인의 사회적 정체성에 의존을 많이 했던 경우는 어려움이 더 심할 수 있다. 그러나 고인과 함께했던 일상을 새롭게 채워나가며, 이전과는 다른 정체성을 찾아가야 한다. 갑작스러운 변화에 적응하는 것은 중년에게 벅찬 일이다. 그러나 이전과 달라진 현실을 수용하고 새로운 도전에 직면해야 남은 삶을 살아갈 수 있다.

④ **떠난 이를 마음속에 품으면서 앞으로 나아가기 :** 떠난 이를 잊는 것이 아니라 마음속에 새로운 방식으로 간직하는 것이다. 이제는 상실 이전으로 돌아갈 수 없다. 그러므로 상실을 극복한다는 말은 맞지 않다. 상실은 극복하는 것이 아니라 겪어내는 것이다. 슬픔을 극복하려고 안간힘을 쓸수록 슬픔의 그늘에서 벗어날 수 없다. 상실의 현실을 인정하고 슬픔을 잘 겪어야 살아갈 에너지를 얻을 수 있다. 떠나보내는 것은 잊는 것이 아니라 새롭게 기억하는 것이다. 눈앞에서 멀어졌어도 여전히 가슴 속에서 함께 살아가는 것이다. 그리움과 추억으로 늘 같이 있는 것이다.

애도는 사랑했던 존재를 새로운 방식으로 마음속에 간직하며 여전히 현재를 살아갈 힘을 회복하는 것이다. 고인을 추억하는 의례, 그가 소중히 여겼던 가치, 삶의 지혜, 추억을 나누는 모임 등을 통해 고인의 빈자리를 사랑과 의미로 채워갈 수 있다. 앤더슨(Anderson)이 죽음은 삶의 끝이지만 관계의 끝은 아니라고 말한 것처럼, 떠난 사람은 과거 속에만 머무는 존재가 아니다. 여전히 내 마음 안에서 새로운 자리와 의미를 갖게 되는 것이다. 그러므로 애도란 잊어버리는 것이 아니다. 상실을 안고도 살아가는 법을 배워가는 여정이다.

애도의 길은 결코 직선적이지 않다. 때로는 앞서 나아가다가도 다시 되돌아가고, 같은 자리를 맴도는 것처럼 느껴질 수도 있다. 그러나 그 반복 속에서 상실을 조금씩 삶의 일부로 받아들이게 된다.

중년의 상실은 견딜 수 없을 만큼 아프지만, 어쩌면 그 아픔은 우리가 더 깊이 사랑했음을 보여주는 증거인지도 모른다. 우리의 생이 다하는 날까지 슬픔은 우리를 따라다닐 것이다. 그러나 사랑하는 이의 죽음을 찬찬히 되새기고 그 뒤에 거세게 밀려드는 슬픔을 느끼면서, 그때마다 우리는 중요한 사실을 마주할 것이다. 인간은 쉽게 무너지고 깊이 상처 입는 존재이지만, 그럼에도 불구하고 끝내 사랑하는 존재라는 것을.

치료가 아닌 동반하기로

큰 슬픔을 당한 사람을 어떻게 위로해야 할지 몰라 무력감을 느낀 적은 없는가? 모든 인간은 고통으로부터 자신을 지키고자 고통스러운 감정을 회피하거나, 반대로 고통을 해결해줘야 한다는 과한 중압감에 눌리기도 한다. 그래서 상실로 고통스러워하는 사람에게 선뜻 다가서기가 어렵고, 말과 행동을 조심해야 한다는 생각 때문에 부담을 갖기도 한다.

중년이 되면 주변에서 심심치 않게 사별과 상실의 소식이 들려온다. 가족과 친지의 사망 소식, 예기치 못한 중한 질병과 투병 과정, 경제적 상실과 관계의 단절로 힘들어하는 사람들 앞에서 어떤 말을 해야 하나 말문이 막히고, 어쩔 줄 몰라 했던 순간이 누구에게나 있다.

상실의 고통으로 괴로워하는 사람을 돕는 일은 쉽지 않다. 그것은 한 사람에 대한 깊은 연민과 관심이 없이는 할 수 없는 일이다. 인간적인 동정과 단순한 호기심으로는 험난한 고통의 심연을 함께 통과할 수 없으며, 길고 지루한 인내의 시간을 견딜 수 없기 때문이다. 그렇다면 우리는 어떻게 상실로 인해 슬퍼하는 이들을 도울 수 있을까?

죽음학과 애도 상담 분야에서 저명한 알렌 울펠트(Alan D. Wolfelt)는 애도심리학의 실천가로서 수많은 상실자들을 도왔던 경험을 통해, 상실로 인해 슬퍼하는 사람에게 필요한 것은 치료(cure)가 아닌 동반(companioning)이라는 새로운 개념을 소개한다. 그는 저서 『애도의 여정에 동반하기』에서 슬픔의 고통스러운 증상을 조절하거나 멈추려 하는 치료 모델의 한계를 비판한다. 슬픔에 담긴 가치를 존중하며 관심을 기울여주고, 고통의 증인이 되어주는 '동반하기'의 모델을 제시한다. 슬픔의 가치와 의미를 잘 모르는 사회에서는 숙련된 치료자가 아니라 누군가의 애도에 함께하는 동반자가 되라고 권한다.

치료(treat)는 '질질 끌어당기다'라는 수동적인 뜻이 강한 반면, 동반(companion)은 com(함께 한다)과 pan(빵)의 합성어로, '함께 식사를 나누는 관계'를 뜻한다. 슬퍼하는 사람과 동반한다는 의미는 슬픔을 평가하거나 분석하고 바로잡거나 해결하는 대신, 그의 영혼을 잠시 돌보는 이로서 온전히 함께하는 것을 말한다. 우리 문제의 대부분은 자격증이 있는 전문가가 아니어도 치유자로 부름받았다는 소명에 기초하여 다뤄질 수 있다.

헨리 나우웬(Henri Nouwen)은 "치유란 무엇보다 친밀한 공간의 창조를 의미하며, 친밀한 공간이란 자신의 이야기를 진심어린 마음으로 들어줄 누군가에게 자신의 고통을 이야기할 수 있는 공간"이라고 말한다. 슬픔에 빠진 사람에게 정말로 필요한 것은 무엇일까? 우리는 고통 속에 있는 사람을 볼 때 가능한 빨리 고통에서 건져내 문제를 해결하고 회복으로 이끌어야 한다고 생각한다. 그러나 동반한다는 것은 그들 스스로 깊은 상실의 감정을 기꺼이 끌어안을 수 있도록 안전한 공간을 조성해주는 것이다. 여기서 안전한 공간이란 물리적인 공간이 아니다. 진실하고 자애로운 마음이다. 다른 사람의 고통에 진심으로 함께하고자 하는 열린 마음을 말한다.

상실의 강을 건너는 이와 동반하는 11가지 원리

알렌 울펠트는 우리 모두가 각자의 방법으로 사랑하고 돌보기 위해 존재한다고 믿고서 슬퍼하는 사람들을 돌보는 데 헌신한다면, 우리가 만지는 영혼과 우리의 영혼 모두가 살게 될 것이라고 말한다. 그는 다음의 11가지 원리에 기초하여 상실의 강을 건너는 이들의 애도를 도울 수 있어야 한다고 강조한다.

① 동반하기는 다른 사람의 고통에 동참하는 것이다. 고통을 없애려는 노력이 아니다.

② 동반하기는 다른 사람의 영혼의 광야에 함께 거하는 것이다. 문제의 해결점을 찾아야 한다는 책임감을 가질 필요는 없다.

③ 동반하기는 영적인 면을 존중하는 것이다. 지성에 초점을 맞추지 않는다.

④ 동반하기는 마음으로 이야기를 듣는 것이다. 머리로 분석하지 않는다.

⑤ 동반하기는 다른 사람의 힘든 과정에 함께 있으면서 증인이 되어주는 것이다. 그 과정에서 판단하거나 방향을 제시하지 않는다.

⑥ 동반하기는 곁에서 나란히 걷는 것이다. 앞장서지 않는다.

⑦ 동반하기는 거룩한 침묵이 주는 선물을 발견하는 것이다. 매 순간을 말로 채우지 않는다.

⑧ 동반하기는 고요함을 유지하는 것이다. 앞으로 나아가기 위해 서두르지 않는다.

⑨ 동반하기는 혼란과 혼동을 그대로 존중하는 것이다. 질서와 논리를 억지로 강요하지 않는다

⑩ 동반하기는 다른 사람에게 배우는 것이다. 그들을 가르치려고 하지 않는다.

⑪ 동반하기는 늘 새로운 마음으로 다른 사람을 대하는 것이다. 경험적 기술이나 노하우가 아니다.

우리는 사랑하는 이의 슬픔 앞에서 무력함을 느끼고, 때로는 두려움마저 경험한다. 고통이 부정적인 것임은 분명하다. 이 세상에 어느 누가 두 팔 벌려 고통을 환영하겠는가? 그러나 행복

을 과하게 부추기는 사회 속에서 우리가 고통을 잘못 이해하거나 편견을 가진 채 살아가고 있는지도 모른다. 헬렌 켈러는 "다른 쪽으로 가는 유일한 길은 그 길을 통과하는 것"이라고 말했다. 고통과 슬픔을 부인한다는 것은 삶의 본질적인 한 부분을 거부하는 것이다. 또한 서둘러 고통을 벗어나려는 태도는 고통이 주는 배움과 성찰을 잃어버리게 만든다.

상담자가 되었던 초기의 나는 내담자에게 해결책을 제시해야 한다는 강박에 사로잡혀 있었다. 그들의 고통을 빨리 덜어주는 것이 좋은 상담자의 길이라고 여겼다. 하지만 그 결과는 조급함과 실수였다. 되돌아보니, 힘든 사람을 돕겠다는 이름으로 우리는 얼마나 자주 이런 오류를 범하고 있는지….

상실 후에 겪는 다양한 감정과 고통은 지극히 자연스러운 것이다. 그것은 무언가 잘못되었다는 신호가 아니다. 상실은 몸과 마음, 그리고 영혼 전체를 혼란에 빠뜨린다. 그러한 상태 속에서는 당사자도 곁에서 지켜보는 이도 불편을 경험한다. 그래서 우리는 빠른 회복을 빌어주거나 서둘러 해결책을 주고 싶게 된다. 하지만 이때 진정 필요한 것은 답이나 처방이 아니다. 영혼의 광야를 함께 걸어줄 동반자다.

'영혼의 광야'란 임계적인(liminal) 공간, 임계점을 의미한다. 임계점은 라틴어로 '문지방'을 뜻하며, 어느 쪽에도 속하지 않는 중간의 자리를 말한다. 상실과 회복 사이, 그 불확실하고 모호한 지점이 바로 영혼의 광야다. 많은 이들이 기피하지만, 상실 이후 반드시 거쳐야 하는 공간이다. 그곳에서 우리는 그동안 붙들고 살아온 가치와 신념이 흔들리는 경험을 한다. '세상이 왜 이토록 허무한가'를 묻고, 때로는 하나님에 대한 믿음조차 의심하게 된다.

그러므로 상실 이후의 여정에서 필요한 것은 문제 해결이나 기술적인 조언이 아니다. 현대 사회는 늘 밝고 선명한 답을 원하지만, 영혼의 광야는 마치 구름 속을 걷듯 모호하고 불확실하다. 우리는 이 불편한 공간을 피하고 싶어 한다. 심지어 슬픔을 싸워 이겨야 할 극복의 대상으로 여기기도 한다. 애도자를 돕는 이들이 흔히 맞닥뜨리는 유혹은 바로 이 지점에서 생긴다. 혼란의 문지방에서 그들을 속히 건져내고 싶은 것이다. 그러나 그 욕구는 사실 애도자를 위한 것이 아니다. 곁에서 지켜보는 내가 느끼는 불편을 해소하려는 것일 수도 있다. 이런 조급함은 애도의 과정을 회피하게 만들고, 오히려 애도의 시간을 더 길고 복잡하게 할 수 있다.

상실을 받아들이기 위해서는 시간이 필요하다. 영혼의 광야 시간은 슬픔을 경험하는 이에게 새로운 의미를 찾고, 새로운 자아를 발견할 수 있는 기회를 제공한다. 역사 속에서 인생의 중요한 전환기를 맞이한 이들 대부분은 이 광야의 시간을 통과한 사람들이다. 사별의 고통을 겪는 이들도 예외가 아니다.

광야의 시간은 알 수 없는 두려움과 불안을 안겨주지만, 동시에 깊은 의미를 품고 있다. 우리는 일상으로 돌아가기 위해 빠른 길을 찾으려 하지만, 광야를 존중하고 통과하는 것이 무엇보다 중요하다. 그렇게 함으로써 서서히 변화되는 자신을 경험하게 된다.

이도 저도 아닌 사이에 낀 공간은 분명 불편하다. 절망스럽고, 우울하고, 불안하다. 그러나 그 불확실함을 서둘러 해소하려는 조급함보다, 그 과정을 신뢰하며 기다리는 것이 더 지혜롭다. 영혼의 광야에서 두려움과 마주하고, 감정을 있는 그대로 표현할 때 치유가 시작되기 때문이다. 결국, 어디에 서 있는지 알 수 없는 그 공간에서의 체험은 반드시 거쳐야 할 슬픔의 과정이다. 그리고 그 과정을 통과한 사람은 이전과 다른 눈으로 세상을 바라보게 된다. 그러므로 상실은 결코 끝이 아니다. 삶의 새로운 의미를 발견하는 문이 될 수 있다.

교회 공동체의 지지와 사랑이 한 일

자동차 사고로 남편을 잃은 중년여성이 있었다. 가족 넷이 함께 타고 가던 차를 음주 운전자가 들이받아, 남편은 그 자리에서 사망하고 어린 두 아들과 그녀만 살아남았다. 중환자실에서 사경을 헤매다 간신히 깨어나 눈을 떴을 때는 이미 남편의 장례식이 끝나고 난 후였다. 그녀는 몸을 추스르기도 힘든 상황에서도 아이들을 먼저 찾았다. 다행히도 두 아들은 무사했다.

그토록 의지하던 남편을 졸지에 잃은 그녀는 오랫동안 정신을 차릴 수 없을 만큼 힘든 시간을 보냈다. 어린아이를 돌보는 것도, 매주 집으로 찾아와 통곡하는 시부모를 만나는 것도 버거웠다. 안개가 자욱한 길을 혼자서 끝도 없이 걷고 있다며 수도 없이 울고 기도했지만, 마음은 여전히 돌덩이에 눌린 것처럼 무겁고 힘겹다고 했다. 왜 나에게 이런 일이 생긴 거냐며, 그녀는 나를 만날 때마다 울며 따졌다.

함께 꿈꾸며 분양받았던 아파트에 입주하던 날에, 정작 함께 들어가 살 남편이 사라졌다는 기막힌 상황을 그녀는 받아들이지 못했다. 깨끗하고 예쁜 새집에 살게 되었으면서도, 그녀의 마음은 어둡고 우울하기만 했다. 가는 곳마다 남편의 모습이 아른거리고, 혼자 살아남아 힘든 터널을 지나고 있는 자신이 한없이 미웠다. 이유 없는 화가 치밀어 아이들에게 분노를 쏟아놓다가, 정신이 들면 아이들을 부둥켜안고 울기가 수십 번이었다.

내가 매번 흔들리며 불안해하던 그녀를 수시로 만나 간신히 설득한 끝에, 그녀는 교회 공동체에 들어가기로 했다. 어린아이 걸음마 하듯 불안하고 위태로운 그녀를 공동체 리더와 구성원들은 성심껏 섬겨주었다. 수시로 만나 마음을 나누고, 음식을 마련해 집을 찾아가 필요를 채워주었다. 아이들을 서로 돌봐주고, 함께 차에 태워 교회에 데리고 왔다. 사고가 난 후로 자동차 타는 것도 힘겨워하던 그녀가 조금씩 용기를 내고 한 걸음씩 앞을 향해 나아갔다.

그렇게 수년을 교회 공동체에서 신앙의 발돋움을 하던 어느 날, 미국에 사는 딸 집에 가게 된 공동체의 리더가 운전을 한번

해보라며 자신의 차를 그녀의 집 주차장에 세워두고 갔다. 차에 다가갈 엄두가 안 나 한동안 망설이던 그녀는 어느 날 용기를 내어 차 문을 열었다. 달달 떨며 앞좌석에 앉아 식은땀에 젖은 손으로 시동을 걸었다. 그렇게 며칠 시동만 걸다가 끄기를 반복했다. 그러다 어느 날, 드디어 페달을 밟아 보았다. 앞자리에 앉아 시동만 건 지 일주일 만에 주차장 한 바퀴를 돌았다. 사고 이후 수년 동안 운전대를 잡지 못했던 그녀가 결국 아이들과 살아내기 위해 운전을 시도한 것이다. 지하 주차장에서 동네 한 바퀴를 거쳐 결국은 고속도로를 달리기까지 시간이 아주 오래 걸렸지만, 공동체의 지지와 사랑 안에서 드디어 엄청난 일을 해낼 수 있었다.

진심 어린 마음으로 자신의 차를 주차장에 놓고 간 리더와 따뜻한 공동체는 상실의 감정을 함께 견뎌주며, 그녀가 상처를 딛고 일어서는 과정에서 증인이 되어주었다. 용기를 내어 한 발을 내딛도록 손을 잡아주었고, 고통과 씨름하는 그녀를 조용히 응원했다. 상실의 가운데로 들어가 고통에 동참하는 것은 특별한 일이 아니다. 남편을 잃은 슬픔으로 절망하던 그녀를 곁에서 지켜주며, 슬픔과 좌절 속에서도 포기하지 않고 삶을 마주하도록 조용히 함께 있어 주는 것이었다.

상처가 씨앗이 되는 길

애도학자이자 상담가인 조앤 카치아토레(Joanne Cacciatore)는 어린 딸을 잃은 상실을 겪은 다음 치유 공동체를 세워 수많은 사람들의 애도 여정에 동행해 왔다. 그러면서 자신이 상실을 연구하는 학자가 아니라 상실을 함께 살아내는 동반자라고 소개한다. 그의 책 『견딜 수 없음을 견디기』에서, 슬픔은 해결해야 할 문제가 아니라 함께 안고 가야 할 삶의 한 부분이라고 말한다.

깊이 사랑하는 것은 삶의 가장 깊이 있는 선물 가운데 하나이며, 사랑하는 이를 잃는 것은 삶의 가장 깊은 비극 가운데 하나이다.

"만약 애도가 병이라면, 사랑 또한 병이 되어야 할 것입니다."

이 말은 우리가 깊이 슬퍼하는 이유가 그만큼 깊이 사랑했기 때문이고 슬픔은 사랑의 또 다른 얼굴이기에, 애도는 결코 부끄럽거나 숨겨야 할 감정이 아니라는 것이다. 오히려 슬픔은 인간이 가진 가장 숭고한 능력이며, 상실을 안은 사람들끼리 연결될 때 고통은 단순한 고통을 넘어 인간적인 깊이와 연대의 힘으로 변해간다고 말한다.

영혼의 겨울을 지나는 이들에게 공동체는 치유의 토양이 된다. 혼자라면 무너지고 부서졌을 삶이 상실을 함께 견뎌주는 이들의 지지와 연대로 인해 다시 소생할 힘을 얻는다.

길고 혹독한 겨울을 견디고 버틸 수 있는 이유는 생명이 피어나는 새 봄을 함께 맞이해줄 누군가가 여전히 곁에 있다는 안도감 때문일 것이다. 상처 입은 사람은 다른 이의 상처를 알아보는 눈을 갖게 된다는 헨리 나우웬의 말처럼, 고통을 겪어 본 사람은 자기도 모르는 사이에 타인의 고통을 느낄 수 있는 섬세한 눈을 갖게 된다. 그래서 고통이 고통을 위로하고, 상처가 상처를 보듬는다.

고통은 우리를 연약하게 하지만, 그 연약함 속에서 우리는 더 강한 연결을 만들어내고, 그 연결은 다른 누군가를 일으켜 세우는 희망이 될 수 있다. 같은 아픔을 지나온 사람들은 서로를 한눈에 알아본다. 그래서 내 상실의 이야기가 누군가에게 살아있는 메시지가 된다면, 상실은 상처가 아닌 씨앗이 되는 것이다.

"슬픔은 우리를 서로에게로 이끈다. 상실을 통과한 사람은 타인의 고통을 외면하지 않는다."

_조앤 카치아토레, 『견딜 수 없음을 견디기』

14

상실의 계절을 통찰하며 살아가기

오늘은 면도를 더 정성껏 해드려야지
손톱도 으깨어진 발톱도 깎아드리고
내가 누구냐고 자꾸 물어보아야지
TV도 켜드리고 드라마도 재미있게 보시라고
창밖에 잠깐 봄눈이 내린다고
새들이 집을 짓기 시작한다고
귀에 대고 더 큰 소리로 말해야지

울지는 말아야지
아버지가 실눈을 떠 마지막으로 나를 바라보시면
활짝 웃어야지
어릴 때 아버지가 내 볼을 꼬집고 웃으셨듯이
아버지의 야윈 볼을
살짝 꼬집고 웃어야지

가시다가 뒤돌아보지 않으셔도 된다고
굳이 손을 흔들지 않으셔도 된다고
가시다가 중국 음식점 앞을 지나가시더라도
짜장면을 너무 드시고 싶어 하지 마시라고
아니, 짜장면 한 그릇 잡수시고 가시라고
말해야지

텅 빈 아버지의 입속에 마지막으로
귤 향기가 가득 아버지의 일생을 채우도록
귤 한 조각 넣어드리면서
사랑하는 사람과 이별하기 때문에 죽음이 아픈 것이라고
굳이 말씀하지 않으셔도 된다고
아는 사람은 다 안다고

_정호승, '아버지의 마지막 하루'

☘ 인생의 배경음악이 꺼지다

중년이 되면 사랑하는 사람들을 하나둘 떠나보내며 깊은 상실감에 젖어드는 때가 잦아진다. 가까운 사람의 장례식에 다녀올 때마다 '죽음이 그리 멀지 않구나' 하고 실감하며, 허무함에 가슴을 쓸어내리곤 한다. 그러다 부모의 죽음을 맞닥뜨리는 순간이 오면 인생의 유한성을 구체적으로 실감하며 죽음에 대한 각성이 또렷해진다. 한때는 든든한 보호자이며 울타리가 되어주던 부모가 떠나가면 한동안 텅 빈 공허함에 인생이 덧없게 느껴진다. 중년에 겪는 부모의 죽음이 인생의 자연스러운 과정이라고 하지만, 막상 그 상실을 겪은 중년의 마음은 놀랍도록 공허하고 불안하며 혼란스럽기까지 하다. 오죽하면 누군가는 "인생의 배경음악이 꺼지는 것 같다"라고 했을까.

우리 문화 속에서 부모와 자녀의 관계는 깊은 희생과 헌신, 그리고 끊을 수 없는 유대감으로 엮여 있다. 그래서 부모의 죽음은 나이에 상관없이 큰 상처와 충격으로 다가온다. 고령의 부모가 장시간 노화와 질병으로 투병하게 되면 자녀는 서서히 지쳐가게 마련이다. 오랜 간병으로 인해 지치고 힘겨운 마음을 감추고 있다가, 부모가 막상 세상을 떠나면 조금 더 잘 해드리지 못했다는 후회와 죄책감이 밀려온다. 병원이나 요양원에서 갑작스러운 임종을 맞이한 경우, 마지막을 지켜보지 못한 자녀의 충격과 아픔은 더 크기 마련이다.

그러나 우리의 문화 안에서는 부모의 죽음을 너무나 '당연한 일'로 여긴다. 나이 든 부모가 세상을 떠나는 것은 자연스러운 순리라고 생각하기 때문에, 성인 자녀들은 깊은 슬픔을 온전히 표현하지 못하고 당연히 받아들여야 한다는 보이지 않는 압박 속에서 살아간다. 애도의 시간이 충분히 허용되지 않으며, 전문가의 도움을 찾는 일은 더더욱 드물다. 그러나 부모의 상실은 단순히 마음만 아픈 사건이 아니라 성인 자녀라 할지라도 감정의 폭풍을 겪으며, 생각과 행동, 심지어 몸까지 흔들리는 충격적인 일이다. 그렇기에 고인을 기억하고, 함께한 삶을 반추하며, 조금씩 놓아보는 애도의 시간이 반드시 주어져야 한다.

안타깝게도 한국 사회에서는 나이 든 부모의 죽음을 '호상'이라 부르며, 슬픔을 지나치게 억압하는 경향이 있다. 그 결과 자녀들은 자기 안의 슬픔을 억누른 채 심리적으로 위축되어 건강한 애도의 시간을 놓치게 된다. 상실의 고통은 단순히 시간이 지난다고 해결되는 것이 아니다. 충분한 감정의 표현과 자연스러운 애도의 과정을 통해서만 회복될 수 있는데도 말이다. 어려서 겪는 부모의 죽음은 삶의 기반을 흔드는 트라우마가 될 수도 있다. 그러나 중년에 겪는 부모의 죽음은 인생의 전환기에서 삶을 성찰하게 만드는 특별한 의미를 지닌다.

부모는 현재의 나와 아이였던 과거의 나를 이어주는 존재다. 그래서 부모의 죽음은 내가 태어난 세계와의 마지막 연결고리를 잃어버리는 것이다. 나이가 들어도 생명의 시계가 점차 단축되어 간다는 사실을 잘 인식하지 못하다가, 죽음을 구체적으로 생각해보는 계기가 바로 '노부모의 죽음'이다.

발달심리학자들이 말하듯, 중년이 되어서도 부모를 잃은 자녀는 순간적으로 '심리적 고아'가 된 것 같은 느낌을 받는다. 오십이 넘은 나이에도 고아가 된 어린아이의 헛헛함을 느낀다는 것은 부모라는 존재가 자기의 삶을 지탱하던 토대였기 때문이다.

결국 내 죽음을 비추는 거울

자기 삶에서 매우 중요한 존재였으나 나이가 들어가면서 주변으로 밀려났던 부모를 떠나보내는 것은 중년의 자녀에게 큰 상실의 아픔을 남긴다. 그것은 마치 존재의 뿌리가 뽑힌 것 같은 느낌이다. 한 연구에 따르면, 최근 5년 안에 가족 구성원의 죽음을 경험한 청년, 중년, 노년, 세 연령 집단을 비교한 결과, 중년 집단에서 신체 건강상의 문제가 가장 많았다고 한다. 청년의 경우 전반적으로 스트레스 조절 능력이 뛰어나고, 노인의 경우 죽음과 관련한 사건을 더 많이 경험하고 예상해왔기 때문에 더 잘 적응하는 편이다. 반면, 중년은 가까운 이의 죽음을 직접 대처한 경험이 노인보다 적고, 자신의 죽음을 인식하는 중간지점에 있기 때문에 부정적 영향력이 큰 것으로 해석되었다.

인생의 발달단계 중에서 중년기는 여러 상실을 복합적으로 경험하며 죽음을 가깝게 느끼는 시기이다. 부모의 죽음은 결국 내 죽음을 비추는 거울인 것이다. "나 역시 언젠가 떠나야 한다"라는 인식이 중년의 마음을 흔들 때, '사는 것이 의미가 없다'라는 삶의 허무와 외로움에 빠지기도 한다. 그리고 '지금-여기'(here and now)에 충실해야겠다는 다짐으로 나아가기도 한다. 아브라함 매슬로는 "학교에서 공부한 그 어떤 과목보다 부모의 죽음에서 더 많은 것을 배운다"라고 했다. 그러므로 부모의 장례는 단순한 의례가 아니다. 중년의 삶을 새롭게 전환시키는 뜻깊은 계기가 되는 것이다.

코로나 시기에 아버지를 떠나보낸 중년 성도를 만나 이야기를 나눈 적이 있었다. 그의 아버지는 과묵하신 성품에 책임감이 투철해서 어디서나 인정을 받으시며 열심히 사셨다. 겉으로는 엄하셨지만 늘 자녀의 선택을 존중해 주는 인자하고 든든한 아버지셨다. 그러나 어느 해 추운 겨울, 아버지가 차가운 길가에서 뇌출혈로 쓰러진 채 발견되었고, 여러 차례 수술 끝에 기적적으로 목숨을 건졌지만 여섯 살 정도의 지적 · 신체적 장애를 안은 채 남은 생을 사셔야 했다.

집안에서의 생활에 답답해하던 아버지는 매일 불편한 몸을 이끌고 동네로 나가 걷기 위해 애를 썼지만 걸음은 불안정했고, 뇌출혈의 영향으로 의사소통은 거의 불가능했다. 이후 20년 동안 어머니는 한순간도 아버지를 놓지 못한 채 긴 병 수발을 감당해야 했다. 아버지는 나이가 드시면서 점점 기력이 쇠해가고, 암까지 앓게 되면서 상황은 더 힘겨워졌다. 결정적인 시기는 코로나였다. 아버지가 암이 재발하여 수술받은 뒤 병간호 중이던 어머니가 코로나에 감염되었고, 이어 아버지도 확진되었다. 기저질환이 있는 아버지는 음압병동에서 치료받았지만, 수차례 고비를 넘기다 결국 더 이상의 치료가 불가능한 상태에 놓였다. 코로나로 인해 병원 면회는 일체 금지되었고, 가족들은 집중치료실 유리창 너머로 고통 속에서 몸부림치시는 아버지의 마지막 모습을 지켜봐야 했다. 침대 위에서 숨이 막혀 괴롭게 몸부림치는 아버지를 지켜보는 가족의 마음은 너무나 참담했다. 그렇게 한마디 말도 못한 채 허무하게 아버지를 떠나보냈다.

코로나가 모든 걸 빼앗아 갔다. 코로나로 인해 장례도 제대로 치르지 못하고 순식간에 아버지를 잃은 그의 가족들은 황망해하며 고통 속에서 지냈다. 일부러 언덕 위에 아버지의 묘를 마련했다. 그동안 얼마나 답답하셨을까, 20년을 마음대로 다니지도 못하고 갇혀 사셨으니 이제는 마음껏 시원한 바람을 쐬며 훨훨 자유롭게 날아다니시면 좋겠다는 뜻이었다. 그 성도는 예전엔 죽음에 대한 두려움이 많았는데, '나도 죽으면 여기로 오겠지'라고 생각하니 그곳에 가면 마음이 편안해진다고 했다. 그래서 그곳을 가족묘로 만들었다.

그가 아버지를 생각하면 떠오르는 기억이 거의 없다. 20년 세월을 아이로 사셨던 아버지를 마음에서 외면하고 있었던 것 같다. 지방으로 다닐 일이 많은 요즘은 운전하면서 아버지 생각에 눈물이 많이 난다고 했다. 오랫동안 아프시다 돌아가신 아버지를 생각하면 인생이 불쌍하고 좀 더 잘 해드리지 못한 게 참 후회가 된다고 했다. 아버지의 마지막이 안타까웠지만, 신앙 안에서 "좋은 곳으로 가셨다"라는 믿음으로 스스로를 다독인다. 동시에 남은 인생을 어떻게 살아야 할지, 가족에게 나는 어떤 흔적을 남길지 고민하며 새로운 다짐을 한다. 아버지의 죽음을 통해, 그는 남은 인생을 묵직하게 바라볼 수 있는 안목을 얻었다.

헬링거(Hellinger)는 부모와 자녀를 원초적 사랑의 관계라고 불렀다. 부모는 우리 삶에서 가장 처음, 가장 깊은 흔적을 남긴 존재이다. 그러하기에 부모의 죽음은 인생에서 겪는 수많은 상실 중에서도 가장 중요한 상실이다. 애착의 대상을 잃어버린다는 것은 참혹한 고통이며, 이것은 어린아이뿐만 아니라 성인에게도 마찬가지다. 그러나 인간은 죽음을 직면하게 될 때 보다 긍정적인 삶의 철학을 구축할 수 있다. 부모의 죽음을 통해 경험한 인간의 한계와 인생의 유한성에 대한 영적인 통찰은 중년의 삶을 더 진지하고 값지게 만들 수 있다.

인생의 양면을 볼 줄 아는 지혜

우리는 중년 이후 건강을 잃고, 사회적 역할에서 내려오며, 때로는 사랑하는 사람과 이별한다. 무엇보다 이전의 나를 놓아야 하는 시간을 맞이한다. 이때 우리가 놓아야 할 것은 어쩌면 과거에 누렸던 것이 아니다. 그것 없이는 존재하지 못할 것이라고 믿었던 헛된 자기 확신일지도 모른다.

성경 전도서를 읽다가 마음이 움직여 교회에 나왔다는 중년의 성도가 있었다. 전도서 3장을 읽다가 자기 삶에 대한 물음이 깊어지고, 어디서 답을 찾을 수 있을까 고민하다 교회로 걸음을 옮기게 되었다고 했다. 이 중년의 마음을 흔들었던 물음은 과연 무엇이었을까? 나 역시 언젠가 떠나야 한다.

"범사에 기한이 있고 천하 만사가 다 때가 있나니 날 때가 있고 죽을 때가 있으며 심을 때가 있고 심은 것을 뽑을 때가 있으며 죽일 때가 있고 치료할 때가 있으며 헐 때가 있고 세울 때가 있으며 울 때가 있고 웃을 때가 있으며 슬퍼할 때가 있고 춤출 때가 있으며 돌을 던져 버릴 때가 있고 돌을 거둘 때가 있으며 안을 때가 있고 안는 일을 멀리 할 때가 있으며 찾을 때가 있고 잃을 때가 있으며 지킬 때가 있고 버릴 때가 있으며 찢을 때가 있고 꿰맬 때가 있으며 잠잠할 때가 있고 말할 때가 있으며 사랑할 때가 있고 미워할 때가 있으며 전쟁할 때가 있고 평화할 때가 있느니라"(전도서 3:1–8).

"범사에 기한이 있고 천하만사가 다 때가 있다"라는 말씀은 '인생의 때'에 대한 숱한 물음을 일시에 잠재우는 엄연한 울림으로 다가온다. 날 때와 죽을 때, 심을 때와 뽑을 때, 울 때와 웃을 때, 사랑할 때와 미워할 때가 있듯이, 삶은 단일하지 않으며 양면으로 존재한다는 것이다.

간절히 바라던 일이 원하는 때에 이루어지지 않으면 우리는 낙심하게 된다. 언제까지 기다려야 하는지를 간절히 묻다 지친다. 그러다 힘겹게 일어서고 다시 넘어지기를 반복하며, 결국 고난의 의미를 조금씩 깨닫게 된다. 고통스러운 문제를 해결하고 싶어서 교회를 찾아왔는데, 오히려 그 문제로 인해 하나님을 깊이 만난 성도들이 주변에 얼마나 많은가.

우리는 삶의 고비와 어려움을 겪으며 인생의 양면을 볼 줄 아는 지혜를 얻게 되었다. 행복도 슬픔도 영원할 수 없기에, 우리는 행복과 고통의 중간 어디쯤을 서성이며 살고 있다는 것도 알게 되었다. 잃은 것만큼 얻는 것이 있다는 사실이 고난을 겪는 사람에게 큰 위로가 되는 이유는, 우리가 혹독한 상실 속에서도 희망의 끈을 붙들고 싶기 때문이다.

중년에 이르면, 삶은 우리에게 여러 얼굴을 보여준다. 거울 속 모습은 예전 같지 않고 젊음은 아스라이 멀어지지만, "성숙이란 잃음 속에서 삶을 긍정하는 법을 배우는 것"이라던 니체의 말처럼, 우리는 오히려 삶을 더 따뜻하게 끌어안을 수 있는 깊은 마음을 얻게 된다. 아이들이 자라 제 길로 떠나고, 나이 든 부모와의 이별이 가까워지면서 익숙하던 자리가 비워질 때, 그 빈자리의 여운은 사람과의 관계를 더 깊게 만들기도 한다. 젊은 시절의 자신감과 가능성의 문이 닫히고 할 수 있는 일은 점점 줄어들지만, 그 대신 '정말 나답게 살 수 있는 길'을 찾고자 하는 갈망이 생기며, 이제는 무한한 가능성보다 '나의 길'을 발견하는 것이 더 큰 기쁨이라는 걸 알게 된다.

파스칼은 "인간의 위대함은 비움 속에서 드러난다"고 말했다. 비움은 잃어버리는 것이 아니라 삶의 본질을 드러내는 과정이다. 그리고 무엇보다 시간의 흐름은 우리에게 가장 분명한 사실을 알려준다. 젊을 때는 영원할 것 같았던 시간도 끝이 있다는 깨달음 덕분에 오늘이 더욱 빛나고, 순간순간이 충만하게 다가오는 것이다. 흘러가 버린 시간만큼 영원을 향해 걸어가는 걸음의 종착점은 더 가까워진다. 이렇듯 중년은 상실 그 너머에 있는 '또 다른 획득'이라는 선물을 바라보며, 상실과 함께하는 길 위에서 인생의 양면을 살아가는 법을 조금씩 배워갈 수 있다.

상실 속에서 삶을 다시 정의하기

중년은 본질적으로 상실의 계절이기도 하다. 그러나 상실 이후, 삶은 깊어진다. 평생 만성질환과 약함 속에서 살았지만, 상실을 실패로 여기지 않고 상실 속에서 삶을 다시 정의한 사람이 있다. 미국 루터교의 신학자이자 영성 작가로서, 고난과 상실, 예배와 공동체에 관한 깊은 통찰을 전해주는 마르바 던(Marva J. Dawn, 1948–2021)이다. 그녀는 외로움과 결핍 속에서 자라난 언어, 사유, 공감, 신앙, 그리고 진실을 다른 이들과 나누는 상실의 증인이다. 하나님의 큰 이야기 속에서 삶의 의미를 발견한 이들이 용기를 내 슬픔과 씨름하며 참된 애통을 할 수 있도록 자신의 고통을 글로 드러낸 사람이다. 그녀를 떠올리면 아이러니하게도 가장 먼저 생각나는 말이 '온전함'이다. 전혀 온전할 수 없는 상황에서 늘 온전함을 이야기하는 그녀는 하나님의 전체 메타 내러

티브에 기도하는 마음으로 참여하는 데서 온전함이 비롯된다고 말한다.

마르바 던의 삶은 상실의 연속이었다. 어려서부터 시력장애와 만성질환을 안고서 살았고, 당뇨병, 관절염, 암, 수차례의 수술, 불임, 이혼까지 겪었다. 누구보다 똑똑하고 성실했지만, 삶은 그녀에게 많은 것을 허락하지 않았다. 삶 전반이 통증과 피로, 병원 치료, 신체적 제약으로 늘 고통스러웠다. 잦은 투병으로 인해 긴 강의나 장기 프로젝트를 수행할 수 없었기에 종종 삶의 리듬이 끊어지고, 종종 외부와 단절되는 시기를 보냈다. 그러나 온갖 종류의 고난을 겪으면서 오히려 약함 속에서도 하나님으로 인해 평온할 수 있다고 말한다.

그녀는 저서 『의미 없는 고난은 없다』(Being Well When We're Ill)에서, 신체적 상실에 대한 자신의 이야기가 망가진 자기 몸을 슬퍼하는 사람들에게, 그리고 고통당하는 이들을 보살피는 사람들에게 도움이 되기를 바란다고 밝혔다. 그런 마음으로 자신이 겪어온 여러 가지 장애와 병고를 글로 썼다는 것이다.

마르바 던은 이 책에서 자신이 직접 겪은 질병과 고통, 한쪽 눈의 실명, 심한 부상, 암 치료, 신장 이식 등을 배경 삼아 이야기를 시작한다. 그녀는 고난 앞에서 '왜 나에게 이런 일이 일어난 걸까?'라고 묻기보다 '이 고난 속에서 하나님은 무엇을 행하시며 나를 어떻게 붙드시는가?'라는 질문으로 전환한다. 이는 고난의 이유를 밝히려는 시도가 아니다. 그 고난의 자리에서 하나님의 온전함을 기대하며 머무르기 위함이다. 그녀는 건강하게 사는 삶, 'Being Well'을 단순히 몸이 나은 상태로 보지 않는다. 병중에도 온전함을 누리는 삶, 병중에도 하나님 안에서 누리는 평안, 그리고 지금 이 순간 나로서 존재하는 것에 대한 충실함, 바로 이것이 참된 건강이라는 것이다.

"깊은 수렁에 빠지기 시작한 것은 어느 단계였는가? 내가 다른 두 병에서 회복된 직후 유방암 진단을 받았을 때 찾아왔다. 성한 눈마저 출혈을 일으켜 거의 실명이 된 나는 7개월이 지나서야 수술을 할 수 있었다. 이 두 가지 문제를 가까스로 해결하고서 다시 보고 걷는 즐거움을 누리고 있었는데, 그때 날아든 암 선고는 그야말로 청천벽력 같았다. 문득 나는 하나님을 신뢰하기가 힘들다는 생각이 들었다. 지금도 그것은 계속되는 씨름이다. 깊은 물이 나에게 홍수가 되어 넘치는 것 같았다."

이 고백에 담겼듯이 계속되는 상실의 고통이 힘겹기만 할 때, 던은 영국의 첼리스트 재클린 뒤 프레(Jacqueline du Pre, 1945-1987)의 삶에서 의미를 발견한다. 10대에 이미 첼리스트로서 국제적 명성을 얻은 뒤프레는 1967년 이스라엘의 피아니스트 겸 지휘자 다니엘 바렌보임(Daniel Barenboim)과 결혼한 후 그와 협연하며 영광스러운 세월을 보낸다. 그러다 갑자기 찾아온 다발성 경화증 때문에 부득이 연주를 그만두게 되고, 그녀의 음악 인생은 일찍 막을 내린다.

격정적이면서도 인간적인 깊은 슬픔과 고뇌를 담아낸 연주처럼 그녀의 삶도 그러했다. 뒤프레의 병이 깊어지면서 예술적 동반자이자 남편이었던 바렌보임이 자신의 인생을 찾아 떠난 후, 뒤프레는 마흔둘에 생을 마치기까지 마지막 14년을 휠체어에 의지하면서도 새로운 일을 개척하여 좌절된 꿈을 극복했다. 여태껏 연주하고 싶은 곡은 다 연주해 보았기 때문에 더 이상 첼로를 켤 수 없어도 족하다고 하기까지 많은 세월이 필요했지만, 그녀는 후학을 가르치는 일을 하는 동시에 더 열정적으로 다발성 경화증을 앓는 사람들의 대변인으로 일했다. 잃어버린 꿈을 새로운 꿈으로 대체했던 것이다.

마르바 던은 뒤프레의 새로운 꿈, 즉 다른 이야기를 찾아 자신의 상실을 보상받았던 것보다 더 큰 이야기를 말한다. 하나님의 이야기다. 하나님의 더 큰 이야기는 우리에게 영원한 기쁨에 대한 희망을 주며, 신체적 제약과 작은 꿈의 상실 속에서도 그날까지 살아갈 용기를 준다고 던은 말한다. 그래서 많은 이들이 고난 중에 과거를 그리워하거나 건강을 되찾고자 하는 유혹에 빠질 때, 상실을 단순한 소멸로 보지 말고 오히려 은혜로 나아가는 통로로 바라보라고 권한다.

던은 병든 이들을 위로하기 위해, 고통과 외로움을 마주한 사람들에게 시편과 같은 성경 본문을 자주 인용하여 하나님은 듣고 계시고 위로하고 계시는 분이라는 확신을 준다. 고난은 하나님과의 관계를 깊게 하고 삶의 진정한 가치를 일깨우기에 하나님과 온전히 만나고 회복되는 여정이라고 말한다.

고난과 상실에 대한 그녀의 저작들은 건강할 때만 평안할 수 있다는 세속적 신념을 넘어 고통의 깊이만큼 더 가까이 다가오시는 하나님의 이야기로 가득 차 있다. 그녀는 "약함은 우리를 하나님께 의지하게 한다. 그것이 은혜다"라고 말했다. 고통을 하나님의 임재를 더욱 가까이 경험하는 공간으로 받아들이면서, 건강한 몸을 유지하려는 집착 대신 하나님께 의존하는 존재로서 살고자 했다.

마르바 던의 삶은 깊은 상실을 통해 더 크고 중요한 것을 획득한 삶이었다. 그녀는 약함과 고통을 피하지 않고 정직하게 마주함으로써, 상실을 통해 신앙의 본질과 인간됨의 진실에 더욱 가까이 다가갔다. 그녀는 약함과 상실이 결코 끝이 아님을 이렇게 증언한다.

"우리가 약할 때, 하나님의 능력이 온전해진다. 그래서 나는 나의 약함을 자랑할 수 있다."

"우리는 비록 질병과 장애 때문에 기분이 좋지 않고 건강의 하나님께서 함께하신다는 느낌조차 없을지라도 여전히 건강할 수 있다. 하나님께서 곁에 계심을 신뢰하는 건강, 삼위일체의 은혜가 나를 품으심을 아는 건강, 여태껏 내게 여호와의 사랑이 나타났던 모든 방식을 기억하는 건강, 그 건강으로 우리는 온전해진다."

_마르바 던,『의미 없는 고난은 없다』

상실 이후를 살아가는 회복 탄력성

어느 해 겨울, 유난히 눈이 많이 내렸다. 눈 덮인 아름다운 풍경을 볼 수 있어서 좋기는 했지만, 갑자기 내린 폭설을 견디지 못해 수많은 소나무가 쓰러졌다. 폭설이 지나간 자리에는 꺾이고 부러진 나무들이 즐비했다. 그런데 시간이 지나고 봄이 오니 그 자리에서 다시 새싹이 돋고, 상처 난 땅은 새로운 생명을 품는 걸 보게 된다. 상실 또한 이와 같다. 상실의 충격은 우리의 삶을 무너뜨리고 오래도록 흔적을 남기지만, 동시에 다시 살아갈 이유와 삶을 새롭게 바라보는 눈을 열어주기도 한다.

중년의 한복판에서 우리는 많은 것을 잃는다. 젊음의 뒤안길을 걸으며 사랑하는 가족을 떠나보내고, 중요하게 여겼던 일과 자리도 내려놓으며, 때로는 마음 한구석에 품고 있었던 작은 꿈마저 흘려보내야 한다. 상실은 삶의 한 부분이 아니라 마치 삶의 그림자처럼 우리 곁을 따라온다. 그러나 중요한 것은 상실 자체가 아니라 상실 이후를 어떻게 살아가느냐에 있다. 그런 의미에서 상실은 끝이 아니라 전환점이라고 할 수 있다. 이제 그 전환점 앞에서 우리는 스스로에게 질문해야 한다.

"이제, 무엇을 붙들고 어떻게 살아갈 것인가?"

이 질문에 답을 찾아가는 여정이 바로 상실 이후의 삶이다. 이 여정은 상실을 견뎌내는 것을 넘어 상실 속에서 새로운 의미를 깨닫고, 상실 후에도 여전히 남아 있는 삶의 선물들을 다시 발견하는 길이 될 것이다.

상실 이후의 삶을 잘 살아낸 사례가 있다. 바로 페이스북 최고 운영책임자 셰릴 샌드버그의 이야기이다. 그녀는 어느 날 찾아온 갑작스러운 남편의 죽음을 겪으며 끝이 보이지 않는 공허와 슬픔에 빠져 주저앉고 말았다. 바로 그때 심리학자이며 와튼 스쿨의 교수인 에덤 그랜트가 달려와 "끝없는 슬픔에도 바닥이 있다"며 친구인 그녀를 위로했다. 슬픔은 어떻게든 겪어야 하는 것이지만 공허는 개인의 신념과 행동으로 얼마든지 극복할 수 있다며 회복탄력성(resilience)이라는 개념을 일깨워주었다.

회복탄력성이란 역경에 반응하는 힘과 속도를 의미한다. 위기와 역경, 상실의 충격을 겪으면서도 다시 균형을 찾아가고, 더 성숙한 삶으로 나아가게 하는 심리적 힘을 뜻한다. 회복탄력성은 단순히 상처 이전의 상태로 돌아가는 능력이 아니다. 오히려 상실을 겪으면서 내면이 확장되고, 이전에는 보지 못했던 의미를 발견하며, 더 깊은 인간으로 성숙해지는 과정이다. 이는 타고나는 것이 아니다. 척추를 지탱하는 근육처럼 훈련과 경험을 통해 개발할 수 있는 힘이다. 샌드버그는 남편의 부재 앞에서 삶이 완전히 무너지는 듯했지만, 애덤 그랜트의 지지 속에서 조금씩 다시 일어설 수 있었다.

회복탄력성은 개인의 내적 힘이기도 하지만, 관계 안에서 더 크게 자란다. 지지해주는 가족, 친구, 신앙 공동체가 있을 때 사람은 훨씬 더 잘 일어설 수 있다. 혼자가 아니라는 사실이 회복탄력성을 키우는 토대가 되기 때문이다. 그녀가 절망 속에서 울음을 터뜨리며 "남편을 대신할 수 있는 옵션이 없다"고 토로했을 때, 한 친구가 건넨 말은 그녀의 인생을 바꾸어 놓았다.

"옵션 A가 없으니, 이제 옵션 B를 선택하면 돼요."

삶은 결코 완벽하지 않다. 우리가 원하는 '옵션 A'를 붙잡을 수 없을 때가 훨씬 많다. 그러나 용기 있게 옵션 B를 받아들이는 순간, 삶은 여전히 의미와 가능성을 품고 있음을 깨닫게 된다. 우리는 샌드버그가 상실을 딛고 다시 일어나 상실 이후를 살아갈 수 있도록 만든 회복탄력성을 어떻게 키울 수 있을까.

① **상실을 인정하기 – 고통을 피하지 않기 :** 억지로 강해지려 하지 말고, 슬픔과 고통을 직면하며 그것이 내 삶의 일부임을 인정하는 것이다. 여러 연구에 따르면, 상실을 겪은 사람의 절반 정도는 6개월 후 '격렬한 슬픔'에서 조금씩 벗어나 현실 적응 단계에 들어간다고 한다. 상실은 부정할수록 우리를 붙잡는다. 고통을 받아들일 때, 우리는 그것을 넘어설 준비를 하게 되는 것이다.

② **새로운 의미 찾기 – '왜 살아야 하는가'를 다시 묻기 :** 상실은 삶의 우선순위를 재정비하게 만든다. 빅터 프랭클이 말했듯이 인간은 삶의 의미를 발견할 때 어떤 고통도 견딜 수 있다. 샌드버그도 남편의 죽음 이후 자녀와 다른 이들을 위해 살아야 한다는 이유를 발견하며 다시 삶을 세웠다. "이제 무엇을 위해 살아가겠는가?" 이 질문에 답하는 과정이 회복의 길이다.

③ **새로운 관계 맺기 – 나눔과 지지를 통해 일어서기 :** 상실은 관계가 끊어지는 경험이지만 동시에 새로운 관계를 여는 기회가 된다. 공동체

의 지지, 친구와의 대화, 같은 경험을 한 사람들과의 나눔은 회복의 중요한 힘이 된다. 상실은 우리를 혼자가 되게 하지만, 회복은 결코 혼자서 이루어지지 않는다. 함께 울고 함께 걸을 때 비로소 다시 일어설 수 있다.

④ **작은 선택, 작은 행동으로 시작하기 :** 완벽하지 않더라도 매일의 작은 선택과 행동을 통해 삶은 다시 움직인다. 사소한 목표, 새로운 시도, 하루하루의 루틴이 상실 이후의 삶을 이어주는 힘이 된다. 상실은 많은 것을 빼앗아 가지만, 오늘 내가 할 수 있는 작은 선택만큼은 여전히 남아 있다.

삶을 다시 쓰는 시간이 될 수 있기를

내가 상실을 주제로 강의할 때마다 소개하는 영상이 있다. 오래전 EBS에서 방영되었던 이인응 선교사의 이야기다. 상실로 인해 잃은 것과 다시 찾은 것의 극명한 대비를 통해, 아무리 혹독한 상황에서도 여전히 살아갈 이유를 찾을 수 있다는 걸 생각하게 하는 영상이다. 그 감동적인 영상을 글로 옮겨 보았다.

나의 가족은 1989년 아프리카 기니비시우에 도착하였다. 1974년 포르투갈로부터 독립한 남한 면적의 3분의 1, 인구 139만 명, 문맹률 63퍼센트, 평균수명 49세, 이 가난한 나라에서 아내와 어린 자녀 둘을 데리고 사역을 시작했다. 계속된 전쟁으로 가난하고 피폐한 삶을 사는 그들과 함께 지내면서 때로는 피난을 가야 했고, 재산을 도둑맞고 생명의 위협도 느꼈지만, 낯설던 그들이 절친한 동반자가 되어 삶의 희망을 함께 찾았을 때, 나와 가족들은 그들과 함께 기뻐했다. 그러나 2004년 7월, 아프리카에서 15년을 자란 갓 스물 된 딸아이가 갑작스러운 강도 사고로 우리 곁을 떠나는 절망이 다가왔다. 딸의 죽음… 모든 걸 바쳐 사랑했던 그들이 가장 소중한 것을 강탈해갔다. 이제 그곳에서 할 수 있는 일은 미움과 증오뿐이었다.

모든 것을 포기한 채 정티하기 시작한 딸의 유품 속에서 튀어나온 부서진 크레파스는 다섯 살 딸에게 준 나의 선물이었다. 화가에게 가장 미약한 그림 도구다. 그러나 내가 할 수 있었던 것은 그림을 그리는 것뿐이었다. 본능처럼 사람들을 그려 나갔다. 맑은 눈동자 속에 담긴 슬픔, 얼굴에 새겨진 나이테에 담긴 고통, 투박한 입매에 담긴 삶의 의지를 그렸다. 그들의 얼굴을 그리는 동안 새로운 사랑이 싹트기 시작했다. 원망과 후회로 묻혀버렸을 나머지 인생이 그림에 대한 열정과 마음의 평안으로 채워져 갔다. 그리고 선교지에 있는 천 명의 아이들을 용서를 통해 얻게 되었다. 그러나 때때로 나의 마음은 이랬다.

"아직도 문득 가슴이 터질 것 같은 원망에 사로잡힙니다. 아마도 나는 죽을 때까지 이 문제와 씨름해야 할 것 같습니다."

– 크레파스로 기니비시우 사람들을 그리는 이인응 선교사

상실은 끝나지 않는다. 마음속 깊은 곳에서 원망과 슬픔이 여전히 살아 숨 쉬고, 그것은 아무 예고도 없이 시시때때로 우리를 괴롭힌다. 이인응 선교사처럼 우리도 아마 죽을 때까지 이 감정을 안고서 살아가야 할지도 모른다.

그러나 상실의 아픔 속에서도 부서진 크레파스로 그림을 그릴 수 있는 것처럼, 가장 소중한 것을 빼앗긴 삶에도 다시 용서의 꽃이 피어날 수 있다. 상실은 여전히 내 삶에 공존하지만, 이제는 그것을 품고 살아가는 법을 배울 차례가 되었다.

중년은 떠나가고 비워지는 자리에서 다시 살아가야 하는 시간일 수 있다. 그러나 때로는 전혀 생각지 못한 때에, 뜻밖에 얻어지는 것들이 있다. 모든 것이 끝났을 때 새로운 길이 열리고, 잃어버린 자리에 무언가가 채워지는 것처럼 말이다.

그런 의미에서 중년의 상실은 끝이 아니다. 오히려 우리를 본질로 이끄는 새로운 출발점이 될 수 있다. 이제는 더 이상 증명하거나 경쟁하지 않아도 될 것 같다. 대신 삶을 더 깊이 들여다보고, 더 온전히 사랑하며 사는 것이 더 어울리는 시간이 될 것이다.

상실 이후를 살아가는 삶은 결코 쉬운 일이 아니다. 그러나 샌드버그가 말했듯, 우리는 옵션 A가 없을 때 옵션 B를 선택할 용기를 가질 수는 있다.

상실은 끝이 아니라, 새로운 삶을 살아가기 위해 다른 언어를 배우기 시작하는 것이다. 그래서 상실을 딛고 다시 일어서는 삶은 새로운 가능성과 소망을 품고 있다.

상실은 우리를 더 깊이 듣게 하고, 더 섬세하게 사랑하게 하며, 더 단단하게 기도하게 만든다. 당신이 겪은 상실이 무엇이든, 지금 이때가 삶을 견디는 시간이 아니라 삶을 다시 쓰는 시간이 될 수 있기를 소망한다. 상실로 인해 삶은 더 깊어질 수 있다.

중년 에필로그

나는 중년의 초입에 익숙한 삶에서 유턴하여 새로운 길에 접어들었다. 그것은 자칫 무모하고도 위험한 일이었다. 그리고 좁은 나의 세계를 빠져나와 타인의 삶에 깊숙이 접속된 삶을 산다는 것은 내 힘으론 불가능한 일이었다. 그러나 사람이 온다는 건 한 사람의 일생이 오는 거라던 정현종 시인의 말처럼, 어마어마한 이 일을 오랫동안 할 수 있었던 까닭은 나 또한 중년이라는 시간을 공유하는 한 사람이었기 때문이었다. 그래서 동세대로서 느낄 수 있는 속 깊은 언어와 짙은 감정을 서로 공감하며 이십여 년의 시간을 걸어올 수 있었다.

중년은 삶의 한복판에 서 있는 시간이다. 뒤돌아볼 수 있는 과거와 앞으로 걸어갈 시간이 동시에 주어진다. 그래서 이 시기는 늘 양가적이다. 아직 끝나지 않았다는 희망과 이미 지나왔다는 상실이 함께 머무는 임계적 자리에서 비로소 삶을 입체적으로 이해하게 된다. 이렇게 흘러오며 역설로 가득한 중년의 삶은 상승곡선이 아니라 굽이치며 흐르는 강이라는 사실 또한 천천히 받아들이게 되는 것 같다. 그래서 사람들은 이 시기에 자주 흔들린다. 이유 없이 마음이 가라앉기도 하고, 잘 살아온 것 같은데 어딘가 비어 있는 느낌이 들기도 한다. 그러나 이 흔들림은 잘못된 신호가 아니며, 오히려 삶이 깊어지고 있다는 증거에 가까울 수 있다. 이렇게 인생의 오후는 조용하지만 본질적인 질문을 요구하는지도 모른다. 그런 의미에서 이 책은 답을 주기보다 질문을 건네기 위해 쓰였다. 중년은 더 이상 정답으로 살아갈 수 없는 시기이기 때문이다. 이 책에서 던진 수많은 질문들은 무엇을 더 이루기 위해서가 아니라 무엇을 내려놓고 무엇을 품고 살아갈 것인가를 묻는 질문들이었다.

답을 찾아가는 과정에서 우리는 수없이 흔들리고, 때로는 실패하기도 할 것이다. 그러나 우리는 놓아주되 놓지 않는 사랑으로 관계를 세울 것이다. 그동안 살아내기 위해 써왔던 가면을 벗고 진정한 나를 만나리라. 그리고 인생의 오후를 상실의 순간을 견뎌낸 후 얻게 된 깊이와 너그러움으로 살아가리라. 오래 견딘 사람만이 갖게 되는 능력, 평범한 날들을 끝까지 지켜내는 힘을 과소평가하지 않으며 열린 마음과 호기심으로 현명하게 나이 들어가리라. 자신을 삶의 중심에 두되, 삶의 주인이라고 착각하지 않는 인생 오후의 법칙으로, 더 잘 흘려보내기 위해 잘 살아가리

라. 그렇게 우리는 성숙한 중년의 얼굴로 더욱 빛나리라.

이제 나는 중년을 더 이상 설명해야 할 이야기로 남겨두지 않으려 한다. 우리가 살아온 삶이 대단하지 않았어도 괜찮다. 다만 잘해내지 못한 날들조차 우리를 이 자리로 데려온 중요한 일부였다는 깨달음이 늦게 도착한 위로처럼 우리 곁에 남아 있기를.

이 책을 덮는 순간에도 삶은 계속되고, 중년은 여전히 진행형이다. 다만 이제는 조금 덜 흔들리며, 조금 더 자신을 신뢰한 채 걸어갈 수 있기를 바란다. 완성되지 않았기에 더 소중한 삶, 바로 그 자리에서 중년은 조용히 다음 장을 열 것이다.

참고문헌

시

- 김사인, 공부, 어린 당나귀 곁에서, 창비, 2015.
- 김소월, 부모, 진달래꽃, 매문사, 1925.
- 문정희, 나무학교, 양귀비꽃 머리에 꽂고, 민음사, 2004.
- 문정희, 부부 : 다산의 처녀, 민음사, 2010.
- 손택수, 아버지의 등을 밀며, 호랑이 발자국, 창비, 2003.
- 안도현, 스며드는 것, 간절하게 참 철없이, 창비, 2008.
- 정호승, 아버지의 마지막 하루, 여행, 창비, 2013.
- 천상병, 귀천, 창비, 1979.
- 도종환, 산맥과 파도, 프레시안 웹사이트, 2009.
- Nazim Hikmet, "A True Travel." Things I Didn't Know I Loved(1975).

서적

- Bowen, Murray, 1978. Family Therapy in Clinical Practice. New York: Jason Aronson.
- Bowlby, John, 1980, Attachment and Loss: Vol. 3. Loss: Sadness and Depression. New York: Basic Books.
- Glasser, William, 1998, Choice Theory: A New Psychology of Personal Freedom. New York: HarperCollins.
- Jung, Carl, 1961, Memories, Dreams, Reflections. New York: Pantheon Books.
- Levinson, Daniel J, 1978, The Seasons of a Man's Life. New York: Knopf.
- Levinson, Daniel J, 1996, The Seasons of a Woman's Life. New York: Knopf.

- Mahler, Margaret S., Fred Pine, and Anni Bergman, 1975, The Psychological Birth of the Human Infant: Symbiosis and Individuation. New York: Basic Books.
- Schopenhauer, Arthur, 1851, Parerga und Paralipomena: Short Philosophical Essays, Volume 2. Berlin: Verlag von Wilhelm Engelmann.
- Vaillant, George E, 2002, Aging Well: Surprising Guideposts to a Happier Life from the Landmark Harvard Study of Adult Development. Boston: Little, Brown and Company.
- Worden, J. William, 2009, Grief Counseling and Grief Therapy: A Handbook for the Mental Health Practitioner. 4th ed. New York: Springer Publishing Company.
- 강판권, 2002, 어느 인문학자의 나무 세기, 지성사.
- 강판권, 2007, 나무열전: 나무에 숨겨진 비밀, 역사와 한자, 문학동네.
- 강판권, 2017, 나무예찬: 나무에게 배우는 삶의 자세, 지식프레임.
- 가와이, 하야오, 2018, 카를 융, 인간의 이해: 융이 그린 마음의 해부도, 김지윤 옮김, 서울: 바다출판사.
- 가토, 도시노리, 2025, 호기심의 뇌과학: 50세부터 시작하는 두뇌 저속노화 솔루션, 전화윤 옮김, 서울: 현대지성.
- 곤도, 마리에, 2015, 인생이 빛나는 정리의 마법, 김경희 역, 서울: 웅진지식하우스.
- 던, 마르바, 2010, 의미 없는 고난은 없다: 질병과 장애 속에서 바라보는 온전함과 희망, 윤종석 역, 서울: 엔크리스토.
- Duckworth, Angela Lee, 2016, 그릿 GRIT: IQ, 재능, 환경을 뛰어넘는 열정적 끈기의 힘, 김미정 옮김, 서울: 비즈니스북스.
- Glasser, William, 1995, 현실치료, 김양현 역, 서울: 원미사.
- Gardner, Howard, 2001, 다중지능: 인간 지능의 새로운 이해, 문용린 옮김, 서울: 김영사.
- Gardner, Howard. 2007. 다중지능. 문용린, 유경재 옮김, 서울: 웅진지식하우스(웅진씽크빅).

- 홀, 캘빈 S., 버논 J. 노드비, 2004, 융 심리학 입문, 김형섭 옮김, 서울: 문예출판사.
- Jung, Carl G., 2022, 무의식의 심리학, 정명진 역, 서울: 부글북스.
- 켈러, 팀(Timothy J.), 2014, 결혼을 말하다: 현대인의 뒤틀린 결혼의 실타래를 풀다, 최종훈 옮김, 서울: 두란노.
- 마러, 마가렛, 프레드 파인, 아니 버그만, 1991, 인간 영아의 심리적 탄생: 공생과 개별화, 홍성기 역, 서울: 학지사.
- 박웅현, 2023, 여덟 단어: 인생을 대하는 우리의 자세, 파주: 인티N.
- 문요한, 2016, 여행하는 인간=Homo Viator: 정신과 의사 문요한이 전하는 여행의 심리학, 서울: 해냄.
- 우종영, 2021, 나는 나무처럼 살고 싶다, 서울: 메이븐.
- 윤득형, 2015, 슬픔학개론: 삶과 함께하는 죽음, 서울: 샘솟는기쁨.
- 윤득형, 2020, 죽음의 품격: 아름다운 삶의 마무리와 다사한 애도를 위하여, 서울: 늘봄.
- 피터슨, 캐시, 2018, 애도 수업: 고난 당한 이에게 바른 위로가 되는 책, 윤득형 옮김. 서울: 샘솟는기쁨.
- 퀴블러-로스, 엘리자베스, 데이비드 케슬러, 2014, 상실 수업: 상실과 함께 살아가는 법, 김소향 옮김, 서울: 인빅투스.
- 샌드버그, 셰릴, 애덤 그랜트, 2017, 옵션 B: 역경에 맞서고, 회복탄력성을 키우며 삶의 기쁨을 찾는 법, 안기순 옮김, 서울: 와이즈베리.
- 앤더슨, 허버트, 케네스 R. 미첼, 2004, 상실과 슬픔의 치유, 김형준, 윤혜원 옮김, 서울: 상담과 치유.
- 바바라 스트로치, 2011, 가장 뛰어난 중년의 뇌: 뇌과학이 밝혀낸 중년 뇌의 놀라운 능력, 김미선 옮김, 서울: 해나무.
- 루이스, C. S., (Clive Staples), 2019, 헤아려 본 슬픔, 강유나 옮김, 서울: 홍성사.
- 죠셉 M. 마셜 3세, 2009, 바람이 너를 지나가게 하라, 김훈 옮김, 서울: 문학의숲.
- Worden, J. William, 2016, 유족의 사별 애도 상담과 치료, 이범수 역, 서울: 해조음.

- Wolfelt, Alan D., 2021, 애도의 여정에 동반하기: 사별 돌봄의 핵심 11가지, 윤득형 역, 서울: KMC.
- Yamada, Yuji, 2024, 최고의 노후: 질병 없이 건강하게, 행복한 노년을 만드는 비밀, 김동연 옮김, 고양: 루미너스.
- 카차토레, 조앤, 2025, 견딜 수 없음을 견디기: 사랑 상실 애도의 감정을 가누기 위한 심리 수업, 이영아 옮김, 서울: 에트르.

인생 오후의 질문